Benjamin Franklin

Autobiographie

Mit zwölf Abbildungen
nach zeitgenössischen Vorlagen

Verlag C. H. Beck München

Originaltitel:
The Life of Benjamin Franklin. Autobiography
Herausgegeben von Heinz Förster
Übertragung aus dem Amerikanischen
von Berthold Auerbach, revidiert von Heinz Förster

Bildquellen: Abb. 2, 3, 10 aus: The Life of Benjamin Franklin, Boston 1844;
Abb. 1, 9, 12 aus: W. E. B. Du Bois, Das Leben Benjamin Franklins, Wien o. J.;
Abb. 4 aus: J. C. Oswald, Printing in the Americas, New York 1937; Abb. 5–8:
Staatliche Kunstsammlungen Dresden, Kupferstichkabinett;
Abb. 11: Staatliche Bücher- und Kupferstichsammlung Greiz

Die ›Bibliothek des 18. Jahrhunderts‹ erscheint gleichzeitig
in der Verlagsgruppe Kiepenheuer, Leipzig und Weimar,
und im Verlag C. H. Beck, München

ISBN 3406 09486 4
Lizenzausgabe für die Bundesrepublik Deutschland,
Berlin-West, die Schweiz und Österreich
Verlag C. H. Beck München 1983
© 1983 Gustav Kiepenheuer Verlag Leipzig und Weimar
Lichtsatz: INTERDRUCK Graphischer Großbetrieb Leipzig
Druck und buchbinderische Verarbeitung:
Offizin Andersen Nexö, Graphischer Großbetrieb, Leipzig
Schrift: Baskerville-Antiqua
Gestaltung: Walter Schiller
Printed in the German Democratic Republic

1706–1730

Twyford, beim Bischof von St. Asaph, 1771

Mein lieber Sohn!

Ich habe mir stets ein Vergnügen daraus gemacht, irgendwelche kleinen Anekdoten über meine Vorfahren zu sammeln. Du wirst dich noch der Erkundigungen erinnern, die ich unter meinen noch lebenden Verwandten anstellte, als du mit mir in England warst, und der Reise, die ich zu diesem Zweck unternahm. Da ich mir einbilde, es dürfte für dich in gleicher Weise angenehm sein, meine Lebensumstände kennenzulernen, von denen dir manche noch unbekannt sind, und da ich den Genuß der ununterbrochenen Muße einer Woche in meiner gegenwärtigen ländlichen Zurückgezogenheit erwarte, so setze ich mich nieder, um sie für dich aufzuzeichnen. Hierzu veranlassen mich noch einige andere Beweggründe. Da ich aus der Armut und Dunkelheit, worin ich geboren und aufgewachsen bin, zu Wohlhabenheit und einigem Ruf in der Welt mich aufgeschwungen und meinen bisherigen Lebensweg mit einem nicht unbedeutenden Erfolg zurückgelegt habe, so werden meine Nachkommen vielleicht begierig sein, die von mir angewandten Mittel kennenzulernen, welche mir, unter Gottes Segen, soviel Gedeihen brachten, zumal sie einige derselben für ihre eigene Lage passend und darum der Nachahmung würdig erachten dürften.

Jenes Glück hat mich, wenn ich darüber nachdachte, schon manchmal zu der Äußerung veranlaßt, daß, wenn es in meine Wahl gegeben wäre, ich gar keinen Anstand nähme, dasselbe Leben noch einmal von vorn anzufangen, wobei ich nur das Vorrecht beanspruchen würde, das Schriftstellern bei einer zweiten Auflage zusteht: nämlich einige Druckfehler der ersten zu verbessern. Auch möchte ich, neben Berichtigung der Fehler, noch einige schlimme Zufälle und Begebenheiten mit anderen, günstigeren vertauschen. Allein selbst wenn mir dies verwehrt wäre, würde ich noch immer das Anerbieten annehmen. Weil nun aber eine solche Wiederholung nicht zu erwarten ist, so scheint wohl nichts dem abermaligen Durchleben unseres Daseins so nahe zu kommen wie die Erinnerung an dieses Leben selbst und die schriftliche Aufzeichnung desselben, um diese Erinnerung so dauerhaft wie möglich zu machen.

Damit werde ich mich überdies dem bei alten Männern so natürlichen Hang hingeben, von sich und ihren früheren Taten zu reden, und meiner Neigung ganz unbeschränkt folgen können, ohne deshalb denen langweilig zu werden, die sich aus Achtung vor meinem Alter verpflichtet fühlen, mir zuzuhören, da es ja jedem freistehen wird, mich je nach Belieben zu lesen oder nicht. Endlich aber – ich will es nur lieber gleich gestehen, da mir doch niemand das Gegenteil glauben würde – werde ich bei dieser Arbeit vielleicht meine Eitelkeit zum guten Teil befriedigen. Ich habe nämlich kaum je die einleitende Redensart gehört oder gelesen: *Ich darf wohl ohne Eitelkeit behaupten usw.*, ohne daß nicht sogleich irgendein charakteristisches Zeichen von Eitelkeit gefolgt wäre. Die meisten Menschen hassen die Eitelkeit an anderen, sosehr sie auch selbst damit behaftet sein mögen; allein ich heiße sie willkommen, wo immer ich ihr begegne, in der Überzeugung, daß sie oft für ihren Besitzer und auch für andere im Bereich seines Wirkungskreises Gutes erzielt. Es wäre daher in vielen Fällen gar nicht so absurd, wenn ein Mensch Gott für seine Eitelkeit ebensosehr danken würde wie für die übrigen Annehmlichkeiten des Lebens.

Da ich nun gerade von Dank gegen Gott spreche, so will ich auch in aller Demut anerkennen, daß ich das erwähnte Glück meines vergangenen Lebens seiner gütigen Vorsehung verdanke, die mir die Mittel in die Hand gab, deren ich mich dann bediente und die ihnen Erfolg verlieh. Mein Glaube in diesem Punkt veranlaßt mich zu hoffen – wenn ich mich auch nicht darauf verlassen darf –, daß sich dieselbe Güte auch noch ferner an mir bewähren werde, indem sie entweder die Dauer meines Glücks verlängert oder mich mit Kraft erfüllt, eine verhängnisvolle Schicksalswende zu tragen, die auch ich, so gut wie andere, erfahren kann. Die Gestaltung meines künftigen Schicksals ist nur dem bekannt, in dessen Macht es steht, selbst unsere Leiden zu unserem Heil zu lenken.

Die Aufzeichnungen eines meiner Oheime, der wie ich gern Nachrichten über unsere Familie sammelte, sind mir zu Händen gekommen und haben mir mehrere Einzelheiten über unsere Vorfahren geliefert. Aus diesen Notizen erfuhr ich, daß während einer Zeit von mindestens dreihundert Jahren die Familie in demselben Dorf (Ecton in Northamptonshire) auf einem Freigut von ungefähr dreißig Acres lebte. Wie lange sie schon vor jener Zeit dort gewohnt hatten, wußte er nicht; wahrscheinlich aber noch vor dem Aufkommen der Zunamen, wo sie den Namen *Franklin* annahmen, womit früher eine besondere Standesklasse belegt wurde. Dieser kleine Grundbesitz würde für ihren Lebensunterhalt nicht ausgereicht haben, wenn sie nicht nebenher das Gewerbe eines Grobschmieds betrieben hätten, das bis zu meines Oheims Zeit in der Familie blieb, indem immer der älteste Sohn für dieses Gewerbe erzogen wurde, ein Brauch, den auch sowohl er wie mein Vater für ihre ältesten Söhne beibehielten. Bei meinen Nachforschungen in den Kirchenbüchern zu Ecton fand ich eine Nachricht über ihre Geburten, Heiraten und Todesfälle erst vom Jahre 1555 an, da in jenem Sprengel vor diesem Zeitpunkt keine Kirchenbücher geführt worden waren. Aus diesen Kirchenbüchern erfuhr ich, daß ich der jüngste Sohn des jüngsten Sohnes seit fünf Generationen rückwärts war. Mein Großvater Thomas, im Jahre 1598 geboren, lebte in Ecton, bis er zur weiteren Ausübung seines Handwerks zu alt war, und zog dann nach Banbury in Oxfordshire, wo sein Sohn John, bei dem mein Vater seine Lehrzeit durchmachte, als Färber wohnte. Dort starb mein Großvater, und hier liegt er begraben; im Jahre 1758 haben wir sein Grabmal gesehen. Sein ältester Sohn Thomas wohnte in dem Stammhaus zu Ecton und vererbte es mit dem dazugehörigen Land seiner einzigen Tochter, die es unter Zustimmung ihres Gatten, eines gewissen Mr. Fisher aus Wellingborough später an Mr. Isted, den gegenwärtigen Eigentümer, verkaufte. Mein Großvater hatte vier Söhne, die das Mannesalter erreichten, nämlich: Thomas, John, Benjamin und Josiah. Ich will dir über sie Auskunft geben, so gut ich es bei dieser Entfernung von meinen Papieren kann, in denen du noch viele Einzelheiten finden wirst, falls sie nicht während meiner Abwesenheit verlorengegangen sind.

Thomas erlernte bei seinem Vater das Handwerk eines Grobschmieds; da er aber, wie alle meine Brüder, einen recht gesunden, natürlichen Verstand hatte, sorgte für seine geistige Ausbildung ein Herr namens Palmer, der zu jener Zeit der vornehmste Bewohner des Dorfes war. Auf diese Weise erwarb Thomas sich Tüchtigkeit für die Geschäfte eines Notars, wurde bald eine wichtige Person in Dorfangelegenheiten und gehörte zu den Förderern jedes öffentlichen Unternehmens, sowohl in bezug auf die Grafschaft wie auf das Städtchen Northampton, ebenso auf sein Dorf, wovon viele Beispiele überliefert sind; und er fand viel Beachtung und Gunst bei dem damaligen Lord Halifax. Er starb am 6. Januar 1702 nach dem alten Kalender – genau vier Jahre vor meiner Geburt. Die Schilderung seines Lebens und Charakters, die mehrere bejahrte Einwohner des Dorfes uns entwarfen, überraschte dich, wie ich mich entsinne, wegen ihrer Übereinstimmung mit dem, was du über mich selbst wußtest, so daß du sagtest: »Wäre er gerade an demselben Tage gestorben, als du geboren wurdest, so könnte man an eine Seelenwanderung glauben.«

John erlernte, soviel ich weiß, das Geschäft eines Wollfärbers. Benjamin erlernte in London die Seidenfärberei. Er war ein begabter Mann, dessen ich mich noch wohl entsinne; denn während meiner Kindheit kam er zu meinem Vater nach Boston und lebte mehrere Jahre in unserem Hause. Er erreichte ein hohes Alter. Sein Enkel, Samuel Franklin, lebt noch jetzt in Boston. In seinem Nachlaß fanden sich zwei Quartbände Gedichte im Manuskript, kleine, an seine Freunde gerichtete Gelegenheitsstücke. Er hatte eine Kurzschrift erfunden, die er mich lehrte; da ich aber nie Gebrauch davon machte, habe ich sie wieder vergessen. Ich wurde nach diesem Oheim getauft; zwischen ihm und meinem Vater bestand ein besonders inniges Verhältnis. Er war sehr fromm, ein eifriger Zuhörer der besten Prediger, deren Vorträge er nach seiner Methode niederschrieb und auf diese Weise in verschiedenen Bänden sammelte. Auch mit Politik beschäftigte er sich sehr gern – vielleicht zuviel für seine Verhältnisse. Erst unlängst fand ich in London eine von ihm angelegte Sammlung der wichtigsten über die Staatsereignisse von 1647 bis 1717 erschienenen Flugschriften. Wie sich aus der Zahlenfolge ergibt, fehlen mehrere Bände, aber es sind doch noch acht Folianten und vierundzwanzig Quart- und Oktavbände vorhanden. Die Sammlung war in die Hände eines Antiquars gekommen, der mich kannte, weil er mir mehrere Bücher verkauft hatte, und der sie mir brachte. Wahrscheinlich hatte sie mein Oheim vor seiner Abreise nach Amerika, vor ungefähr fünfzig Jahren, zurückgelassen. Am Rande finden sich viele Bemerkungen von seiner Hand.

Unsere schlichte Familie bekannte sich früh zur reformierten Lehre und beharrte während der Regierung der Königin Mary treu dabei, obwohl sie manchmal wegen ihres Eifers gegen das Papsttum gefährdet war. Sie besaßen eine englische Bibel, und um diese desto sicherer zu verbergen, wurde sie offen, mit über die Blätter gespannten Bindfäden unter dem Deckel eines Klappstuhls befestigt. Wollte nun mein Urgroßvater seiner Familie vorlesen, so legte er den Deckel des Klappstuhles verkehrt auf seine Knie und wendete so die Blätter um, die auf beiden Seiten von den Bindfäden niedergehalten wurden. Eins der Kinder wurde an die Tür gestellt, um sogleich Nachricht zu geben, wenn es den Apparitor (einen Beamten des geistlichen Gerichtes) kommen sah; dann wurde der Stuhl mit der wie zuvor darunter versteckten Bibel wieder auf die Füße gestellt. Ich erfuhr diese Anekdote von Oheim Benjamin. Die ganze Familie bewahrte ihre Anhänglichkeit an die anglikanische Kirche bis etwa gegen Ende der Regierung Karls II., wo gewisse als Nonkonformisten abgesetzte Geistliche Konventikel in Northamptonshire abhielten, denen Onkel Benjamin und mein Vater Josiah sich anschlossen und denen sie ihr Leben lang zugetan blieben. Die übrige Familie blieb in der Bischöflichen Kirche.

Mein Vater hatte jung geheiratet und ungefähr ums Jahr 1682 seine Frau und drei Kinder mit sich nach Neuengland gebracht. Da die Konventikel zu jener Zeit verboten waren und häufig gestört wurden, so waren mehrere angesehene Männer seiner Bekanntschaft veranlaßt worden, nach Neuengland zu übersiedeln, und hatten ihn bewogen, sie dorthin zu begleiten, wo sie hofften, sich ihrer Religionsausübung unbeanstandet hingeben zu dürfen. Mein Vater hatte von derselben Frau noch vier Kinder, die dort geboren wurden, und weitere zehn von einer zweiten Frau, zusammen also siebzehn Kinder. Ich weiß noch recht gut, daß wir unser dreizehn zusammen bei Tische saßen, die alle zu Männern und Frauen heranwuchsen und heirateten. Ich war der jüngste Sohn und das vorletzte Kind und wurde zu Boston in Neuengland geboren. Meine Mutter, die zweite Frau, war Abiah Folger, Tochter des Peter Folger, eines der ersten Ansiedler in Neuengland, dessen Cotton Mather in seiner Kirchengeschichte jener Provinz, mit dem Titel ›Magnalia Christi Americana‹, als eines *frommen wohlunterrichteten Engländers* ehrend gedenkt, wenn ich mich der Worte recht entsinne. Wie mir erzählt wurde, schrieb er eine Menge kleiner Aufsätze, doch scheint nur einer gedruckt worden zu sein, der mir vor vielen Jahren zu Gesicht kam. Er wurde im Jahre 1675 geschrieben, in den kunstlosen Reimen jener Zeiten und Menschen. Er war an die damals am Staatsruder stehenden Männer gerichtet und verwandte sich zugunsten der Gewissensfreiheit, der Baptisten, Quäker und anderer Sektierer, die Verfolgungen erduldeten. Diesen Verfolgungen schreibt er die Kriege mit den Indianern und andere Drangsale zu, die das Land drückten, indem er sie als die vielfältigen Gerichte Gottes zur Züchtung für so böse Taten ansieht und die Regierung zum Widerruf solcher hartherzigen Gesetze ermahnt. Das Gedicht erschien mir mit männlicher Freimütigkeit und ehrlicher Schlichtheit geschrieben. Ich ent-

sinne mich noch der sechs letzten Zeilen, habe aber die Wort-
folge der beiden ersten von ihnen vergessen. Der Sinn war, daß
sein Tadel aus guter Absicht entspringe und daß er deshalb als
der Verfasser bekannt zu sein wünsche.

> Weil ich's von ganzem Herzen hasse,
> ein übler Schmähskribent zu sein,
> setz ich hier meinen Namen hin:
> zu Sherburne wohn ich jetzt und bin
> euch wahrer Freund, von Ränken frei,
> wißt, daß ich *Peter Folger* sei.

Meine älteren Brüder kamen alle zu verschiedenen Handwerkern in die Lehre. Ich selbst wurde mit acht Jahren in eine Lateinschule geschickt, da mein Vater mich als einen Zehnten von
seinen Söhnen für den Dienst der Kirche bestimmte. Die
Schnelligkeit, mit der ich lesen lernte (was sehr früh gewesen
sein muß, da ich mich gar nicht mehr der Zeit erinnere, wo ich
nicht lesen konnte), und die Ansicht seiner Freunde, daß ich sicher eines Tages ein sehr gelehrter Mann werden würde, be-
stärkten ihn in seinem Plan. Auch Oheim Benjamin gab seinen
Beifall zu dieser Absicht und versprach mir alle seine Bände mit
nachgeschriebenen Predigten, vermutlich als eine Art Grundstock, wenn ich mich bemühen wollte, seine Kurzschrift zu lernen. Ich blieb indessen kaum ein Jahr in der Lateinschule, obschon ich in dieser Zeit allmählich aus der Mitte meiner Jahres-
klasse an die Spitze derselben mich aufgeschwungen hatte und
dann in die nächstobere vorrückte, um mit dieser am Ende des
Jahres in die dritte zu treten. Allein mein Vater änderte inzwischen, wegen der großen Kosten einer gelehrten Erziehung, die
er bei seiner zahlreichen Familie kaum erschwingen konnte,
und bei dem ärmlichen Lebensunterhalt, den manche Männer
von gelehrter Erziehung später fanden – Gründe, die er in meinem Beisein öfters gegen seine Freunde äußerte –, seinen ursprünglichen Plan, nahm mich aus der Lateinschule fort und
schickte mich in eine Schreib- und Rechenschule, die ein damals
bekannter Mann, Mr. George Brownell, hielt, ein geschickter

Lehrer, der seinem Beruf mit Erfolg vorstand, weil er sich einer milden und ermutigenden Methode bediente. Unter ihm lernte ich bald eine vortreffliche Hand schreiben; im Rechnen aber wollte es mir durchaus nicht gelingen, und ich machte keine Fortschritte darin. In einem Alter von zehn Jahren wurde ich von meinem Vater wieder nach Hause genommen, um ihm in seinem Geschäft, nämlich beim Seifensieden und Lichterziehen, zur Hand zu gehen. Dieses Gewerbe hatte er zwar nicht eigentlich gelernt, aber bei seiner Ankunft in Neuengland ergriffen, weil er erkannte, daß er mit seinem eigentlichen, der Färberei, seine Familie nicht ernähren könne, da es nicht sehr gefragt war. Demgemäß wurde ich zum Schneiden der Dochte, Füllen der Gußformen, zur Bedienung des Ladens, zu Geschäftsausgängen usw. verwendet.

Diese Beschäftigung gefiel mir nicht, wogegen ich eine starke Vorliebe für die See hegte; mein Vater wollte aber hiervon nichts wissen. Die Nähe des Wassers gab mir indes häufige Gelegenheit, mich oft darauf und hinein zu wagen, und bald verstand ich zu schwimmen und ein Boot zu führen. Wenn ich mit anderen Knaben fuhr, so wurde gewöhnlich mir das Steuerruder anvertraut, namentlich in schwierigen Fällen, wie ich denn auch bei allen übrigen Unternehmungen fast immer der Anführer der Schar war, die ich nicht selten in Verlegenheit brachte. Ich will hiervon ein Beispiel mitteilen, das einen frühentwickelten Hang zu öffentlichen Unternehmungen zeigt, obschon derselbe damals nicht richtig geleitet war.

Der Mühlteich wurde an der einen Seite durch einen Salzsumpf begrenzt, an dessen Rand wir uns bei hohem Wasser aufstellten, um Elritzen zu fangen. Durch vieles Getrampel hatten wir es zu einer Kotlache gemacht. Mein Vorschlag ging deshalb dahin, hier einen Damm zu bauen, auf dem wir stehen konnten, wobei ich meinen Gefährten einen großen Haufen Steine zeigte, die zum Bau eines Hauses in der Nähe des Sumpfes bestimmt waren und vortrefflich für unseren Zweck paßten. Demgemäß versammelte ich, nachdem sich die Werkleute am Abend entfernt hatten, eine Anzahl meiner Spielgenossen. Da wir fleißig wie die Ameisen waren, indem oft mehrere von uns mit vereinten Kräften einen Stein wegschleppten; so trugen wir sie denn alle fort und bauten unseren kleinen Damm. Die Arbeiter staunten, als sie am Morgen ihre Steine nicht fanden, die wir für unseren Damm verbraucht hatten. Man forschte nach den Erbauern dieses Werkes; wir wurden entdeckt, man beklagte sich, und gar mancher von uns wurde von seinem Vater hart gestraft. Obschon ich hartnäckig die Nützlichkeit des Baus verteidigte, so überzeugte mich mein Vater doch endlich, daß nichts nützlich sein könne, was nicht rechtmäßig sei.

Du wirst vielleicht begierig sein, auch einiges über die Person und den Charakter meines Vaters zu erfahren. Er besaß eine vortreffliche Leibesbeschaffenheit, war von mittlerer Gestalt, aber wohl und kräftig gebaut; er war sehr begabt, konnte hübsch zeichnen, verstand ein wenig von Musik und hatte eine helle, angenehme Stimme, so daß es viel Vergnügen gewährte, ihm zuzuhören, wenn er zu seiner Violine einen Psalm oder ein Lied sang, wie er wohl öfter abends nach beendigtem Tagewerk zu tun pflegte. Auch besaß er ein mechanisches Talent und verstand bei Gelegenheit, die Werkzeuge einer Menge von Handwerkern zu führen. Aber vor allem zeichnete er sich durch gesunde Auffassungen und gediegenes Urteil in Verstandessachen sowohl im öffentlichen, wie im Privatleben aus. Zwar gab er sich mit ersterem nicht eigentlich ab, weil seine zahlreiche Familie und sein geringes Vermögen ihn streng an sein Gewerbe fesselten; aber ich entsinne mich recht wohl, wie die Angesehenen des Ortes häufig zu ihm kamen und seine Meinung über Angelegenheiten der Stadt oder Kirche, zu der er sich bekannte, einholten und auf seinen Rat und sein Urteil großen Wert legten. Ebenso pflegten einzelne ihn über ihre Privatangelegenheiten zu Rate zu ziehen, wenn es irgendeine Schwierigkeit gab, und oft wurde er zum Schiedsrichter zwischen streitenden Parteien erwählt. Bei Tische sah er gern so häufig als möglich einige gebildete Freunde oder Nachbarn bei sich, mit denen eine vernünftige Unterhaltung möglich war, und war immer bemüht, nützliche oder interessante Dinge zur Sprache zu bringen, woran der Geist seiner Kinder sich bereichern könnte. Auf diese Weise lenkte er schon früh unsere Aufmerksamkeit auf alles, was im Leben der Menschen gerecht, verständig und heilbringend ist. Kaum jemals sprach er von den Gerichten auf dem Tisch, ob sie gut oder schlecht bereitet, von angenehmem oder schlechtem Geschmack, stark gewürzt oder nicht, dieser oder jener Speise ähnlicher Art vorzuziehen oder nachzusetzen seien. Auf diese Weise wurde ich seit meiner frühesten Kindheit an eine gänzliche Unaufmerksamkeit gegen solche Dinge gewöhnt und kümmerte mich nie im geringsten darum, was für Essen vor mir stand, und selbst jetzt noch wende ich diesem Punkt so wenig Beachtung zu, daß es mir schwer werden dürfte, wenige Stunden nach dem Essen anzugeben, woraus mein Mittagbrot bestanden habe. Dies kam mir auf Reisen sehr zustatten, wo meine Gefährten bisweilen über die mangelhafte Befriedigung ihres zarten, weit besser gepflegten Gaumens und Geschmacks sehr unglücklich waren.

Meine Mutter hatte gleicherweise eine vortreffliche Leibesbeschaffenheit. Sie stillte alle ihre zehn Kinder selbst, und ich hörte weder meinen Vater noch sie je über eine andere Krankheit als die klagen, an welcher sie, mein Vater mit 89, meine Mutter mit 85 Jahren, starben. Beide liegen in Boston begraben, wo ich vor einigen Jahren über ihrem Grabe einen marmornen Denkstein mit folgender Inschrift errichten ließ:

Hier ruhen

Josiah Franklin
und
Abiah, seine Gattin.

Sie lebten innig und einträchtiglich zusammen
neunundfünfzig Jahre
und ernährten
ohne Vermögen, ohne gewinnbringendes Gewerbe durch
unermüdliche Arbeit und ehrlichen Fleiß anständig
eine zahlreiche Familie

und erzogen mit Gottes Segen
dreizehn Kinder und sieben Enkel.

Laß, Leser, dieses Beispiel dich ermutigen,
den Pflichten deines Berufes fleißig nachzukommen
und der Vorsehung zu vertrauen.
Er war ein frommer und weiser Mann,
sie ein kluges und tugendsames Weib.
Im Gefühl kindlicher Pflichtschuldigkeit
weiht diesen Stein ihrem Gedächtnisse
ihr jüngster Sohn.

J. F. geb. 1655, gest. 1744, Aetat. 89

A. F. geb. 1667, gest. 1752, Aetat. 85

An meinen Abschweifungen bald hier-, bald dorthin bemerke
ich übrigens, daß ich selbst alt werde. Ich pflegte sonst methodi-
scher zu schreiben; aber für den häuslichen Kreis kleidet man
sich ja nicht so sorgfältig wie für einen öffentlichen Ball; daher
vielleicht meine Nachlässigkeit.

Jedoch zur Sache: Ich blieb auf diese Weise in meines Vaters
Geschäft zwei Jahre, das heißt bis ich zwölf Jahre alt war. Da
mein Bruder John, der die Seifensiederei erlernt, meinen Vater
verlassen, sich verheiratet und in Rhode Island ein eigenes Geschäft begründet hatte, so war ich allem Anschein nach dazu bestimmt, seine Stelle einzunehmen und ein Kerzenmacher zu
werden. Weil aber mein Widerwille gegen dies Geschäft fort-
dauerte, so fürchtete mein Vater, daß, wenn er nicht ein mir an-
genehmeres fände, ich eines Tages auf und davon und zur See
gehen könnte, wie es zu seinem größten Kummer mein Bruder
Josiah getan hatte. Deshalb nahm er mich öfter mit, um Mau-
rern, Böttchern, Kupferschmieden, Tischlern und anderen
Handwerkern bei der Arbeit zuzusehen, um meine Neigungen
zu beobachten und sie an eine Beschäftigung zu fesseln, die
mich an Land zurückhielte. Es hat mir seither auch immer großes Vergnügen bereitet, geschickte Werkleute ihr Gerät hand-

haben zu sehen. Auch habe ich manchen Nutzen daraus gezogen und wenigstens dabei so viel gelernt, daß ich in meinem Haus allerlei kleine Arbeiten selbst zu verrichten vermochte, wenn ich gerade keinen Handwerker bekommen konnte, und daß ich die kleinen Apparate für meine Versuche bauen konnte, während die Absicht zur Anstellung des Experiments in meinem Geist noch frisch und warm war. Mein Vater entschied sich endlich, daß ich Messerschmied werden sollte. Ich wurde einige Tage auf Probe zu meinem Vetter Samuel gegeben, dem Sohn meines Oheims Benjamin, der dies Gewerbe in London erlernt und sich in Boston niedergelassen hatte. Aber das Lehrgeld, das er für mich von meinem Vater verlangte, stand diesem nicht an, weshalb ich wieder ins Haus genommen wurde.

Von frühester Zeit hatte ich leidenschaftlich gern gelesen und all das wenige Geld, das ich erhielt, in Büchern angelegt. Da mir ›Des Pilgers Erdenwallen‹ besonders gefiel, so bestand meine erste Büchersammlung aus Bunyans Werken in einzelnen kleinen Bänden. Diese verkaufte ich später wieder, um R. Burtons ›Geschichtliche Sammlungen‹ kaufen zu können, die aus kleinen billigen Bändchen, etwa vierzig bis fünfzig an der Zahl, bestanden. Meines Vaters kleine Bibliothek enthielt vorzugsweise Bücher über praktische und polemische Theologie. Den größten Teil hatte ich durchgelesen. Ich habe es seitdem oft bedauert, daß in der Zeit, wo ich einen so heftigen Durst nach Kenntnissen empfand, mir nicht ausgewähltere Bücher in die Hände fielen, da es schon beschlossen war, daß ich nicht Geistlicher werden sollte. Unter meines Vaters Büchern befanden sich auch Plutarchs ›Lebensbeschreibungen‹, in denen ich fortwährend las, und noch immer halte ich die Zeit für gut angewandt, die ich damit zubrachte. Auch fand ich ein Werk von Defoe ›Essay über Projekte‹ und ein anderes von Dr. Mather unter dem Titel ›Essays über rechtliches Handeln‹, die mir vielleicht einen Hang zum Nachdenken gaben, der einen Einfluß auf einige der Hauptereignisse meines späteren Lebens hatte.

Meine Vorliebe für Bücher bestimmte meinen Vater endlich,

Franklin mit Mitarbeitern seiner Druckerei

einen Buchdrucker aus mir zu machen, obgleich er schon einen seiner Söhne (James) in diesem Geschäft hatte. Mein Bruder war im Jahre 1717 mit einer Presse und Typen aus England zurückgekehrt, um in Boston eine Druckerei zu errichten. Dies Gewerbe gefiel mir bei weitem besser als das meines Vaters, obschon ich noch immer eine Vorliebe für die See hegte. Um den möglichen Folgen dieser Neigung vorzubeugen, konnte mein Vater es gar nicht abwarten, mich bei meinem Bruder untergebracht zu sehen. Einige Zeit weigerte ich mich, endlich aber ließ ich mich überreden und unterzeichnete den Lehrbrief, als ich erst zwölf Jahre alt war. Es wurde ausgemacht, daß ich bis zum einundzwanzigsten Jahr in die Lehre gehen und nur im letzten Jahr den Lohn eines Gesellen erhalten sollte. In kurzer Zeit machte ich große Fortschritte in diesem Gewerbe und wurde sehr brauchbar für meinen Bruder. Jetzt hatte ich Zutritt zu besseren Büchern. Eine Bekanntschaft mit Buchhändlerlehrlingen machte es mir möglich, dann und wann einen Band zu borgen, den ich gewissenhaft bald und rein zurückgab. Oft verbrachte ich den größeren Teil der Nacht lesend in meinem Zimmer, wenn mir ein Buch am Abend geliehen worden war, das am anderen Morgen zurückgegeben werden sollte, damit es nicht vermißt oder gesucht würde. Nach einiger Zeit erregte ich die Aufmerksamkeit des Mr. Mathew Adams, eines hochbegabten Handelsmanns, der eine schöne Büchersammlung besaß und oft in die Druckerei kam. Er lud mich ein, seine Bücher anzusehen und war so gütig, mir einige, die ich gern lesen wollte, zu leihen. Damals ergriff mich eine seltsame Leidenschaft für die Dichtkunst, und ich verfaßte mehrere kleinere Stücke. Mein Bruder glaubte, dabei auch auf seine Rechnung kommen zu können und ermunterte und veranlaßte mich, zwei Gelegenheitsballaden zu schreiben. Die eine schilderte unter dem Titel ›Die Leuchtturmtragödie‹ den Wellentod des Kapitän Worthilake und seiner beiden Töchter, die andere war ein Seemannslied auf die Gefangennehmung des bekannten Piraten *Teach* oder *Blackbeard* (Schwarzbart). Es waren, was den Stil anlangt, jämmerliche Verse, wahrhafte Gassenhauer; als sie aber gedruckt waren, sandte mich mein Bruder in der Stadt herum, sie zu verkaufen. Die erste hatte ungeheuren Absatz, weil der Vorfall noch neu war und viel Aufsehen erregte. Dies schmeichelte meiner Eitelkeit; aber mein Vater wußte meinen Jubel durch Verspottung meiner Erzeugnisse und die Bemerkung zu dämpfen, daß Versemacher meist Bettler seien. Auf diese Weise entging ich dem Schicksal, ein Dichter – und höchstwahrscheinlich ein sehr schlechter – zu werden. Da aber meine Gabe, in Prosa zu schreiben, im Laufe meines Lebens mir so sehr zustatten gekommen ist und vorzüglich mein Emporkommen förderte, so will ich berichten, durch welche Mittel ich in meiner Lage die schwache Fertigkeit erwarb, die ich vielleicht hierin besitze.

Es gab in der Stadt noch einen jungen Bücherwurm, einen gewissen John Collins, mit dem ich vertrauten Umgang hatte. Wir disputierten häufig miteinander und waren auch so versessen, uns gegenseitig etwas zu beweisen, daß uns nichts lieber war als ein Wortkampf. Diese Neigung zum Streit hat aber, wie ich nur im Vorbeigehen bemerken will, das Gefährliche, in eine schlimme Gewohnheit auszuarten, und macht oft die Gesellschaft eines Mannes unerträglich, weil sie den Widerspruchsgeist notwendig zur anderen Natur macht. Abgesehen von der Bitterkeit und dem Hader, die sie in das Gespräch bringt, erzeugt sie auch oft Abneigung, ja Haß unter Personen, zwischen denen Freundschaft durchaus angebracht ist. Ich hatte sie in meines Vaters Hause durch das Lesen religiöser Streitschriften angenommen. Seitdem habe ich bemerkt, daß Männer von Verstand selten auf diesen Abweg geraten – Rechtsgelehrte, Studenten und Leute jeden Standes, die in Edinburgh erzogen wurden, ausgenommen.

Collins und ich gerieten eines Tages in einen Streit über die Zweckmäßigkeit der Erziehung des weiblichen Geschlechts in den Wissenschaften und über dessen Befähigung für das Studium. Collins war der Ansicht, die höhere Bildung passe nicht für das weibliche Geschlecht und dieses sei ihm auch von Natur aus nicht gewachsen. Ich ergriff die Gegenpartei, vielleicht nur aus Lust am Streit. Die Natur hatte ihm größere Rednergabe verliehen; die Worte strömten in Massen von seinen Lippen, und er bezwang mich mehr durch seine Zungenfertigkeit als durch die Kraft seiner Beweise. Als wir voneinander schieden, ohne uns in der Sache geeinigt zu haben, und da wir uns eine Zeitlang nicht sprechen konnten, brachte ich meine Gedanken zu Papier, fertigte eine saubere Abschrift an und schickte sie ihm. Er antwortete, und ich erwiderte nochmals. Wir hatten jeder drei oder vier Briefe geschrieben, als meinem Vater zufällig meine Papiere zu Gesicht kamen und er sie las. Ohne sich auf den Streit selbst einzulassen, nahm er die Gelegenheit wahr, über meine Schreibweise mit mir zu reden. Er bemerkte, daß ich zwar in Rechtschreibung und richtiger Interpunktion, die ich meinem Beruf verdankte, meinem Gegner überlegen sei, aber ihm in der Gewandtheit des Ausdrucks, in der Methode und Klarheit weit nachstehe. Er überzeugte mich davon durch mehrere Beispiele. Ich erkannte die Wahrheit seiner Bemerkungen, verwandte von da an mehr Sorgfalt auf die Sprache und entschloß mich zu größter Anstrengung, um meinen Stil zu verbessern.

Etwa um diese Zeit fiel mir ein einzelner Band des ›Spectator‹ in die Hände. Es war der dritte. Ich hatte dies Werk noch nie gesehen, kaufte den Band, las ihn mehrmals und war ganz entzückt davon. Ich hielt den Stil für ausgezeichnet und wünschte mir nur die Fähigkeit, ihn nachahmen zu können. In dieser Absicht wählte ich einige Aufsätze aus, brachte den Sinn jeder Periode in einen kurzen Auszug, legte das Ganze einige Tage beiseite, versuchte dann, ohne einen Blick in das Buch zu werfen, die Aufsätze in ihrer ursprünglichen Abfassung wieder herzustellen, kurz, jeden Gedanken, wie er sich im Original befand, wiederzugeben, indem ich die geeignetsten Worte gebrauchte, die mir einfielen. Nachher verglich ich meinen ›Spectator‹ mit dem wirklichen, fand einige Fehler, die ich verbesserte, erkannte aber auch, daß es mir an einem Vorrat von Wörtern sowie an der Fertigkeit, mich ihrer zu entsinnen und sie zu gebrauchen, mangelte, in deren Besitz ich nach meiner Ansicht damals längst gewesen wäre, wenn ich fortgefahren hätte, Verse zu machen. Der fortwährende Bedarf an Wörtern derselben Bedeutung indessen, wegen des Versmaßes von verschiedener Länge oder wegen des Reimes von verschiedenem Klang, hätte mich gezwungen, eine Menge Synonyma zu suchen und ihrer Herr zu werden. In diesem Glauben wählte ich einige Erzählungen aus dem ›Spectator‹, schrieb sie in Verse um, und nach Verlauf einiger Zeit übertrug ich sie, wenn sie meinem Gedächtnis genugsam entschwunden waren, wieder in Prosa.

Bisweilen warf ich auch wohl alle meine Auszüge durcheinander und versuchte dann einige Wochen später, sie wieder in die gehörige Ordnung zu bringen, ehe ich an die Bildung der vollen Sätze und die Abfassung der Aufsätze ging. Dies sollte mich Methode in der Anordnung meiner Gedanken lehren. Verglich ich später meine Arbeit mit dem Original, so entdeckte und verbesserte ich manche Fehler; aber bisweilen genoß ich auch die Befriedigung, mir einzubilden, ich sei in gewissen untergeordneten Einzelheiten so glücklich gewesen, Methode oder Ausdruck zu verbessern, und dies ermutigte mich zu der Hoffnung, daß ich es mit der Zeit noch zu einem guten Stil im Englischen bringen würde, der das Hauptziel meines Ehrgeizes war. Die Zeit, die ich diesen Übungen und dem Lesen zuwandte, waren der Abend nach beendetem Tagewerk, der Morgen, ehe dieses begann, und der Sonntag, wenn ich in der Druckerei allein sein konnte. Ich wich nämlich dem gewöhnlichen Besuch des öffentlichen Gottesdienstes soviel wie möglich aus, den mein Vater von mir verlangte, solange ich noch unter seiner Obhut war, und den ich in Wirklichkeit noch immer für eine Pflicht hielt, obschon ich, wie es mir scheinen wollte, nicht die Zeit zu seiner Ausübung erübrigen konnte.

Als ich ungefähr sechzehn Jahre alt war, fiel mir ein Werk von einem gewissen Tryon in die Hände, in dem er die Pflanzennahrung empfiehlt. Ich beschloß, mich derselben ebenfalls zu bedienen. Mein Bruder war unverheiratet, hatte noch keinen eigenen Haushalt, sondern speiste mit seinen Lehrlingen bei einer nahebei wohnenden Familie. Meine Weigerung, Fleischspeisen zu essen, wurde unpassend gefunden und ich oft wegen meiner Sonderbarkeit ausgescholten. Ich merkte mir die Art und Weise, wie Tryon einige seiner Gerichte bereitete, namentlich wie Kartoffeln und Reis gekocht und Schnellpudding gebacken würden. Dann erklärte ich meinem Bruder, wenn er das halbe Wochengeld, welches er für meine Beköstigung zahle, mir geben wollte, so würde ich mich selbst beköstigen. Er nahm mein Anerbieten sofort an, und ich erkannte bald, daß ich von dem, was er mir gab, noch die Hälfte zurücklegen konnte. Dadurch erlangte ich einen Grundstock zum Ankauf von Büchern, abgesehen von einem anderen Vorteil, der mir aus diesem Verfahren erwuchs. Wenn mein Bruder und die Arbeiter die Druckerei verließen, um zu Tisch zu gehen, so blieb ich zu Hause. Nachdem ich mein einfaches Mahl verzehrt hatte, das häufig nur aus einem Zwieback oder einer Brotschnitte und einer Handvoll Rosinen oder einem Obstkuchen vom Pastetenbäcker und einem Glas Wasser bestand, konnte ich die übrige Zeit bis zu ihrer Rückkehr auf meine geistige Ausbildung verwenden, worin ich um so größere Fortschritte machte, als mein klarerer Kopf und meine raschere Auffassung eine gewöhnliche und natürliche Folge der Mäßigkeit im Essen und Trinken waren.

Damals mußte ich mich eines Tages wegen meiner Unwissenheit im Rechnen schämen, dessen Erlernung ich bei zweifacher Gelegenheit während meiner Schuljahre versäumt hatte; ich nahm daher Cockers Rechenbuch vor und arbeitete es mit der größten Leichtigkeit durch. Auch las ich ein Buch über Schiffahrtskunde von Seller und Shermy und machte mich noch mit den Anfangslehren der Geometrie vertraut, die dieses enthält, brachte es aber nie weit in dieser Wissenschaft. Ungefähr um dieselbe Zeit las ich Lockes ›Vom menschlichen Verstande‹ und ›Die Kunst zu denken‹ von den Patres von Port-Royal.

Während ich auf die Verbesserung meines Stils hinarbeitete, fiel mir eine englische Grammatik in die Hände, wenn ich nicht irre von Greenwood, der zwei kurze Aufsätze über Rhetorik und Logik angehängt waren. In dem letzteren fand ich das Muster einer Disputation in der sokratischen Weise. Bald darauf verschaffte ich mir Xenophons Werk ›Denkwürdigkeiten von Sokrates‹, worin viele Beispiele dieser Methode zu finden sind. Diese Weise des Disputierens entzückte mich bis zur Begeisterung: Ich eignete sie mir an, gab mein System des reinen Widerspruches und der direkten und positiven Beweisführung auf und versetzte mich statt dessen in die Stellung eines schlichten Fragers. Da ich dann durch die Lektüre von Shaftesbury und Collins zu einem echten Zweifler in vielen Fragen unserer religiösen Lehre geworden war, hielt ich die Methode des Sokrates nicht allein für die passendste für mich, sondern auch für die verwirrendste für diejenigen, gegen welche ich sie in Anwendung brachte. Ich empfand dabei bald außerordentliches Vergnügen; unausgesetzt übte ich mich darin und wußte sehr gewandt selbst mir weit an Verstand überlegene Personen zu Zugeständnissen zu bringen, deren Folgen sie nicht voraussahen. So führte ich sie in Verlegenheiten, aus denen sie sich nicht herauswinden konnten, und oft gewann ich einen Sieg, den weder mein Streitobjekt noch meine Gründe verdienten. Dieses Verfahren setzte ich mehrere Jahre fort, gab es aber später allmählich auf und behielt nur die Gewohnheit bei, mich mit bescheidener Zurückhaltung auszudrücken und nie, wenn ich eine Behauptung aufstellte, die bestritten werden konnte, die Wörtchen ›bestimmt‹, ›unzweifelhaft‹ oder ähnliche zu gebrauchen, die den Verdacht erregen konnten, ich hinge meiner Ansicht hartnäckig an. Lieber sagte ich: ›ich stelle mir vor, ich vermute, oder es will mir scheinen, daß sich diese oder jene Sache aus dem und dem Grunde so und so verhält‹, oder ›wenn ich mich nicht irre, ist der Tatbestand so‹. Ich bin der Ansicht, daß mir diese Gewohnheit von außerordentlichem Nutzen war, wenn ich gelegentlich andere von meiner Ansicht überzeugen und zur Ergreifung von Maßnahmen überreden wollte, die ich empfohlen hatte. Da es doch der Hauptzweck jeder Unterhaltung ist, zu belehren oder belehrt zu werden, zu überzeugen oder zu überreden, so möchte ich wohl, daß verständige und wohlmeinende Männer ihre Mittel, sich nützlich zu machen, dadurch nicht selber schwächten, daß sie sich in so bestimmter und dogmatischer Weise ausdrükken, wodurch sie fast allemal das Mißfallen der Zuhörer erregen, einzig und allein den Widerspruch wecken und jede Absicht vereiteln, für welche die Gabe der Rede einem Menschen verliehen wurde: zum geistvollen Austausch, zum Geben und Empfangen von Informationen, zum Vergnügen. Mit einem Worte: willst du belehren und trägst deine Ansicht entschieden und rechthaberisch vor, so weckst du nur Widerspruch und vereitelst jedes aufmerksame Zuhören. Suchst du andererseits Belehrung und Vorteil aus den Kenntnissen anderer und drückst du dich so aus, als seiest du deiner Ansicht starr zugetan, so werden friedliche und kluge Leute, die keine Freunde vom Disputieren sind, dich ruhig bei deinen Irrtümern belassen. Wenn du einen solchen Weg einschlägst, hast du selten Hoffnung, deinen Zuhörern zu gefallen, ihr Vertrauen zu erwerben oder diejenigen zu überzeugen, die du gern zu deiner Ansicht hinüberziehen möchtest. Pope sagt ganz richtig: ›Man muß die Menschen so belehren, als ob man sie nicht belehrte, und unbekannte Dinge ihnen vortragen, als seien sie nur vergessen.‹ Und in demselben Gedicht rät er, ›... wenngleich bestimmt, doch mit scheinbarem Bedenken uns auszudrücken‹. Und diesen Zeilen hätte er noch eine beifügen können, die er an einer anderen Stelle, nach meiner Ansicht minder passend, mit einer anderen verband: ›Denn unbescheiden heißt auch unverständig sein.‹ Willst du wissen, warum ich sage *minder passend*, so muß ich die beiden Verse zusammen zitieren: ›Das unbescheidene Wort läßt sich durch nichts verzeihn: denn unbescheiden heißt auch unverständig sein.‹ Ist es denn nun aber Mangel an Verstand, sobald ein Mensch das Unglück hat, davon betroffen zu sein, und nicht vielmehr eine Art Entschuldigung seiner Anmaßung? Und lauteten nicht die Verse richtiger, wenn sie sagten: ›Das unbescheidene Wort mag nur der Satz verzeihn: nicht recht bescheiden heißt auch nicht verständig sein.‹

Ich überlasse aber die Entscheidung dieses Punktes besseren Richtern, als ich bin.

Im Jahre 1720 oder 1721 begann mein Bruder den Druck einer neuen Zeitung. Sie war die zweite, die in Amerika erschien, und zwar unter dem Namen ›New England Courant‹. Die einzige vor ihr schon vorhandene war der ›Boston News Letter‹. Einige seiner Freunde wollten, wie ich mich noch entsinne, ihm das Unternehmen ausreden, das doch wohl keinen günstigen Erfolg haben würde, indem nach ihrer Ansicht *eine* Zeitung für ganz Amerika genug sei. In diesem Augenblick aber, 1771, erscheinen ihrer nicht weniger als fünfundzwanzig. Er brachte aber doch sein Vorhaben zur Ausführung, und ich mußte jede Nummer erst setzen und drucken helfen, dann aber die Exemplare an die Kunden austragen. Er hatte einige begabte Männer unter seinen Freunden, die zu ihrem Vergnügen kleine Aufsätze für sein Blatt schrieben und dadurch demselben Ruf und einen vermehrten Absatz verschafften. Diese Herren kamen oft in unser Haus. Da ich der Unterhaltung und den Schilderungen von der günstigen Aufnahme ihrer Aufsätze oft zuhörte, so verspürte ich ebenfalls die Versuchung, ihrem Beispiel zu folgen. Ich war aber noch ein Knabe und fürchtete, mein Bruder werde in seinem Blatt keine Arbeit abdrucken wollen, als deren Verfasser er mich kenne; daher bemühte ich mich erfolgreich, mit verstellter Handschrift einen anonymen Aufsatz zu schreiben, und schob ihn nachts unter der Tür der Druckerei hindurch, wo er am anderen Morgen gefunden wurde. Mein Bruder teilte ihn seinen Freunden bei ihrem gewöhnlichen Besuch mit; sie lasen ihn, machten in meiner Gegenwart ihre Bemerkungen darüber, und ich hatte dann die große Freude zu sehen, daß er ihren Beifall erhielt und daß sie bei ihren verschiedenen Vermutungen, welche sie über den Verfasser anstellten, Namen nannten, die ihres Talentes und Geistes wegen einen bedeutenden Ruf im Lande genossen. Ich glaube heutzutage, daß ich damals besonderes Glück mit meinen Richtern hatte und daß sie vielleicht eigentlich keine so guten Kritiker waren, wie sie mir damals erschienen.

Hierdurch ermutigt, schrieb ich jedoch noch mehrere kleine Aufsätze, die ich auf demselben Wege in die Druckerei schaffte und die gleichen Beifall fanden. Ich bewahrte so lange mein Geheimnis, bis mein geringer Vorrat von Wissen und Kenntnissen zu solchen Arbeiten ziemlich erschöpft war, worauf ich mich dann entdeckte und die Bekannten meines Bruders mich mit etwas mehr Achtung zu behandeln begannen, und zwar in einer Weise, die meinem Bruder nicht ganz gefiel, weil er, wahrscheinlich mit Recht, annahm, es könnte mich zu eitel machen. Und dies mochte vielleicht auch die Veranlassung zu verschiedenen Zwistigkeiten gewesen sein, die wir um jene Zeit hatten. Obschon mein Bruder, betrachtete er sich doch als meinen Meister und mich als seinen Lehrling und erwartete daher von mir dieselben Dienstleistungen, wie er sie von einem anderen verlangt haben würde, während ich meinte, er gehe in manchen seiner Anforderungen an mich zu weit und ich könne von einem Bruder mehr Nachsicht erwarten. Unsere Zwistigkeiten wurden oft meinem Vater vorgelegt, und ich denke, ich hatte im allgemeinen recht oder wußte meine Sache besser zu führen, weil die Entscheidung meist zu meinen Gunsten ausfiel. Aber mein Bruder war heftig und hatte mich oft geschlagen, was ich sehr übelnahm; und da mir so meine Lehrlingszeit ganz lästig vorkam, sehnte ich mich fortwährend nach einer Gelegenheit sie abzukürzen, die sich endlich in ganz unerwarteter Weise darbot.*

Ein Artikel in unserem Blatt über irgendeinen politischen Gegenstand, den ich vergessen habe, erregte das Mißfallen der Assembly, der gesetzgebenden Versammlung. Mein Bruder wurde verhaftet, verurteilt und erhielt einen Monat Gefängnis, weil er, wie ich vermute, den Verfasser nicht angeben wollte. Auch ich wurde verhaftet und vor der Versammlung verhört, erhielt aber, obwohl ich keine Auskunft gab, bloß einen Verweis und wurde damit entlassen, weil man wahrscheinlich der Ansicht war, als Lehrling müsse ich die Geheimnisse meines Herrn bewahren.

Während der Haft meines Bruders, die mich trotz unserer Privatzwistigkeiten sehr empörte, hatte ich die Leitung der Zei-

---

* Ich glaube, daß sein barsches und tyrannisches Gebaren mir gegenüber vorwiegend dazu beigetragen haben mag, mich mit jener Abneigung gegen willkürliche Gewalt zu erfüllen, die ich während meines ganzen Lebens nicht verlor.

tung und erkühnte mich, unseren Herrschern tüchtig die Meinung zu sagen, was mein Bruder sehr freundlich aufnahm, während andere mich in einem ungünstigen Licht als ein junges Genie mit einiger Neigung zu Schmähschriften und Satiren zu betrachten begannen. Meines Bruders Freilassung war von dem überspannten Befehl der Assembly begleitet, der James Franklin den weiteren Druck der Zeitung ›The New England Courant‹ untersagte.

Unter diesen Umständen hielt er mit seinen Freunden in der Druckerei eine Beratung darüber, was nun zu tun sei. Einige rieten, den Befehl durch einen veränderten Namen des Blattes zu umgehen; mein Bruder sah aber die Unannehmlichkeiten voraus, die dieser Schritt nach sich ziehen würde, und erachtete für besser, es in Zukunft unter dem Namen Benjamin Franklins erscheinen zu lassen. Um sich nun gegen die Assembly zu sichern, die ihn noch immer als den Drucker des Blattes, der nur den Namen seines Lehrlings geborgt hätte, betrachten könnte, wurde ausgemacht, daß mein alter Lehrbrief mit einer auf der Rückseite geschriebenen vollen und unbedingten Lossprechung mir ausgeliefert werden solle, um im Notfall vorgezeigt werden zu können. Um aber meinem Bruder den Genuß meiner Dienste zu sichern, mußte ich zugleich einen neuen Kontrakt unterzeichnen, der während der noch übrigen Lehrzeit geheimgehalten werden sollte. Dies war ein sehr unsicheres Abkommen, wurde aber trotzdem sogleich ins Werk gesetzt, und so erschien denn die Zeitung einige Monate unter meinem Namen weiter.

Schließlich entstand abermals zwischen mir und meinem Bruder ein Zwist, und ich nahm es auf mich, nun von meiner Freiheit unter der Voraussetzung Gebrauch zu machen, daß er es nicht wagen werde, den neuen Kontrakt vorzuzeigen. Es war allerdings unbillig von mir, mir diesen Umstand zunutze zu machen, und ich halte daher diese Handlung für einen der ersten Fehltritte meines Lebens; die Erbitterung meines Gemüts über die häufig erhaltenen Schläge machte mir es unmöglich, die Unfairneß in ihrem wahren Licht zu würdigen, obwohl mein

Bruder sonst kein bösartiger Mensch, ich aber vielleicht zu vorlaut und anspruchsvoll war.

Als er meinen Entschluß, ihn zu verlassen, vernahm, suchte er zu verhindern, daß ich anderswo Arbeit fände. Er ging in alle Druckereien der Stadt und nahm die Besitzer gegen mich ein, die mich demzufolge abwiesen. Nun drängte sich mir von selbst der Gedanke auf, nach New York, der nächsten Stadt mit einer Druckerei, zu gehen. Fernere Überlegung bestärkte mich in dem Entschluß, Boston zu verlassen, wo ich bereits der Regierungspartei verdächtig geworden war. Nach dem willkürlichen Verfahren der Assembly in der Sache meines Bruders zu schließen, standen mir, wenn ich blieb, bald Unannehmlichkeiten bevor, die ich um so mehr fürchten mußte, als mein unbesonnenes Streiten über religiöse Gegenstände mich schon für fromme Seelen als Ungläubigen oder Atheisten zum Gegenstand des Abscheus machten. Mein Entschluß war gefaßt; da aber mein Vater auf seiten meines Bruders stand, so war ich besorgt, daß man, wollte ich mich öffentlich entfernen, Maßnahmen zur Verhinderung meiner Flucht treffen möchte. Mein Freund Collins übernahm es, mein Entkommen zu begünstigen. Er kam mit dem Kapitän einer New Yorker Schaluppe wegen meiner Überfahrt unter dem Vorwand überein, ich sei ein junger Bekannter von ihm, der ein leichtfertiges Mädchen mit einem Kinde auf dem Halse habe und nun von den Verwandten des Mädchens gezwungen werden solle, dasselbe zu heiraten, weshalb ich mich nicht öffentlich zeigen und auch nicht offenkundig abreisen könne. Um mir etwas Geld zu verschaffen, verkaufte ich einen Teil meiner Bücher, ging dann heimlich an Bord der Schaluppe, und mit günstigem Wind befand ich mich in drei Tagen in New York, fast dreihundert Meilen fern von zu Hause, ein Bursche von nur siebzehn Jahren, ohne jegliche Empfehlung oder irgendeinen Bekannten in der Stadt und mit sehr wenig Geld in der Tasche.

Meine Neigung zum Seeleben war mittlerweile gänzlich verschwunden, sonst hätte ich sie jetzt befriedigen können. Da ich aber nun einen Beruf hatte und mich für einen leidlichen Arbeiter hielt, so bot ich unverzüglich dem alten Herrn William Bradford meine Dienste an, der der erste Buchdrucker in Pennsylvania gewesen war, aber wegen Zwistigkeiten mit dem Gouverneur George Keith diese Provinz verlassen hatte. Er konnte mir jedoch keine Beschäftigung geben, da er selbst nur wenig zu tun und schon mehr als genug Gehilfen hatte; er sagte mir aber: »Mein Sohn, Buchdrucker in Philadelphia, hat kürzlich seinen ersten Arbeiter, Aquila Rose, durch den Tod verloren, wenn du dorthin reisen willst, glaube ich wohl, daß er dich anstellen wird.« Philadelphia lag hundert Meilen weiter. Ich trat jedoch in einem Boot die Reise nach Amboy an und ließ mir meinen Koffer und meine Sachen zur See nachsenden.

Bei der Fahrt über die Bai überfiel uns ein Sturm und zerriß unser morsches Segel, hinderte uns, in den Kill einzulaufen, und verschlug uns nach Long Island. Während des Sturmes fiel ein betrunkener Holländer, ein Mitpassagier im Boot, in die See. In dem Augenblick, wo er nahe daran war zu versinken, ergriff ich ihn an seinem Krauskopf und zog ihn wieder an Bord. Dieses Bad machte ihn ziemlich nüchtern, so daß er in Schlaf fiel, nachdem er ein Buch aus seiner Tasche genommen hatte, das ich ihm trocknen sollte. In diesem Buch erkannte ich mein altes Lieblingswerk, Bunyans ›Pilger‹ holländisch, hübsch auf schönem Papier gedruckt und mit Kupferstichen, in einer Ausstattung, wie ich sie bei dem Buch in der Ursprache nie gesehen hatte. Später erfuhr ich, daß es in fast alle europäischen Sprachen übersetzt und nächst der Bibel wohl eines der verbreitetsten Bücher sei. Der ehrliche John war meines Wissens der erste, der Erzählung und Gespräche verband, eine Schreibweise, die den Leser sehr anzieht, da er an den interessantesten Stellen gleichsam in eine Gesellschaft eingeführt wird und der Unterhaltung beiwohnt. Defoe hat dies mit Erfolg in seinem ›Robinson Crusoe‹, seiner ›Moll Flanders‹, der ›Frommen Brautwerbung‹, dem ›Familienratgeber‹ und anderen Werken nachgeahmt, wie auch Richardson in der ›Pamela‹ usw.

Als wir uns der Insel näherten, fanden wir, daß es an einer Stelle war, wo man unmöglich landen konnte, da die Brandung sich heftig an dem steinigen Strand brach; so ließen wir denn den Anker fallen und trieben am Tau herum und der Küste zu. Einige Leute kamen bis zum Ufer herab und riefen uns an, wie wir sie; aber der Wind war so stark und die Brandung so laut, daß wir einander nicht verstehen konnten. Am Strand lagen einige Boote. Wir riefen ihnen zu und machten ihnen Zeichen, um sie zu bewegen, heranzukommen und uns einzuholen; allein entweder verstanden sie uns nicht, oder sie hielten unser Ansinnen für unausführbar, und so gingen sie fort. Es wurde Nacht, und es blieb uns nichts anderes übrig, als ruhig abzuwarten, daß sich der Wind legen würde, und so lange wollten wir, nämlich der Schiffer und ich, wenn möglich schlafen. In dieser Absicht stiegen wir unter Deck zu dem Holländer, der durch und durch naß war. Die See schlug über das Fahrzeug weg und erreichte uns in unserer Zufluchtsstätte, so daß wir nun nicht minder trieften als er. So lagen wir und genossen die Nacht über nur wenig Ruhe; am folgenden Tag aber legte sich der Wind, und nun gelang es uns, Amboy vor Dunkelwerden zu erreichen, nachdem wir dreißig Stunden ohne Nahrung auf See zugebracht hatten und ohne anderes Getränk als eine Flasche schlechten Rums, da das Wasser, in dem wir fuhren, salzig war.

Abends ging ich mit einem heftigen Fieber zu Bett. Ich hatte irgendwo gelesen, daß der reichliche Genuß von kaltem Wasser in solchen Fällen ein Mittel sei. Ich folgte dem Rat, lag den größten Teil der Nacht im stärksten Schweiß, und das Fieber verließ mich. Am andern Tage fuhr ich in einer Fähre über den Fluß und setzte meine Reise zu Fuß fort. Ich mußte fünfzig Meilen bis Burlington gehen, wo ich angeblich gute Reiseboote zur Fahrt nach Philadelphia finden würde.

Es regnete den ganzen Tag heftig, so daß ich bis auf die Haut naß wurde. Um Mittag war ich ganz ermüdet und machte in einem armseligen Gasthaus halt, wo ich die Nacht zubrachte, schon halb bedauernd, daß ich meine Vaterstadt verlassen hatte. Dabei machte ich eine so jämmerliche Figur, daß, wie ich aus den an mich gerichteten Fragen ersah, man mich für einen entlaufenen Dienstboten hielt und ich Gefahr lief, als solcher aufgegriffen zu werden. Am andern Tage setzte ich indessen meine Reise fort und erreichte am Abend ein Wirtshaus, acht bis zehn Meilen von Burlington, das ein gewisser Dr. Brown hielt. Dieser Mann ließ sich, als ich einige Erfrischungen einnahm, in ein Gespräch mit mir ein, bemerkte meine leidliche Belesenheit und wurde sehr gesellig und freundlich. Unsere Freundschaft dauerte bis zu seinem Tod. Ich glaube, er war eine Art fahrender Doktor, denn es gab in England, ja in ganz Europa keine Stadt, von welcher er nicht genaue Auskunft geben konnte. Es mangelte ihm weder an Verstand noch Bildung, aber er war ungläubig, und einige Jahre später begann er eine leichtfertige Travestie der Bibel in Knittelversen, wie Cotton Vergils ›Aeneis‹ travestierte. Hierdurch stellte er manche Dinge von einer sehr lächerlichen Seite dar, und er hätte manchem schwachen Geist Schaden zugefügt, falls das Buch gedruckt worden wäre, was indessen nie geschah.

Ich übernachtete in seinem Haus und erreichte am andern Morgen Burlington, vernahm aber zu meinem Bedauern, daß die regelmäßigen Boote schon vor meiner Ankunft abgefahren seien. Es war Sonnabend, und vor dem nächsten Dienstag fuhr kein Boot wieder. Ich ging zu einer alten Frau in der Stadt zurück, bei der ich einige Pfefferkuchen als Nahrung während der Überfahrt gekauft hatte, und bat sie um ihren Rat. Sie lud mich ein, in ihrem Haus meinen Aufenthalt zu nehmen, bis sich eine Gelegenheit zur Überfahrt zeige, und ermüdet von der weiten Fußreise, ging ich auf ihr Anerbieten ein. Als sie vernahm, daß ich ein Buchdrucker sei, wollte sie mich überreden, mich in Burlington niederzulassen; sie vermutete aber nicht, was für ein Kapital dazu nötig sei. Während meiner Anwesenheit in ihrem Hause wurde ich wahrhaft gastfreundlich beherbergt. Mit der größten Güte setzte sie mir Steak zum Mittagessen vor und nahm nur einen Krug Bier dagegen an. Ich glaubte mich schon bis Dienstag festgehalten. Als ich aber abends am Flußufer spazierenging, kam ein Boot mit einer Anzahl Personen vorüber, das, wie ich erfuhr, nach Philadelphia fuhr und mich mitnahm.

Da kein Wind wehte, ruderten wir den ganzen Weg, und als wir um Mitternacht die Stadt noch nicht sahen, meinten einige aus der Gesellschaft, wir müßten wohl vorbeigefahren sein, und wollten nicht weiterrudern. Da die übrigen nicht wußten, wo wir waren, so beschloß man, an der Stelle haltzumachen. Wir fuhren also dem Ufer zu, liefen in einen Fluß ein und landeten bei einigen alten Palisaden, die uns zum Feueranmachen dienten, da es eine kalte Oktobernacht war. Hier blieben wir bis Tagesanbruch, wo einer aus der Gesellschaft die Stelle als Coopers Creek, etwas oberhalb Philadelphia, erkannte, das wir denn auch wirklich in dem Moment erblickten, als wir aus dem Fluß herausfuhren. Wir kamen am Sonntag zwischen acht und neun Uhr an und landeten am Quai von Market Street.

Ich habe meine Reise recht genau beschrieben und werde mein erstes Auftreten in dieser Stadt ebenso ausführlich schildern, damit du imstande bist, so wenig verheißende Anfänge mit der Rolle zu vergleichen, die ich später dort spielte. Ich war in meinem Arbeitsanzug, da meine besten Kleider erst zur See nachkommen sollten. Ich war mit Schmutz bedeckt; meine Taschen waren mit Hemden und Strümpfen vollgestopft; ich kannte keine Seele in der Stadt und wußte nicht, wo ich ein Unterkommen finden sollte. Ermüdet von der Reise, vom Rudern und von einer schlaflosen Nacht, empfand ich einen heftigen Hunger, und meine ganze Barschaft bestand in einem holländischen Taler und etwa einem Shilling in Kupfergeld, den ich den Schiffern für meine Überfahrt gab. Da ich ihnen im Rudern beigestanden hatte, so schlugen sie ihn anfänglich aus, aber ich bestand auf der Annahme. Der Mensch ist meist freigebiger, wenn er wenig, als wenn er viel Geld hat, wahrscheinlich, weil er im ersteren Falle gern seine Dürftigkeit verbergen will.

Ich ging dann die Straße hinauf und schaute mich um, bis ich beim Markthaus einem Jungen mit Brot begegnete. Mein Mittagsmahl hatte schon oft aus trockenem Brot bestanden, und nachdem ich erfragt, wo er es gekauft habe, ging ich geradewegs nach dem bezeichneten Bäckerladen in Second Street und forderte einen Zwieback, wie wir sie in Boston haben, die aber in

Philadelphia nicht gebacken zu werden scheinen. Ich verlangte also einen Dreipennylaib und erfuhr, daß es so etwas nicht gebe. Da ich weder die hiesigen Preise noch Sorten von Brot kannte, bat ich mir nun für drei Pence Brot irgendeiner Art aus, worauf ich drei große runde Brote erhielt. Ich war erstaunt über die Menge, nahm sie indes an, und da ich in meinen Taschen keinen Platz hatte, so entfernte ich mich mit einem Brot unter jedem Arm, während ich vom dritten aß. So schritt ich durch Market Street nach Fourth Street und ging an dem Hause des Mr. Read, des Vaters meiner künftigen Frau, vorüber. Diese stand vor der Tür, sah mich und mochte mich mit vollkommenem Recht für eine gar seltsame und lächerliche Figur halten. Dann bog ich um die Ecke und ging, unterwegs immer an meinem runden Brote zehrend, durch Chestnut Street und einen Teil von Walnut Street herab und fand mich nach gemachter Runde wieder am Quai von Market Street, in der Nähe des Bootes, mit dem ich gekommen war. Ich trat hinein, um einen Trunk Flußwasser zu nehmen, und da ich mich von dem ersten Brot gesättigt fühlte, gab ich die beiden anderen einer Frau und ihrem Kind, die mit uns den Fluß hinabgefahren waren und auf die Weiterreise warteten.

So erquickt, ging ich wieder die Straße hinauf, die nun mit gutgekleideten Leuten gefüllt war, die alle denselben Weg gingen. Ich schloß mich ihnen an und gelangte so nach dem großen Versammlungshaus der Quäker in der Nähe des Marktplatzes. Ich setzte mich mit den übrigen, sah mich eine Weile um und fiel, da ich nichts sprechen hörte und von den Anstrengungen der vorigen Nacht und dem Mangel an Ruhe ermüdet war, in einen tiefen Schlaf. In diesem Zustand blieb ich, bis die Versammelten aufbrachen, als ein Mitglied so freundlich war, mich zu wecken. Dies war also das erste Haus, welches ich in Philadelphia betrat oder worin ich vielmehr schlief.

Ich begann abermals meine Wanderung durch die Straßen an der Flußseite, und indem ich jedem mir Begegnenden aufmerksam ins Gesicht schaute, gewahrte ich endlich einen jungen Quäker, dessen Gesichtszüge mir gefielen. Ich redete ihn an

Benjamin Franklin.
Stich von J. Andrews nach einem Gemälde von Duplessis

und bat ihn um Auskunft, wo ich wohl als Fremder ein Unterkommen finden könne. Wir befanden uns in der Nähe des Schildes ›Zu den drei Matrosen‹. »Hier ist eine Herberge für Fremde«, sagte er, »aber das Haus steht nicht in gutem Ruf, wenn du mit mir gehen willst, so will ich dir ein besseres zeigen«, worauf er mich zum Crooked Billet in Water Street führte. Hier bestellte ich mir eine Mahlzeit, während der man eine Menge neugieriger Fragen an mich richtete, da meine Jugend und mein Äußeres den Verdacht rege machten, ich sei entlaufen.

Nach dem Essen kehrte meine Müdigkeit wieder, und unausgekleidet warf ich mich auf ein Bett, wo ich bis sechs Uhr abends schlief und zum Abendessen gerufen wurde. Dann ging ich wieder sehr früh zu Bett und schlief tief bis zum nächsten Morgen. Nach dem Aufstehen kleidete ich mich möglichst anständig und begab mich nach dem Hause des Druckers Andreas Bradford; ich fand im Laden seinen Vater, den ich in New York gesprochen hatte. Da er zu Pferde reiste, war er vor mir nach Philadelphia gekommen. Er stellte mich seinem Sohn vor, der mich sehr höflich aufnahm und mir ein Frühstück vorsetzte, mir aber auch sagte, daß er augenblicklich keinen Arbeiter gebrauchen könne, da er vor kurzem einen angenommen habe. Es sei aber noch ein anderer Buchdrucker in der Stadt, namens Keimer, der sich erst neulich niedergelassen habe und mich vielleicht beschäftigen könne; wenn nicht, so würde ich ihm in seinem Hause willkommen sein, und er wolle mir dann und wann kleine Arbeiten geben, bis sich etwas Besseres finde.

Der alte Bradford erbot sich, mich bei dem neuen Buchdrucker einzuführen. Als wir in dessen Hause waren, sagte er: »Nachbar, ich führe Ihnen hier einen jungen Mann aus Ihrem Gewerbe zu; vielleicht können Sie ihn gebrauchen.« Keimer richtete einige Fragen an mich, gab mir einen Winkelhaken in die Hand, um zu sehen, wie ich setze, und sagte, im Augenblick habe er nichts für mich zu tun, werde mich aber bald gebrauchen können. Da er nun den alten Bradford, den er nie gesehen hatte, für einen ihm gewogenen Bewohner der Stadt hielt, so teilte er ihm seinen Plan und seine Aussichten auf Erfolg mit.

Bradford hütete sich wohl, ihm zu entdecken, daß er der Vater des anderen Druckers sei, und als Keimer sich äußerte, wie er bald die meiste Kundschaft in der Stadt zu haben gedenke, brachte er ihn durch geschickte Fragen und das Entgegenhalten einiger Schwierigkeiten dahin, daß er ihm alle seine Pläne darlegte, auf die sich seine Hoffnungen gründeten, und wie er dabei zu Werke gehen wolle. Ich war zugegen, hörte alles und erkannte alsbald in dem einen den alten verschlagenen Fuchs und in dem andern den gänzlichen Neuling. Bradford ließ mich bei Keimer, der gar sehr erstaunte, als ich ihm sagte, wer der alte Mann sei.

Keimers ganze Druckereieinrichtung bestand, wie ich fand, aus einer alten, schadhaften Presse und einem kleinen Vorrat abgenutzter englischer Typen, aus denen er soeben eine Elegie auf den obenerwähnten Aquila Rose setzte, der ein gebildeter junger Mann von vortrefflichem Charakter, in der Stadt sehr geachtet, Sekretär bei der Assembly und ein ganz leidlicher Dichter war. Keimer machte nämlich auch Verse, allerdings höchst unbedeutende. Man konnte nicht sagen, daß er Verse *schreibe*, denn er pflegte die Strophen gleich zu *setzen*, wie sie seiner Muse entströmten, und da er nach keiner Niederschrift arbeitete, auch nur *einen* Setzkasten hatte, die Elegie aber wahrscheinlich seinen ganzen Schriftvorrat in Anspruch nahm, so war es unmöglich, ihm zu helfen. Ich versuchte, seine Presse instand zu setzen, die er bis jetzt noch nicht gebraucht hatte und von deren Gebrauch er auch in der Tat nichts verstand. Mit dem Versprechen wiederzukommen, um dann seine Elegie zu drucken, sobald sie fertig wäre, ging ich nach Bradfords Hause zurück, der mir für den Augenblick eine Kleinigkeit zu tun gab, wofür ich Kost und Wohnung bekam. Nach einigen Tagen ließ Keimer mich rufen, um seine Elegie zu drucken. Er hatte sich jetzt noch einen zweiten Setzkasten angeschafft, um den Wiederabdruck einer Flugschrift zu besorgen, deren Satz er mir auftrug.

Diese beiden Buchdrucker in Philadelphia schienen jeder der zu ihrem Gewerbe nötigen Befähigung zu ermangeln. Bradford hatte das Handwerk gar nicht gelernt und war sehr ungebildet. Keimer war zwar leidlich gebildet, aber nur Setzer und wußte mit der Presse gar nicht umzugehen. Er war einer der französischen Propheten und konnte ihre begeisterten Agitationen recht gut nachmachen. Zu dieser Zeit hing er keinem bestimmten Glauben an, im Notfall aber allen ein wenig, hatte übrigens gar keine Weltkenntnis, aber viel Gemeines in seinem Wesen, wie ich später zu erfahren Gelegenheit hatte. Keimer konnte nicht leiden, daß ich, während ich bei ihm in Arbeit stand, bei Bradford wohnte. Er hatte zwar auch ein Haus, aber es war unmöbliert, so daß er mich nicht zu sich nehmen konnte. Er verschaffte mir eine Wohnung bei Mr. Read, seinem Hauswirt, den ich schon erwähnte. Da jetzt mein Koffer mit meinen Sachen angekommen war, so hoffte ich in den Augen von Miss Read eine anständigere Rolle zu spielen als damals, wo sie mich zufällig mein Brot auf offener Straße hatte verspeisen sehen.

Ich machte nun Bekanntschaft mit einigen jungen Leuten in der Stadt, die gern lasen, und brachte meine Abende angenehm mit ihnen zu, während ich gleichzeitig durch meinen Fleiß Geld verdiente und dank meiner Mäßigkeit zufrieden lebte. So vergaß ich denn Boston fast ganz und wünschte nur, daß niemand meinen Aufenthalt erfahren möchte, mein Freund Collins ausgenommen, dem ich schrieb und der mein Geheimnis auch bewahrte. Endlich führte mich ein Ereignis weit früher nach Hause zurück, als in meinem Vorsatz lag. Ich hatte einen Schwager, namens Robert Holmes, der eine Handelsschaluppe zwischen Boston und Delaware führte. Bei seiner Anwesenheit in Newcastle, vierzig Meilen unterhalb Philadelphia, hörte er von mir und meldete mir in einem Brief den Kummer, den mein plötzliches Verschwinden aus Boston meinen Freunden und Verwandten verursacht habe, versicherte mich ihrer fortdauernden Liebe und Bereitwilligkeit, wenn ich zurückkehrte, alles zu meiner Zufriedenheit auszugleichen, und ermahnte mich ernstlich zur Heimkehr. Ich beantwortete seinen Brief, dankte ihm für seinen Rat und setzte ihm die Gründe, die mich veranlaßt hatten, Boston zu verlassen, so triftig und deutlich auseinander, daß er sich überzeugte, daß ich weniger zu tadeln sei, als er sich gedacht hatte.

Um jene Zeit war Sir William Keith, der Gouverneur der Provinz, in Newcastle. Kapitän Holmes befand sich bei Empfang meines Briefes zufällig in seiner Gesellschaft, ergriff die Gelegenheit, von mir zu reden, und zeigte ihm meine Antwort. Der Statthalter las sie und erstaunte, als er mein Alter erfuhr. Er erkenne in mir, bemerkte er, einen jungen Mann mit vielversprechenden Gaben, und deshalb müsse ich aufgemuntert werden; hier in Philadelphia seien nur sehr unwissende Buchdrucker, und wenn ich mich dort niederlasse, so zweifle er nicht an meinem Fortkommen; er seinesteils wolle mir alle Staatsarbeiten verschaffen und auch außerdem jeden möglichen, in seinen Kräften stehenden Dienst leisten. Mein Schwager erzählte mir das alles später in Boston, aber damals erfuhr ich keine Silbe davon. Eines Tages sahen Keimer und ich, als wir gerade zusammen in der Nähe des Fensters arbeiteten, den Gouverneur und einen andern Herrn, den Oberst French von Newcastle, in feiner Kleidung über die Straße kommen und gerade auf unser Haus zugehen. Wir hörten sie an der Tür, und da Keimer glaubte, der Besuch gelte ihm, so begab er sich sogleich hinunter. Aber der Gouverneur fragte nach mir, stieg die Treppe hinauf und richtete mit einer Leutseligkeit und Höflichkeit, die ich nicht im entferntesten gewohnt war, mehrfache Komplimente an mich, wünschte meine Bekanntschaft zu machen, warf mir freundlich vor, daß ich bei meiner Ankunft in Philadelphia nicht selbst zu ihm gekommen sei, und lud mich ein, ihn in eine Schenke zu begleiten, wo er und Oberst French eine Flasche guten Madeira trinken wollten. Ich war nicht wenig überrascht, und Keimer sah völlig verblüfft drein. Indessen ging ich mit dem Gouverneur und dem Oberst in ein Wirtshaus an der Ecke der Third Street, wo er mir bei der Flasche Madeira den Vorschlag machte, eine Druckerei einzurichten. Er erörterte die Wahrscheinlichkeit eines glücklichen Erfolges, und als ich Zweifel verlauten ließ, ob mein Vater mich bei diesem Unternehmen unterstützen werde, versprach Sir William mir einen

Brief an ihn, in welchem er die Vorteile dieses Planes in einem solchen Licht darstellen wolle, daß sie unfehlbar seinen Entschluß bestimmen würden. Dann wurde ausgemacht, daß ich mit dem ersten Schiff nach Boston, den Empfehlungsbrief des Statthalters an meinen Vater in der Tasche, zurückkehre. Inzwischen sollte der Plan geheimgehalten werden, so daß ich meine Arbeit bei Keimer nach wie vor fortsetzte. Dann und wann ließ mich der Statthalter zu Tisch laden. Ich sah dies als eine sehr große Ehre an, die ich um so höher schätzte, da er sich mit mir auf die leutseligste und freundlichste Weise von der Welt unterhielt.

Gegen Ende April 1724 lag ein kleines Schiff segelfertig nach Boston bereit. Ich verließ Keimer unter dem Vorwand, meine Eltern besuchen zu wollen. Der Gouverneur stellte mir einen langen Brief zu, in welchem er meinem Vater viele schmeichelhafte Dinge über mich sagte und eindringlich den Plan meiner Niederlassung in Philadelphia als eine Sache, die unausbleiblich zu meinem Glück ausschlagen müsse, empfahl. Bei der Fahrt die Bay hinunter stieß unser Schiff auf eine Sandbank und erhielt ein Leck. Das Wetter war sehr ungestüm, und wir mußten unausgesetzt pumpen, woran auch ich teilnahm. Wir gelangten indessen nach etwa vierzehntägiger Fahrt sicher und gesund nach Boston.

Ich war ungefähr sieben volle Monate abwesend gewesen, während welcher Zeit meine Verwandten gar keine Nachricht von mir erhalten hatten, denn mein Schwager Holmes war noch nicht zurück und hatte auch noch nicht über mich geschrieben. Meine Familie erstaunte über mein unerwartetes Erscheinen, aber alle freuten sich über das Wiedersehen und hießen mich, mit Ausnahme meines Bruders, zu Hause willkommen. Ich besuchte ihn in seiner Druckerei. Ich war besser gekleidet als in der ganzen Zeit, wo ich bei ihm in der Lehre war, hatte einen vollständigen neuen und netten Anzug, eine Uhr und beinahe fünf Pfund Sterling in Silber in der Tasche. Er nahm mich nicht gerade sehr höflich auf und ging, nachdem er mich von Kopf bis Fuß betrachtet hatte, wieder an seine Arbeit.

Die Gesellen erkundigten sich neugierig, wo ich gewesen, welcher Art das Land sei und wie es mir gefallen habe. Ich rühmte es ganz außerordentlich, wie nicht minder das herrliche Leben, das ich dort führe, und äußerte meine Absicht, dahin zurückzukehren. Als einer von ihnen mich nach dem dort gültigen Geld fragte, zeigte ich ihnen eine Handvoll Silbermünzen, die ich aus der Tasche zog und vor ihnen ausbreitete; das war etwas Neues für sie, da in Boston nur Papiergeld umlief. Dann versäumte ich auch nicht, ihnen meine Uhr zu zeigen, und da mein Bruder mürrisch und finster blieb, gab ich ihnen endlich einen Shilling zu einem Trunk und ging fort. Dieser Besuch wurmte meinen Bruder in der Seele; denn als bald darauf meine Mutter von einer Aussöhnung zwischen ihm und mir und dem Wunsch eines guten Einvernehmens zwischen uns sprach, sagte er, ich habe ihn vor seinen Leuten so sehr beleidigt, daß er es nie vergessen noch vergeben werde. Hierin irrte er sich indessen.

Des Gouverneurs Schreiben nahm mein Vater mit Überraschung auf, indessen sagte er nur wenig. Als jedoch nach einigen Tagen Kapitän Holmes zurückkehrte, zeigte er es diesem mit der Frage, ob er Keith kenne und was für ein Mann er sei. Er fügte hinzu, daß es seiner Ansicht nach wenig Einsicht verrate, einem jungen Menschen ein Geschäft begründen zu wollen, der vor Ablauf dreier Jahre seinem Alter nach nicht zu den Männern gerechnet werden könne. Holmes sagte alles Erdenkliche zu Gunsten des Planes, mein Vater aber blieb dabei, daß es unsinnig sei, und erklärte sich endlich rundweg dagegen. Dann schrieb er einen höflichen Brief an Sir William, in dem er ihm zwar für das mir so gütig erwiesene Wohlwollen dankte, aber in diesem Augenblick mich zu unterstützen verweigerte, weil er mich für zu jung halte, als daß man mir die Leitung eines so wichtigen Geschäftes anvertrauen könne, zu dem eine so beträchtliche Summe Geldes nötig sei.

Mein Freund und Gefährte Collins, der Postbeamter war, wurde ganz entzückt von der Schilderung, die ich ihm von meinem neuen Wohnort entwarf, und beschloß ebenfalls dorthin zu gehen. Während ich meines Vaters Entscheidung abwartete, reiste er mir zu Lande nach Rhode Island voraus, indem er seine hübsche Büchersammlung mathematischer und naturhistorischer Werke zurückließ, die mit der meinigen nach New York geschickt werden sollte, wo er mich erwarten wollte.

Obgleich mein Vater Sir Williams Vorschlag nicht billigen konnte, so war es ihm doch sehr angenehm, daß ich die so vorteilhafte Empfehlung eines Mannes von seinem Range gefunden und daß mein Fleiß und meine Sparsamkeit mich in die Lage versetzt hatten, mich in so kurzer Zeit hübsch auszustatten. Da er überdies keine Aussicht zu einer Versöhnung zwischen mir und meinem Bruder sah, willigte er in meine Rückkehr nach Philadelphia ein, ermahnte mich, gegen jedermann höflich zu sein, nach allseitiger Achtung zu trachten und Spott und Sarkasmus zu vermeiden, zu denen er mich nur zu sehr geneigt hielt, und teilte mir dann mit: Bei Ausdauer und kluger Sparsamkeit, wenn ich einundzwanzig sei, werde es mir wohl gelingen, aus eigenen Mitteln ein Geschäft zu errichten, und wenn alsdann mir noch eine kleine Summe fehle, werde er mir mit dem Rest aushelfen. Dies war alles, was ich von ihm erhalten konnte, ausgenommen einige Geschenke von ihm und meiner Mutter zum Zeichen ihrer Liebe, als ich mich diesmal mit meiner Eltern Zustimmung und Segen wiederum nach New York einschiffte.

Als die Schaluppe zu Newport auf Rhode Island anlangte, besuchte ich meinen Bruder John, der sich vor einigen Jahren hier niedergelassen und verheiratet hatte. Er war mir von jeher zugetan und nahm mich immer sehr liebevoll auf. Da einer seiner Freunde, namens Vernon, in Pennsylvania etwa fünfunddreißig Pfund ausstehen hatte, so bat er mich, diese für ihn einzukassieren und das Geld so lange zu bewahren, bis er mir Nachricht zukommen lasse, worauf er mir eine Anweisung dazu aushändigte. Dieser Auftrag verursachte mir in der Folge viel Unannehmlichkeit.

Zu Newport nahmen wir eine Anzahl Passagiere für New York an Bord, unter denen sich zwei junge Frauenzimmer und auch eine ernste und gesetzte, matronenhafte Quäkerin mit ihrer Bedienung befanden. Dienstfertig und zuvorkommend hatte ich der Quäkerin einige kleine Gefälligkeiten erwiesen und mir ihr Wohlwollen erworben; denn als sie zwischen mir und den beiden jungen Frauenzimmern Vertraulichkeit entstehen und sie mit jedem Tage zunehmen sah, rief sie mich beiseite und sagte: »Junger Mann, ich bin deinetwegen sehr besorgt; du hast keine Eltern bei dir, und du scheinst die Welt nicht genug zu kennen, ebensowenig die Fallstricke, die die Jugend bedrohen. Verlaß dich darauf: Dies sind Mädchen von leichtfertigem Charakter, ich merke das an ihrem ganzen Benehmen; wenn du dich nicht in acht nimmst, so werden sie dich in Gefahr bringen. Sie sind dir unbekannt, und bei meinem Anteil an deinem Wohle rate ich dir, dich nicht mit ihnen einzulassen.« Da ich anfangs ihre schlechte Meinung von ihnen nicht zu teilen schien, so erzählte sie mir einiges, was sie gesehen und gehört hatte und was meiner Beachtung entgangen war, mich aber überzeugte, daß sie recht habe. Ich dankte ihr für ihren gütigen Rat und versprach, ihm zu folgen. Bei unserer Ankunft in New York nannten sie mir ihre Wohnung und luden mich ein, sie zu besuchen. Ich ging indessen nicht hin und tat wohl daran; denn als der Kapitän am nächsten Tage einen silbernen Löffel und einige andere Dinge, die aus der Kajüte entwendet worden waren, vermißte, verschaffte er sich, da er diese Mädchen als Dirnen kannte, eine Erlaubnis zur Haussuchung, fand die gestohlenen Sachen bei ihnen und ließ sie bestrafen. So entging ich denn, nachdem ich schon einer Klippe unter dem Wasser, auf die das Schiff während der Fahrt stieß, entgangen war, einer zweiten noch weit gefährlicheren.

In New York fand ich meinen Freund Collins, der dort einige Zeit vor mir angekommen war. Wir waren von Jugend auf miteinander vertraut gewesen und hatten dieselben Bücher miteinander gelesen; er hatte aber den Vorteil, mehr Zeit auf Lektüre und Studien verwenden zu können, und den einer ausgezeichneten Begabung für Mathematik, in der er mich weit überholte. Während meines Aufenthalts in Boston pflegte ich fast alle meine Mußestunden im Gespräch mit ihm zuzubringen; er war ein sittsamer und fleißiger Junge, war wegen seiner Kenntnisse bei verschiedenen Geistlichen und anderen Gentlemen sehr geachtet, und es schien, als würde er einst eine achtbare Rolle im Leben spielen. Während meiner Abwesenheit aber hatte er sich dem Branntweintrinken ergeben, und sowohl von ihm selbst als aus den Berichten anderer erfuhr ich, daß er seit seiner Ankunft in New York jeden Tag berauscht gewesen sei und sich sehr auffallend benommen habe. Auch hatte er gespielt und sein Geld verloren, so daß ich genötigt war, seine Wirtshausrechnung zu bezahlen und seine Kosten auf der Reise und in Philadelphia zu bestreiten, was mir höchst unbequem war.

Als der damalige Gouverneur von New York, Burnet (der Sohn des Bischofs Burnet), von dem Kapitän hörte, daß er einen jungen Mann auf seinem Schiff als Passagier habe, der eine große Menge Bücher mit sich führte, bat er ihn, mich zu ihm zu bringen. Ich verfügte mich zu ihm und hätte auch Collins mitgenommen, wenn er nur nüchtern gewesen wäre. Der Gouverneur nahm mich freundlich auf, zeigte mir seine Bibliothek, die sehr bedeutend war, und wir plauderten eine Zeitlang über Schriftsteller und Bücher. Dies war der zweite Gouverneur, der mich seiner Aufmerksamkeit würdigte, und für einen armen Jüngling wie mich war das sehr schmeichelhaft.

Wir kamen nach Philadelphia. Unterwegs nahm ich Vernons Geld ein, ohne das wir nicht ans Ende unsrer Reise hätten kommen können. Collins wünschte eine Stelle in irgendeinem Geschäft zu erhalten; aber ob man seinen Hang zum Trinken durch seinen Atem entdeckte oder durch sein Benehmen – er hatte, wenngleich mit einigen Empfehlungen ausgestattet – mit einer Anstellung keinen Erfolg, und so wohnte und lebte er weiterhin mit mir im gleichen Hause und auf meine Kosten. Da er wußte, daß ich das Geld von Vernon bei mir habe, so ging er mich stets um Anleihen davon an, unter dem Versprechen der Rückzahlung, sobald er eine Stelle erhalten werde. Endlich hatte er so viel von diesem Gelde erhalten, daß ich in große Unruhe darüber geriet, was ich tun solle, wenn man mich auffordern würde, es zurückzuzahlen.

Auch nahm seine Trunksucht nicht im geringsten ab und wurde zur Ursache häufigen Zwistes unter uns. Denn wenn er etwas zuviel getrunken hatte, war er außerordentlich starrköpfig. Als wir eines Tages zusammen mit einigen anderen jungen Leuten in einem Boot auf dem Delaware fuhren, weigerte er sich zu rudern, als er an der Reihe war. »Ich will nach Hause gerudert werden«, sagte er. – »Wir werden nicht für dich rudern«, sagte ich. – »Ihr müßt es doch«, war seine Antwort, »oder ihr bleibt die ganze Nacht auf dem Wasser – ganz wie's euch gefällt.« – »Laßt uns rudern«, sagten die übrigen, »was macht das schon?« Da ich aber schon über sein Benehmen bei anderen Gelegenheiten entrüstet war, beharrte ich auf meiner Weigerung. Da schwor er, er wolle mich schon zum Rudern bringen oder mich aus dem Boot werfen; er näherte sich mir, indem er über die Ruderbänke stieg, und als er ankam und nach mir ausholte, packte ich ihn bei den Schenkeln, richtete mich schnell auf und warf ihn kopfüber in den Fluß. Ich wußte, daß er ein guter Schwimmer war, und so war ich seinetwegen wenig besorgt; aber bevor er wieder herankam, um sich am Boot festzuhalten, hatten wir es mit ein paar Ruderschlägen aus seiner Reichweite gebracht, und immer, wenn er dem Boot nahe kam, fragten wir ihn, ob er rudern wolle, wobei wir mit einigen Schlägen uns wieder von ihm entfernten. Er erstickte fast vor Wut, verweigerte aber hartnäckig das Versprechen zu rudern. Als wir endlich seine Kräfte sich erschöpfen sahen, zogen wir ihn ins Boot und brachten ihn am Abend ganz durchnäßt nach Hause. Nach diesem Vorfall haben wir kaum noch ein freundliches Wort gewechselt. Endlich lernte der Kapitän eines Westindienfahrers, der für die Söhne eines Herrn auf Barbados einen Erzieher besorgen sollte, Collins kennen und bot ihm die Stelle an. Er nahm auch an und versprach mir beim Abschied, die mir schuldige Summe von dem ersten Geld abzutragen, das er erhalten werde; aber ich habe nie wieder etwas von ihm gehört.

Daß ich jenes Vernonsche Geld angebrochen hatte, war einer der ersten großen Irrtümer meines Lebens und zeigte mir, daß mein Vater sich in seinem Urteil nicht täuschte, als er mich für die Führung eines bedeutenden Geschäftes für zu jung hielt. Als aber Sir William seinen Brief las, hielt er ihn für übertrieben vorsichtig. Es sei ein Unterschied zwischen den Menschen, meinte er; reife Jahre brächten nicht immer den Verstand mit sich, noch sei die Jugend allen Verstandes bar. »Da Ihr Vater«, fügte er hinzu, »Sie nicht selbständig machen will, so werde ich es selbst tun. Geben Sie mir ein Verzeichnis der Gegenstände, die aus England bezogen werden müssen, und ich will diese Artikel kommen lassen. Sie sollen sie mir nach Vermögen wieder bezahlen. Ich will hier einen ordentlichen Buchdrucker haben, und ich bin überzeugt, daß Sie fortkommen werden.« Dies sagte er anscheinend mit soviel Herzlichkeit, daß ich nicht einen Augenblick Mißtrauen in die Aufrichtigkeit seines Anerbietens setzte. Ich hatte bisher den mir von Sir William angeratenen Plan der Errichtung eines Geschäftes in Philadelphia geheimgehalten und tat es auch noch. Wäre bekannt gewesen, welches Vertrauen ich in den Gouverneur setzte, so würde mir ohne Zweifel irgendein Freund, der besser als ich seinen Charakter kannte, geraten haben, mich nicht auf ihn zu verlassen; denn später erfuhr ich, daß er allgemein als sehr freigebig in Versprechen bekannt sei, die er gar nicht halten wollte. Wie konnte ich aber, da ich ihn um nichts gebeten hatte, voraussetzen, daß seine großzügigen Anerbieten trügerisch seien? Im Gegenteil hielt ich ihn für den besten Mann von der Welt.

Ich übergab ihm das Inventar zu einer kleinen Druckerei, deren Kosten ich auf ungefähr einhundert Pfund Sterling berechnet hatte. Dies gefiel ihm, er warf aber die Frage auf, ob es nicht vorteilhaft sein würde, selbst nach England zu gehen, die Schrifttypen auszusuchen und nach der Güte der einzelnen Artikel zu sehen. »Sie würden dann auch«, fuhr er fort, »diese oder jene Bekanntschaft dort anknüpfen und sich mit Antiquaren und Buchhändlern in Verbindung setzen können.« – Ich räumte ein, daß dies wünschenswert sei. – »Wenn dem so ist«, fügte er hinzu, »so halten Sie sich bereit, mit der ›Annis‹ abzureisen.« Dieses Schiff machte die Fahrt jährlich und war das einzige zu jener Zeit, das regelmäßig zwischen London und Philadelphia fuhr. Aber die ›Annis‹ segelte erst in einigen Monaten. Deshalb arbeitete ich bei Keimer weiter, nur unglücklich bei dem Gedanken an das Geld, das Collins von mir geborgt hatte, und fast in ewiger Angst, daß Vernon, der zum Glück erst nach mehreren Jahren sein Geld verlangte, mich zur Rückzahlung auffordern werde.

Bei der Schilderung meiner ersten Reise von Boston nach Philadelphia vergaß ich vielleicht einen unbedeutenden Umstand, der indessen hier doch wohl am Platz sein könnte. Während einer Windstille, die uns oberhalb Block Island festhielt, unterhielt sich das Schiffsvolk mit dem Kabeljaufang, der recht reichlich ausfiel. Bis dahin war ich meinem Grundsatz treu geblieben, keinerlei tierische Nahrung zu genießen, und bei diesem Anlaß betrachtete ich, den Grundsätzen meines Meisters Tryon gemäß, den Fang jedes Fisches als eine Art Mord ohne alle Veranlassung, indem diese Tiere niemandem auch nur das geringste Unrecht, welches ein solches Verfahren hätte rechtfertigen können, getan hätten oder überhaupt tun könnten. Ich hielt diesen Schluß für unwiderlegbar. Indessen hatte ich früher außerordentlich gern Fische gegessen, und sooft ein Fisch aus der Pfanne genommen wurde, roch er mir köstlich. Eine Weile schwankte ich zwischen Grundsatz und Lust, bis mir endlich einfiel, daß man beim Öffnen eines Kabeljaus kleinere Fische in dessen Bauch gefunden habe, worauf ich dachte: ›Wenn ihr einander verzehrt, so sehe ich keinen Grund, dich nicht auch zu verspeisen.‹ Demzufolge aß ich mit nicht geringem Wohlbehagen von dem Fisch und tat es überhaupt seitdem wie andere Menschen, indem ich nur ab und an zu meiner Pflanzenkost zurückkehrte. Wie angenehm ist es doch, ein *vernünftiges Geschöpf* zu sein, das einen annehmbaren Vorwand für alle seine Gelüste zu finden oder zu erfinden weiß!

Ich bemühte mich, in gutem Einvernehmen mit Keimer zu leben, der nicht im entferntesten meine beabsichtigte Etablierung ahnte. Etwas von seiner früheren Begeisterung war ihm noch immer geblieben, und da er gern disputierte, so hatten wir häufige Wortgefechte miteinander. Die sokratische Methode war mir so geläufig, und ich hatte ihn so oft durch meine Fragen in Verlegenheit gebracht, die zuerst gar keinen Bezug auf den streitigen Gegenstand zu haben schienen, stufenweise aber dennoch darauf hinführten und ihn in Verlegenheiten und Widersprüche verwickelten, aus denen er sich nicht herauswinden konnte, so daß er zuletzt in einem lächerlichen Grade vorsichtig wurde und kaum auf die einfachste und unverfänglichste Frage antworten wollte, ohne mich vorher zu fragen: »Was wollen Sie daraus folgern?« Daraus bildete er sich eine so hohe Meinung von meinem Disputations- und Überzeugungstalent, daß er mir allen Ernstes vorschlug, zusammen mit ihm eine neue Sekte zu stiften. Er wollte die Lehre durch Predigen verbreiten, und ich sollte die Gegner widerlegen. Als er mir seine Lehre vortrug, fand ich manche Abgeschmacktheiten darin, welche ich nicht zulassen wollte, wenn er sich nicht dafür zu einigen meiner Ansichten bequemen wollte.

Keimer ließ seinen Bart lang wachsen, weil Moses an einer Stelle sagt: ›Du sollst die Spitzen deines Bartes nicht beschädigen.‹ Auch beachtete er die Sonntagsfeier, was beides für ihn wesentliche Punkte waren. Ich dagegen verwarf beide, erklärte mich aber bereit, sie anzunehmen, vorausgesetzt, daß er der tierischen Nahrung entsagen wolle. »Ich zweifle«, antwortete er, »daß meine Gesundheit dies vertragen wird.« Ich versicherte ihm dagegen, er werde sich besser als zuvor dabei befinden. Er war eigentlich ein starker Esser, und ich versprach mir einigen Spaß davon, ihn halb verhungert zu sehen. Er willigte ein, diese Lebensweise zu versuchen, wenn ich ihm dabei Gesellschaft leisten wolle, und wirklich fuhren wir drei Monate hiermit fort. Eine Frau aus der Nachbarschaft, der ich ein Verzeichnis von vierzig Gerichten gab, bei deren Bereitung weder Fisch, Fleisch noch Geflügel vorkam, kochte für uns und brachte uns das Essen. Dieser Einfall kam mir um so gelegener, indem ich dabei auf meine Rechnung kam, da die ganze Ausgabe für unseren wöchentlichen Lebensunterhalt nicht über achtzehn Pence für den Mann betrug. Seit jener Zeit habe ich öfter mit der größten Strenge mich an Fasten gewöhnt, vorwiegend nur Nahrung aus dem Pflanzenreiche genossen und bin dann plötzlich zu meiner gewohnten Lebensweise zurückgekehrt, ohne die geringste Unbequemlichkeit davon zu verspüren, was mich zu der Ansicht brachte, den gewöhnlichen Rat, nur allmählich solche Veränderungen in der Lebensweise vorzunehmen, für nicht so gewichtig anzusehen. Mir bekam diese Diät ganz gut, der arme Keimer litt aber ganz gewaltig. Der Enthaltsamkeit müde, sehnte er sich nach den Fleischtöpfen Ägyptenlands, bestellte sich ein gebratenes Ferkel und lud mich und zwei unserer weiblichen Bekannten zum Essen ein. Da aber das Ferkel etwas zu früh aufgetragen wurde, so konnte er der Versuchung nicht widerstehen und verzehrte es noch vor unserem Eintreffen vollständig.

Unterdessen hatte ich Miss Read einige Aufmerksamkeit geschenkt. Ich hegte die größte Achtung und Zuneigung für sie und hatte Grund zu glauben, daß diese Gefühle erwidert wurden. Wir waren aber beide jung, kaum über achtzehn Jahre alt. Da ich im Begriff stand, eine weite Reise anzutreten, so hielt ihre Mutter es für geraten, jetzt die Sache nicht allzuweit gedeihen zu lassen, indem eine Heirat, wenn es zu einer solchen kommen sollte, nach meiner Rückkehr und nach der (wie wir erwarteten) stattgefundenen Selbständigmachung mehr am Platze sein würde. Vielleicht hielt sie auch meine Hoffnungen für nicht so wohlbegründet, wie ich mir einbildete.

Meine vertrautesten Bekannten waren in dieser Zeit Charles Osborne, Joseph Watson und James Ralph, die alle leidenschaftlich gern lasen. Die beiden ersteren waren Schreiber bei Mr. Charles Brockden, einem der ersten Anwälte und Notare der Stadt, und der andere war Kommis bei einem Kaufmann. Watson war ein biederer, frommer, vernünftiger Jüngling; die beiden anderen hatten etwas freiere religiöse Grundsätze, namentlich Ralph, dessen Glauben ich so wie den Collins' erschüttern half, wofür auch beide mich büßen ließen. Osborne war sensibel, aufrichtig, freimütig, gegen Freunde offen und herzlich, aber in literarischen Dingen zu sehr zum Kritisieren geneigt. Ralph war hochbegabt, scharfsinnig, von feinem Benehmen und außerordentlich beredt. Ich entsinne mich nicht,

Deborah Franklin.
Stich von J. Andrews

je einen liebenswürdigeren Plauderer gefunden zu haben. Beide liebten die Musen und hatten ihren Hang bereits durch kleine dichterische Produktionen an den Tag gelegt. Sonntags machten wir vier gewöhnlich einen reizenden Spaziergang in den Wäldern am Ufer des Schuylkill. Hier lasen wir einander vor und unterhielten uns danach über das Gelesene.

Ralph fühlte Neigung, sich ganz der Dichtkunst zu widmen, in der Hoffnung, es in dieser Kunst zu einem hohen Grade der Vollkommenheit zu bringen, ja sogar sich damit ein Vermögen zu erwerben. Die größten Dichter, meinte er, hätten, als sie anfingen zu schreiben, ebenso viele Fehler wie er gemacht. Osborne versuchte seine Ansicht durch die Versicherung umzustimmen, daß er kein dichterisches Talent besitze, und durch den Rat, bei seinen kaufmännischen Geschäften zu bleiben, die er gelernt hatte; er werde in kaufmännischen Geschäften durch Fleiß und Arbeitsamkeit auch ohne eigenes Vermögen sich zu einer Geschäftsführerstelle empfehlen und dann mit der Zeit auch wohl die Mittel zu einem eigenen Geschäft erwerben können. Ich billigte es, daß man sich hie und da zum Zeitvertreib und zur Unterhaltung mit Poesie befasse, um sich im schriftlichen Ausdruck zu vervollkommnen, aber nicht weiter.

Hierauf wurde verabredet, bei unserer nächsten Zusammenkunft solle jeder von uns eine eigene freie Schöpfung seines Geistes mitbringen, um uns durch unsere wechselseitigen Bemerkungen, Kritiken und Verbesserungen fortzubilden. Da wir nur Stil und Ausdruck im Auge hatten, schlossen wir alle Rücksichtnahme auf Erfindung durch die Verabredung aus, daß unsere Arbeit den achtzehnten Psalm umschreiben solle, in dem die Herkunft Gottes geschildert wird. Als die Zeit unserer Zusammenkunft näherrückte, besuchte Ralph mich zuvor und sagte mir, daß seine Arbeit fertig sei. Ich erwiderte ihm, ich sei zu beschäftigt und ohne Anregung gewesen und habe noch nichts getan. Er legte mir nun seine Arbeit zur Beurteilung vor, und ich lobte sie sehr, da sie mir höchst gelungen und verdienstlich erschien. »Nun«, sagte er, »Osborne wird einer Arbeit von mir niemals das mindeste Verdienst einräumen, sondern aus reinem Neid tausenderlei zu kritisieren haben. Auf dich ist er nicht so eifersüchtig, und ich möchte dich daher bitten, daß du den Aufsatz zu dir nimmst und als den deinigen vorlegst; ich will vorgeben, daß ich nicht Zeit gehabt und daher nichts zustande gebracht habe. Wir werden dann sehen, was er darüber sagt.« Ich war einverstanden und schrieb den Aufsatz sogleich ab, um ihn in meiner Handschrift vorlegen zu können.

Wir kamen zusammen. Watsons Arbeit wurde zuerst gelesen. Sie enthielt einige Schönheiten, aber auch manchen Fehler. Dann lasen wir Osbornes, die viel besser war. Ralph ließ ihr Gerechtigkeit widerfahren, wies auf einige Fehler hin, lobte aber ihre Schönheiten. Er selbst hatte nichts vorzuzeigen. Jetzt kam an mich die Reihe. Ich machte einige Schwierigkeiten; ich erweckte den Anschein, als wünschte ich entschuldigt zu werden, schützte vor, ich hätte keine Zeit gehabt, Verbesserungen vorzunehmen usw. Man wollte indes keine Entschuldigung annehmen, und ich mußte meine Arbeit hervorholen. Sie wurde gelesen und wieder gelesen. Watson und Osborne verzichteten sogleich auf die Siegespalme und vereinigten sich zum Beifall. Ralph allein machte einige Ausstellungen und schlug einzelne Abänderungen vor; ich verteidigte aber meine Abfassung. Osborne war gegen Ralph und sagte ihm, er sei als Kritiker nicht mehr wert denn als Dichter; darauf gab dieser seine Behauptung auf. Als die beiden zusammen nach Hause gegangen waren, sprach sich Osborne noch stärker zum Lobe meiner vermeintlichen Arbeit aus. Er sagte, er habe sich vorher etwas gemäßigt, aus Furcht, ich möchte sein Lob als Schmeichelei auslegen. »Wer hätte aber glauben mögen«, sagte er, »daß Franklin einer solchen Schöpfung fähig sei? Welche Kraft der Darstellung, welches Feuer! Er hat wirklich das Original noch übertroffen. In der gewöhnlichen Unterhaltung scheint er um die Wahl seiner Worte verlegen, er stottert, stammelt, kommt aus dem Zusammenhang; und doch, guter Gott, wie kann er schreiben!« Bei unserer nächsten Zusammenkunft teilte Ralph dann Osborne mit, welchen Streich wir ihm gespielt hatten, und er wurde von uns etwas ausgelacht.

Dieser Vorfall bestärkte Ralph in seinem Vorsatz, Dichter zu werden. Ich tat mein Möglichstes, um ihm diese Absicht auszureden, aber er schrieb beharrlich Verse, bis ihn endlich die Lektüre von Pope heilte. Er wurde indessen doch ein ganz guter Prosaschriftsteller. Späterhin werde ich mehr von ihm reden; da ich aber wohl keine Gelegenheit habe, der beiden anderen ferner zu gedenken, so will ich hier bemerken, daß Watson einige Jahre später in meinen Armen verschied, tief bedauert, denn er war der beste in unserem Verein. Osborne ging nach Westindien, wo er sich einen bedeutenden Ruf als Anwalt und viel Geld erwarb, aber noch jung starb. Wir beide hatten uns ernstlich verabredet, daß, wer zuerst sterbe, aus jener Welt, wenn möglich, zurückkehren und dem Überlebenden einen freundlichen Besuch abstatten solle, um ihm mitzuteilen, wie es dort aussehe; er hat aber sein Versprechen nie erfüllt.

Der Gouverneur, dem meine Gesellschaft zu gefallen schien, lud mich des öfteren in sein Haus und sprach von seiner Absicht, mir eine Stellung zu schaffen, stets als von einer ausgemachten Sache. Ich sollte Empfehlungsbriefe an eine Menge seiner Freunde mitnehmen, nebst einem Kreditbrief, um die nötige Summe zum Ankauf von Presse, Typen, Papier usw. zu erhalten. Er bestellte mich mehrere Male, um diese Briefe abzuholen, die dann gewiß fertig sein sollten; wenn ich aber kam, beschied er mich allemal auf einen anderen Tag. Dieses wiederholte Hinhalten dauerte fort, bis das Schiff, dessen Abfahrt einige Male aufgeschoben war, im Begriff war unter Segel zu gehen. Als ich mich da einstellte, um mich von ihm zu verabschieden und die Briefe in Empfang zu nehmen, kam sein Sekretär Dr. Bard heraus zu mir und sagte, der Gouverneur sei sehr mit Schreiben beschäftigt, werde aber noch vor dem Schiff in Newcastle sein und mir die Briefe dort aushändigen lassen.

Obwohl Ralph verheiratet war und ein Kind hatte, beschloß er doch, mich auf dieser Reise zu begleiten. Sein angeblicher Zweck war die Anknüpfung von Verbindungen mit einigen Handelshäusern, um Waren in Kommission zu verkaufen; später aber erfuhr ich, daß er wegen Mißhelligkeiten mit den Verwandten seiner Frau sich entschlossen hatte, sie deren Sorge zu überlassen, um nie wieder zurückzukehren.

Nachdem ich von meinen Freunden Abschied genommen und mit Miss Read das Versprechen der Treue gewechselt hatte, schied ich von Philadelphia. Bei Newcastle warf das Schiff Anker. Der Gouverneur war schon da, und ich begab mich in seine Wohnung. Als ich aber in seine Wohnung kam, empfing mich der Sekretär mit ausgesuchter Höflichkeit und der Botschaft, daß der Gouverneur mich augenblicklich nicht sprechen könne, da er höchst wichtige Geschäfte vorhabe, mir aber die Briefe an Bord senden wolle und von ganzem Herzen eine glückliche Reise und baldige Rückkehr wünsche usw. Einigermaßen erstaunt kehrte ich aufs Schiff zurück, aber immer noch ohne irgendwelchen Zweifel zu hegen.

Mr. Andrew Hamilton, ein berühmter Rechtsgelehrter aus Philadelphia, hatte für sich und seinen Sohn Plätze zur Überfahrt nach England genommen und zusammen mit dem Kaufmann Denham, einem Quäker, sowie den Herren Onion und Russel, Eigentümer eines Eisenwerks in Maryland, die große Kajüte gemietet, so daß Ralph und ich uns mit einer Koje im Zwischendeck begnügen mußten. Da wir niemandem auf dem Schiff bekannt waren, so sah man uns für geringe Leute an; aber Mr. Hamilton und sein Sohn (James, der später Gouverneur wurde) verließen uns in Newcastle und gingen wieder nach Philadelphia, wohin der Vater für eine sehr namhafte Gebühr zurückgerufen wurde, um die Sache eines beschlagnahmten Schiffes zu führen; und gerade in dem Augenblick, wo wir absegeln wollten, kam auch Oberst French an Bord und erwies mir viel Höflichkeit. Infolgedessen wurden die Passagiere aufmerksamer gegen mich, und ich und mein Freund Ralph wurden von den anderen Herren eingeladen, mit in ihre Kajüte zu kommen, da jetzt Platz sei, und so zogen wir denn auch dahin um.

Als ich erfuhr, daß die Depeschen des Gouverneurs durch den Oberst French an Bord gebracht worden seien, so ersuchte ich den Kapitän um die Briefe, welche mir anvertaut werden sollten; er erwiderte mir, sie seien alle im Felleisen und er könne jetzt nicht an dieselben kommen; ehe wir aber England erreichten, wolle er mir Gelegenheit geben, sie herauszusuchen. Ich war mit dieser Antwort zufrieden, und wir setzten unsere Reise fort. Die Gesellschaft in der Kajüte war sehr umgänglich, und mit Vorräten waren wir ganz ausreichend versehen, da wir noch den gesamten Proviant des Mr. Hamilton, der sich gut vorgesehen hatte, dazubekommen hatten. Während der Überfahrt schloß Mr. Denham Freundschaft mit mir, die er mir sein Leben lang bewahrte. Im übrigen war die Reise nicht angenehm, da wir viel schlechtes Wetter hatten.

Als wir in den Kanal einliefen, hielt der Kapitän Wort und erlaubte mir, die Briefe des Gouverneurs im Felleisen zu suchen. Ich fand keinen einzigen, worauf mein Name direkt oder indirekt genannt gewesen wäre. Ich suchte daher sechs oder sieben heraus, die ich der Handschrift nach für die versprochenen Briefe hielt, besonders da einer von ihnen an Mr. Basket, den Hofbuchdrucker, und ein anderer an irgendeinen Buch- oder Papierhändler adressiert war. Wir langten am 24. Dezember 1724 in London an. Ich suchte den Papierhändler auf, der mir zunächst am Wege lag, und übergab ihm das Schreiben als vom Gouverneur Keith. »Ich kenne keine Person dieses Namens«, sagte er, erbrach den Brief und rief »Ach! der ist ja von Riddlesden; ich habe erst kürzlich entdeckt, daß er ein ausgemachter Schurke ist, und will nichts mit ihm oder seinen Briefen zu tun haben!« Damit gab er mir den Brief wieder in die Hand, drehte sich auf dem Absatz herum und ließ mich stehen, um einige Kunden zu bedienen. Ich war erstaunt, als ich fand, daß diese Briefe nicht vom Gouverneur seien. Nach einiger Überlegung, als ich die Umstände erwogen hatte, stiegen endlich Zweifel an seiner Aufrichtigkeit in mir auf. Ich ging zu meinem Freund Denham und trug ihm die ganze Sache vor. Er machte mich mit Keiths Charakter bekannt, eröffnete mir, es sei auch nicht im mindesten wahrscheinlich, daß er irgendeinen Brief für mich geschrieben habe, versicherte mir, daß niemand, der ihn nur im geringsten kannte, je Vertrauen in ihn setze, und lachte über meine Leichtgläubigkeit, von dem Gouverneur, der selbst keinen Kredit besitze, Kreditbriefe erwartet zu haben. Als ich einige Besorgnis deswegen äußerte, was ich nun tun sollte, riet er mir, mich um Beschäftigung in meinem Beruf umzutun. »Sie können sich hier bei den Druckern weiterbilden und bei Ihrer Rückkehr nach Amerika sich als tüchtig und zu ihrem Vorteil verändert erweisen.«

Wir wußten beide ebensogut wie der Buchhändler, daß der Anwalt Riddlesden ein Schurke sei. Er hatte den Vater der Miss Read halb zugrunde gerichtet, indem er ihn zur Bürgschaftsübernahme verleitete. Aus seinem Brief ging hervor, daß irgendeine geheime Kabale gegen Hamilton (den man als mit uns herübergekommen annahm) geschmiedet werde und daß Keith darin mit Riddlesden unter einer Decke stecke. Denham, ein Freund Hamiltons, glaubte, dieser müsse davon unterrichtet werden. In der Tat machte ich ihm auch kurz nach seiner bald darauf erfolgten Ankunft in England meine Aufwartung und übergab ihm, teils aus Wohlwollen gegen ihn, teils aus Zorn und Erbitterung gegen Keith und Riddlesden, den Brief. Er dankte mir sehr herzlich, da die darin enthaltene Nachricht für ihn von Wichtigkeit war, und schenkte mir von diesem Augenblick an seine Freundschaft, die mir später bei manchen Gelegenheiten nützlich wurde.

Was soll man aber von einem Gouverneur denken, der sich einen so niedrigen Streich erlaubte und einen armen, unerfahrenen Jungen so arg hintergehen konnte? Dies war ihm aber zur Gewohnheit geworden. Er wollte sich allgemein beliebt machen, hatte aber nur wenig zu verschenken und war daher desto freigebiger mit Versprechungen. Im übrigen war er ein ganz begabter und verständiger Mann, ein nicht übler Schriftsteller und ein guter Gouverneur für das Volk, wenngleich nicht so sehr für seine Auftraggeber, die Grundeigentümer, deren Vorstellungen er oft mißachtete. Viele unserer besten Gesetze waren sein Werk und wurden unter seiner Verwaltung erlassen.

Ralph und ich waren unzertrennliche Gefährten. Wir mieteten zusammen eine Wohnung in Little Britain zu dreieinhalb Shilling die Woche. Dies war das höchste, was wir anlegen konnten. Er fand einige Verwandte in London, die aber unbemittelt waren und ihm nicht helfen konnten. Jetzt erst erklärte er mir seine Absicht, in London zu bleiben und nicht wieder nach Philadelphia zurückzukehren. Er war ohne alles Geld, da das wenige durch die Bezahlung seiner Überfahrt draufgegangen war. Ich hatte noch fünfzehn Pistolen, und so borgte er ab und zu von mir, nur um leben zu können, während er Beschäftigung suchte. Zuerst wollte er Schauspieler werden, da er Talent für die Bühne zu besitzen glaubte; aber Wilkes, an den er sich wandte, riet ihm offen, diesen Plan aufzugeben, da er unmöglich dabei sein Glück machen könne. Dann machte er Roberts, einem Verlagsbuchhändler in Paternoster Row, den Vorschlag, er wolle ihm ein wöchentliches Blatt in der Art des ›Spectator‹ schreiben, jedoch unter Bedingungen, die Roberts nicht anstanden. Darauf versuchte er, eine Anstellung als Schreiber zu erhalten, und wandte sich an die Advokaten und Buchhändler in der Nähe des Temple, konnte aber ebenfalls keine offene Stelle finden.

Ich selbst fand alsbald Beschäftigung bei Palmer, damals einer bedeutenden Buchdruckerei in Bartholomew Close, wo ich fast ein Jahr lang blieb. Ich war sehr fleißig, verbrauchte aber mit Ralph zusammen beinahe meinen ganzen Verdienst im gemeinsamen Besuch von Schauspielhäusern und anderen Vergnügungsstätten. Als wir alle meine Pistolen verbraucht hatten, lebten wir von der Hand in den Mund. Er schien Weib und Kind ganz, ich allmählich mein Versprechen gegen Miss Read vergessen zu haben, der ich nur einen Brief schrieb, und diesen nur, um ihr zu melden, daß ich wohl nicht so bald zurückkehren würde. Das war wieder einer der schlimmen Druckfehler meines Lebens, den ich gern verbessern würde, wenn ich meine Laufbahn nochmals von vorn beginnen könnte. Übrigens war es mir infolge unserer Ausgaben weiterhin unmöglich, meine Überfahrt zu bezahlen.

Bei Palmer wurde ich mit dem Setzen der zweiten Auflage von Wollastons ›Natürlicher Religion‹ beschäftigt. Da mir einige seiner Argumente nicht ganz begründet erschienen, schrieb ich eine kleine metaphysische Abhandlung, worin ich Bemerkungen darüber machte, unter dem Titel: ›Eine Dissertation über Freiheit und Notwendigkeit, Vergnügen und Schmerz‹. Ich widmete diese Schrift meinem Freunde Ralph und druckte eine kleine Anzahl Exemplare. Infolgedessen behandelte Palmer mich mit mehr Auszeichnung und sah in mir einen begabten jungen Mann, obwohl er mich ernstlich wegen der in meiner Flugschrift ausgesprochenen Grundsätze ermahnte, die er für abscheulich hielt. Der Druck derselben war ein weiterer Druckfehler meines Lebens. Während ich in Little Britain wohnte, machte ich die Bekanntschaft eines Buchhändlers namens Wilcox, dessen Laden neben meiner Wohnung war. Er hatte eine reichhaltige Sammlung antiquarischer Bücher, und da es damals noch keine Leihbibliotheken gab, trafen wir eine Übereinkunft, daß ich gegen eine mäßige Entschädigung, deren Betrag ich jetzt vergessen habe, irgendwelche von seinen Büchern aus seinem Lager auswählen, lesen und dann zurückgeben dürfe. Ich sah diese Übereinkunft als einen großen Vorteil an und benutzte sie, soviel ich konnte.

Meine Flugschrift war zufällig einem Wundarzt namens Lyons, Verfasser eines Werkes unter dem Titel ›Die Unfehlbarkeit des menschlichen Urteils‹, in die Hände gefallen und wurde so die Veranlassung gegenseitiger Bekanntschaft. Er hielt große Stücke auf mich, besuchte mich oft, um sich mit mir über derartige Gegenstände zu unterhalten, brachte mich ins ›Horn‹, ein Bierhaus in Cheapside, und führte mich bei Dr. Mandeville, Verfasser der ›Fabel von den Bienen‹, ein, der dort einen Klub gestiftet hatte, dessen Seele er bildete, da er ein höchst witziger und unterhaltender Gesellschafter war. Lyons brachte mich auch in Batsons Kaffeehaus zu Doktor Pemberton, der mir Gelegenheit zur Bekanntschaft mit Sir Isaac Newton versprach, die ich außerordentlich gern wünschte; er hielt aber sein Wort nicht.

Ich hatte einige Kuriositäten aus Amerika mitgebracht, darunter namentlich einen Geldbeutel aus Asbest, der sich im Feuer reinigt. Als Sir Hans Sloane davon hörte, suchte er mich auf und lud mich in sein Haus nach Bloomsbury Square ein, wo er mir all seine Raritäten zeigte und mich bewog, dieses Stück gegen anständige Bezahlung seiner Sammlung einzuverleiben.

In unserem Hause wohnte ein junges Frauenzimmer, eine Putzmacherin, die, wenn ich mich recht erinnere, in den Cloisters einen Laden hatte. Lebhaft und empfänglich, mit einer Erziehung über ihrem Stande, war sie sehr angenehm in der Unterhaltung. Da Ralph ihr jeden Abend dramatische Werke vorlas, wurden sie sehr vertraut miteinander; sie mietete eine andere Wohnung, und er folgte ihr. Eine Zeitlang lebten sie miteinander. Ralph aber hatte noch immer keine Beschäftigung, und ihr Einkommen reichte nicht aus, sie beide mit ihrem Kinde zu erhalten. Er beschloß deshalb, London zu verlassen und es mit einer Dorfschule zu versuchen, zu deren Übernahme er sich für ganz befähigt hielt, da er eine schöne Handschrift hatte und in der Arithmetik und im Rechnen sehr gewandt war. Da er aber dieses Geschäft unter seiner Würde erachtete und auf künftiges besseres Glück hoffte, wo es ihm dann unliebsam werden könnte, wenn es bekannt würde, daß er einst so armselig beschäftigt gewesen sei, so veränderte er seinen Namen und tat mir die Ehre an, den meinigen zu führen; denn bald nach seiner Abreise schrieb er an mich und zeigte mir an, daß er sich in einem Dörfchen (in Berkshire, soviel ich mich erinnere, wo er etwa ein Dutzend Knaben Lesen und Schreiben lehrte, für einen halben Shilling die Woche) niedergelassen habe, indem er Mrs. T. meiner Fürsorge empfahl und den Wunsch aussprach, daß ich ihm schreiben möge unter der Adresse ›Mr. Franklin, Schullehrer in N. N.‹

Er schrieb mir oft und schickte mir große Bruchstücke eines epischen Gedichtes, an dem er arbeitete, und ersuchte mich um meine Bemerkungen und Verbesserungen. Diese ließ·ich ihm von Zeit zu Zeit zukommen, bemühte mich aber mehr, ihm von der Fortsetzung abzuraten. Young hatte damals gerade eine seiner Satiren veröffentlicht. Ich schrieb sie ab und übersandte ihm den Teil davon, in welchem der Dichter die Torheit in ein starkes Licht setzt, sich den Musen in der Hoffnung zu weihen, daß man durch sie in der Welt vorwärtskommen werde. Aber nichts half; jede Post brachte mir neue Blätter seiner Dichtung. Inzwischen hatte seinetwegen Mrs. T. ihre Freunde und ihr Geschäft eingebüßt und war oft in arger Verlegenheit. In solcher Not nahm sie ihre Zuflucht zu mir, und um ihr aus der Verlegenheit zu helfen, lieh ich ihr alles Geld, das ich erübrigen konnte. Ich war gern in ihrer Gesellschaft, und da ich damals unter keiner religiösen Verpflichtung stand und meine Wichtigkeit für sie ausnutzte, so versuchte ich Vertraulichkeiten (ein weiterer Fehler), die sie mit verdienter Verachtung zurückwies und von denen sie Ralph benachrichtigte. Dies führte zu einem Bruch zwischen uns, und als er wieder nach London zurückkehrte, ließ er mich wissen, er erachte sich durch mein Benehmen aller mir schuldigen Verbindlichkeiten enthoben, woraus ich ersah, daß ich auf eine Rückzahlung des ihm selbst oder auf seine Veranlassung ausgeliehenen Geldes nie rechnen könne. Dies war übrigens jedoch damals von keiner großen Bedeutung, da er ohnehin vollständig zahlungsunfähig war und mir der Verlust seiner Freundschaft gleichzeitig eine Bürde abnahm. Ich war nun darauf bedacht, mir einiges Geld zurückzulegen. In Erwartung besserer Arbeit vertauschte ich die Stelle bei Palmer mit derjenigen in der weit größeren Offizin von Watts, nahe bei Lincolns Inn Fields, wo ich während der ganzen übrigen Zeit meines Aufenthalts in London blieb.

Bei meinem ersten Eintritt in diese Druckerei arbeitete ich zuerst an der Presse, da ich mir einbildete, ich fühle das Bedürfnis nach körperlicher Ausarbeitung, an die ich in Amerika gewöhnt war, wo die Buchdrucker abwechselnd an der Presse und am Setzkasten arbeiten. Ich trank nur Wasser; die übrigen Arbeiter, etwa fünfzig an der Zahl, waren unersättliche Biertrinker. Gelegentlich trug ich in jeder Hand eine große schwere Satzform die Treppe hinauf und herab, während die übrigen zu nur einer beide Hände brauchten. Sie erstaunten, als sie hieran und in anderen Fällen erkannten, daß der *amerikanische Wassermann*, wie sie mich zu nennen pflegten, *stärker* als sie war, die doch *starkes* Bier tranken. Der Aufwärter aus einer Bierstube ging immer im Geschäft aus und ein, um unsere Arbeiter zu bedienen. Mein Mitarbeiter an der Handpresse trank jeden Tag eine Pinte Bier vor dem Frühstück, eine beim Frühstück zu seinem Brot und Käse, eine zwischen Frühstück und Mittagessen, eine bei Tisch, eine etwa um sechs Uhr nachmittags und endlich noch eine nach Feierabend. Diese Sitte erschien mir abscheulich, allein mein Kollege meinte, er müsse unbedingt *starkes* Bier trinken, um zur Arbeit *stark* zu sein. Ich versuchte ihn zu belehren, daß die Körperkraft, die das Bier gebe, nur im Verhältnis zu den nährenden Teilen der Gerste stehe, die in dem zu dem Bier genommenen Wasser aufgelöst werde, daß eine weit größere Quantität Mehl in einem Pennybrot enthalten sei und daß er folglich, wenn er ein solches äße und dazu eine Pinte Wasser tränke, dadurch kräftiger werden würde als von einem Quart Bier. Er trank jedoch nach wie vor und hatte jeden Sonnabendabend vier bis fünf Shilling von seinem Wochenverdienst für dieses benebelnde Getränk zu bezahlen – eine Ausgabe, die ich nicht zu entrichten brauchte. So halten diese armen Teufel sich immer unten.

Nach einigen Wochen wünschte Watts mich im Setzersaal zu verwenden, und so verließ ich die Drucker. Die Setzer verlangten von mir nun abermals ein Einstandsgeld von fünf Shilling zum Vertrinken. Ich hielt dies für eine unbillige Forderung, da ich unten schon einmal bezahlt hatte. Der Prinzipal teilte meine Ansicht und verbot mir die Bezahlung der Summe. Ich weigerte mich zwei oder drei Wochen lang, wurde daher wie ein Exkommunizierter angesehen und sah mich zur Zielscheibe einer Menge boshafter Streiche ausersehen, indem man mir bald verschiedene Lettern untereinander mischte, meine Spalten falsch ausschoß, meinen Satz einwarf und ähnliches, sooft ich nur einen Augenblick das Zimmer verließ, und all dies dem Gespenst der Offizin zuschrieb, das angeblich alle nicht regelrecht Aufgenommenen verfolge. So sah ich mich trotz des Schutzes des Prinzipals zum Nachgeben und zur abermaligen Zahlung gezwungen und überzeugte mich von der Torheit, mit denen auf schlechtem Fuß zu stehen, unter denen man fortwährend leben muß.

Fortan stand ich auf gutem Fuß mit meinen Mitarbeitern und erlangte bald einen bedeutenden Einfluß auf sie. Ich schlug einige passende Abänderungen in den Gesetzen der Offizin vor, die ich gegen jeden Widerspruch durchbrachte. Mein Beispiel bewog auch viele, ihr benebelndes Frühstück von Bier, Brot und Käse aufzugeben und sich dafür, wie ich, aus einem benachbarten Haus eine tüchtige Schüssel warmen Hafergrützbrei mit etwas Butter, geröstetem Brot und etwas Pfeffer darauf um den Preis einer Pinte Bier, das heißt um anderthalb Pence, zu verschaffen. Dies war ein besseres und wohlfeileres Frühstück und erhielt ihnen die Köpfe klarer. Jene, die fortfuhren, sich den ganzen Tag mit Bier zu betrinken, verloren oft durch Nichtbezahlen ihren Kredit beim Wirt und mußten dann mich um Bürgschaft bitten, um Bier zu bekommen, wenn ihnen, wie sie zu sagen pflegten, ›ihr Licht ausgegangen war‹. Daher war ich jeden Sonnabend am Zahltisch zugegen, um den Betrag zu empfangen, für den ich gutgesagt hatte, der sich gar oft auf nahezu dreißig Shilling in der Woche belief. Dieser Umstand, in Verbindung mit dem Ruf, daß ich ein ganz erträglicher ›Riggite‹, das heißt ein gewandter Spaßmacher, sei, erhielt mein Ansehn in unserer Gesellschaft aufrecht. Außerdem hatte ich mir bei meinem Herrn durch meine anhaltende Tüchtigkeit bei der Arbeit Achtung gewonnen, indem ich nie den blauen Montag feierte. Meine außerordentliche Schnelligkeit im Setzen verschaffte mir stets die Arbeit, die große Eile hatte und gewöhnlich am besten bezahlt wurde. So ging es mir jetzt sehr angenehm.

Da meine Wohnung in Little Britain zu weit von der Druckerei entfernt lag, so mietete ich mir eine andere in Duke Street, gerade gegenüber der Katholischen Kapelle, zwei Treppen hoch nach hinten, in einem italienischen Magazin. Eine verwitwete Dame hielt das Haus; sie hatte eine Tochter, eine Magd und einen Tagelöhner, der das Lager beaufsichtigte, aber außer dem Hause wohnte. Nachdem sie in dem Haus, wo ich zuletzt wohnte, über meinen Wandel Erkundigungen eingezogen hatte, erklärte sie sich bereit, mich zu demselben Preis aufzunehmen, nämlich für drei und einen halben Shilling wöchentlich, also zu einem wohlfeileren Preise, weil sie, wie sie sagte, von einem Mann als Hausgenossen Schutz erwarte. Sie war eine ziemlich bejahrte Witwe, als Tochter eines Geistlichen im Protestantismus erzogen, von ihrem Gatten aber, dessen Andenken sie innig verehrte, zur katholischen Religion bekehrt. Sie hatte viel unter vornehmen Leuten gelebt, von denen sie eine Menge Anekdoten bis zur Zeit Karls II. zurück zu erzählen wußte. Da sie von der Gicht an den Knien gelähmt und deshalb ans Zimmer gefesselt war, so bedurfte sie zuweilen der Gesellschaft, und die ihrige war für mich so sehr unterhaltend und angenehm, daß ich, sooft sie es wünschte, die Abende gern bei ihr zubrachte. Unser Abendessen bestand nur aus einer halben Sardelle auf einem sehr kleinen Butterbrot für jeden und aus einer halben Pinte Bier für uns zusammen, aber ihre Unterhaltung war die Würze. Mein zeitiges Nachhausekommen und die geringen Umstände, die ich der Familie verursachte, machten, daß sie mich nicht ausziehen lassen wollten. Als ich nun von einer anderen Wohnung sprach, die ich noch näher bei meinem Geschäft für zwei Shilling wöchentlich gefunden habe, was mir, der ich nun sehr aufs Sparen ausging, keine Kleinigkeit war, so redete sie mir dies aus, indem sie mir selbst zwei Shilling abließ. So wohnte ich denn ferner bei ihr, solange ich noch in London blieb, für achtzehn Pence die Woche.

In einem Dachstübchen des Hauses lebte in größter Zurückgezogenheit ein altes Fräulein von siebzig Jahren, über die meine Hauswirtin mir folgende Auskunft gab: Sie war eine Katholikin, in ihrer Jugend ins Ausland geschickt und in ein Kloster gesteckt worden, um Nonne zu werden; da aber das Klima ihrer Gesundheit nicht bekam, kehrte sie nach England zurück und gelobte, da es damals dort keine Klöster gab, doch ein so streng klösterliches Leben zu führen, wie es nur unter diesen Umständen möglich wäre. Sie hatte demgemäß über ihr ganzes Vermögen zu milden Zwecken verfügt, behielt für sich nur zwölf Pfund zum Jahresunterhalt, gab sogar von dieser Summe noch einen großen Teil den Armen, lebte nur von Wassergrütze und machte nie Feuer, als um diese zu kochen. Viele Jahre hatte sie in diesem Dachstübchen gelebt, ohne den aufeinanderfolgenden katholischen Bewohnern des Hauses Miete zu bezahlen, da diese ihren Aufenthalt bei ihnen als einen Segen des Himmels betrachteten. Täglich kam ein Priester, um ihre Beichte zu hören. »Ich habe sie wohl gefragt«, sagte meine Hauswirtin, »wie sie bei ihrer Lebensweise so oft einen Beichtiger gebrauchen könne«, worauf sie antwortete, »Ach, es ist unmöglich, sich eitler Gedanken zu erwehren.« Einmal durfte ich sie besuchen. Sie war heiter und höflich und ihre Unterhaltung sehr angenehm. Ihr Gemach war sauber, hatte aber kein anderes Mobiliar als eine Matratze, einen Tisch mit einem Kruzifix und einem Buch darauf, einen Stuhl, auf den ich mich setzen durfte, und ein Gemälde über dem Kaminsims, das die heilige Veronika darstellte, wie sie ihr Schweißtuch ausbreitet, auf dem der wunderbare Abdruck von Christi blutendem Gesicht zu sehen ist, was sie mir sehr ernsthaft erläuterte. Ihre Gesichtsfarbe war bleich, nie aber war sie krank gewesen, was ich hier als einen neuen Beweis dafür anführe, mit was für einem kleinen Einkommen Leben und Gesundheit erhalten werden können.

In Watts Druckerei schloß ich Freundschaft mit einem begabten jungen Mann namens Wygate, der, weil seine Eltern in guten Umständen lebten, eine bessere Erziehung erhalten hatte als die meisten Buchdrucker. Er verstand leidlich Lateinisch, sprach Französisch und liebte die Lektüre. Ich lehrte ihn und einen seiner Freunde schwimmen, indem ich ihn zweimal in den Fluß mitnahm, worauf sie bald tüchtige Schwimmer wurden. Sie machten mich mit einigen Herren vom Lande bekannt, die zu Wasser nach Chelsea fuhren, um daselbst das College und Don Salteros Seltenheiten zu sehen. Auf der Rückfahrt entkleidete ich mich auf Bitten der Gesellschaft, deren Neugierde Wygate erregt hatte, und sprang in den Fluß. Ich schwamm von dicht bei Chelsea den ganzen Weg bis Blackfriars Bridge und gab unterwegs viele Kunststücke von Gewandtheit sowohl über wie unter Wasser zum besten. Dieser Anblick gewährte allen, denen er neu war, viel Erstaunen und Vergnügen.

Ich hatte von Jugend auf großes Vergnügen am Schwimmen gehabt, alle Bewegungen und Stellungen Thevenots studiert und eingeübt, einige von mir erfundene hinzugefügt und ebenso das Anmutige und Angenehme wie das Nützliche angestrebt. Alle diese suchte ich der Gesellschaft bei dieser Gelegenheit zu zeigen und fühlte mich durch deren Bewunderung sehr geschmeichelt; Wygate suchte hierin ein Meister zu werden und wurde sowohl deshalb wie wegen der Gleichartigkeit unserer Studien immer anhänglicher an mich. Endlich schlug er mir vor, mit ihm ganz Europa zu bereisen und uns durch Arbeit in unserer Kunst fortzubringen. Ich war sogleich damit einverstanden. Als ich aber mit meinem guten Freund Mr. Denham davon sprach, mit dem ich oft eine freie Stunde zubrachte, redete er mir den Plan aus und riet mir, nur an meine Rückkehr nach Pennsylvania zu denken, wie er das selbst auch tun wollte.

An dieser Stelle muß ich einen Zug von des würdigen Mannes Charakter erwähnen. Er hatte früher ein Geschäft in Bristol gehabt, mußte aber Bankrott machen und verglich sich mit seinen Gläubigern, worauf er nach Amerika ging, wo er sich durch angestrengte Tätigkeit als Kaufmann binnen weniger Jahre ein sehr ansehnliches Vermögen erwarb. Er kehrte dann auf demselben Schiff mit mir nach England zurück, lud alle seine früheren Gläubiger zu einem Gastmahl ein, dankte ihnen bei demselben für ihre bereitwillige Annahme seiner kleinen Vergleichssumme, und als sie lediglich Mahlzeit erwarteten, fand jeder unter seinem Gedeck beim Aufheben eine Anweisung auf einen Bankier für den vollen Betrag der noch unbezahlten Schuld nebst Zinsen. Er erzählte mir nun, er sei im Begriff nach Philadelphia zurückzukehren und werde eine große Menge Waren mitnehmen, um dort einen Laden zu eröffnen. Er bot mir an, mich als seinen Gehilfen mitzunehmen, um seine Bücher zu führen, worin er mich unterweisen wolle, seine Briefe zu kopieren und die Aufsicht im Laden zu führen. Er fügte hinzu, er werde, sobald ich mich mit dem kaufmännischen Geschäft vertraut gemacht habe, mir aufhelfen und mich mit einer Ladung Getreide und Mehl usw. nach Westindien schicken sowie mir auch andere einträgliche Aufträge verschaffen; und wenn ich mich als tüchtig erwiese, werde er mir eine selbständige Stellung beschaffen. Der Vorschlag gefiel mir, denn ich war allmählich Londons überdrüssig geworden, gedachte mit Vergnügen der glücklichen Monate, die ich in Pennsylvania verlebt hatte, und wünschte dieses wiederzusehen. Ich nahm daher sogleich an, mit einem Jahresgehalt von fünfzig Pfund pennsylvanischer Währung, was zwar weniger war als mein gegenwärtiger Verdienst als Setzer, mir aber bessere Aussichten gewährte.

So nahm ich denn, meiner Ansicht nach auf immer, von der Buchdruckerkunst Abschied, war täglich in meinem neuen Geschäft tätig, indem ich entweder mit Mr. Denham von Haus zu Haus ging, um Waren einzukaufen, oder deren Verpackung überwachte, Aufträge besorgte, die Arbeitsleute zur Eile antrieb usw. Als alles an Bord war, hatte ich noch einige Tage frei. An einem derselben wurde ich zu meinem Erstaunen zu einem vornehmen Herrn gerufen, den ich nur dem Namen nach kannte, einem Sir William Wyndham; ich machte ihm also meine Aufwartung. Er hatte auf irgendeine Weise von meiner Schwimmleistung zwischen Chelsea und Blackfriars und von dem Unterricht gehört, wodurch ich Wygate und einen anderen jungen Mann das Schwimmen in wenigen Stunden gelehrt hatte. Er hatte zwei Söhne, die im Begriff standen, auf Reisen zu gehen; er wünschte, daß sie vorher erst schwimmen lernen sollten, und bot mir eine reichliche Belohnung, wenn ich sie unterrichten wollte. Sie waren jedoch noch nicht in der Stadt angekommen, und mein Verweilen war so unsicher, daß ich seinen Vorschlag nicht annehmen konnte; ich hielt es aber infolge dieses Ereignisses für wahrscheinlich, daß, wenn ich in England bleiben und eine Schwimmschule errichten würde, ich mir viel Geld verdienen könnte. Dies leuchtete mir so sehr ein, daß ich wohl noch nicht so bald nach Amerika zurückgekehrt wäre, wenn man mir das Anerbieten früher gemacht hätte. Viele Jahre später hatten ich und du ein wichtigeres Geschäft mit einem der

68

Söhne Sir William Wyndhams, damals Lord Egremont, abzumachen, wovon an der geeigneten Stelle Erwähnung getan werden soll.

So verbrachte ich ungefähr achtzehn Monate in London; während der meisten Zeit hatte ich emsig in meinem Geschäft gearbeitet und nur wenig für mich ausgegeben, außer für Theaterbesuch und Bücher. Mein Freund Ralph hatte dafür gesorgt, daß ich arm blieb; er schuldete mir ungefähr siebenundzwanzig Pfund, die ich nun wahrscheinlich niemals wiederbekommen würde – eine große Summe bei meinem geringen Einkommen. Ich liebte ihn aber trotzdem, denn er besaß manch liebenswürdige Eigenschaften. Ich hatte mein Vermögen keineswegs verbessert; allein ich hatte manche geistvolle Bekanntschaft gemacht und aus deren Umgang Vorteil gezogen; auch hatte ich sehr viel gelesen.

Am 23. Juli 1726 segelten wir von Gravesend ab. Bezüglich der Reiseereignisse verweise ich dich auf mein Tagebuch, wo du alle Umstände bis ins einzelne genauer geschildert findest. Vielleicht der wichtigste Teil jenes Tagebuchs ist der darin enthaltene *Plan*, den ich mir zur See ausdachte, um mein künftiges Verhalten im Leben danach zu regeln. Er ist um so mehr bemerkenswert, weil ich ihn in meinen Jünglingsjahren aufstellte und dennoch bis in mein hohes Alter ziemlich genau einhielt.

Am 11. Oktober landeten wir in Philadelphia, wo ich verschiedene Veränderungen vorfand. Keith war nicht mehr Gouverneur, sondern hatte dem Major Gordon Platz machen müssen. Ich begegnete ihm in bürgerlicher Kleidung auf der Straße. Er schien sich bei meinem Anblick etwas zu schämen, ging aber, ohne ein Wort zu sagen, an mir vorüber. Ebenso hätte *ich* bei einem Zusammentreffen mit Miss Read mich schämen müssen, wenn nicht ihre Freunde nach der Lektüre meines Briefes ganz mit Recht an meiner Rückkehr verzweifelt und sie überredet hätten, einen Töpfer namens Rogers zu heiraten, was sie während meiner Abwesenheit auch tat. Sie war mit ihm jedoch keineswegs glücklich, trennte sich bald wieder von ihm und wollte nie wieder mit ihm zusammen wohnen noch seinen Namen führen, weil es hieß, er habe schon eine Frau. Er war ein unwürdiges Subjekt, jedoch ein geschickter Arbeiter, was ihre Verwandten für ihn eingenommen hatte. Er geriet in Schulden und flüchtete im Jahre 1727 oder 1728 nach Westindien, wo er starb. Keimer hatte ein größeres Haus gemietet, einen reichlich mit Schreibmaterialien versehenen Laden errichtet, hatte viele neue Typen und mehrere Arbeiter, worunter jedoch kein einziger guter war, und schien ein ausgedehntes Geschäft zu haben.

Mr. Denham mietete ein Lager in Water Street, wo wir unsere Waren auslegten. Ich widmete mich sehr eifrig dem Geschäft, machte mich mit dem Rechnungswesen bekannt und wurde in kurzer Zeit ein gewandter Verkäufer. Wir wohnten und aßen zusammen. Er war mir aufrichtig zugetan und handelte an mir wie ein Vater; ich meinerseits liebte und achtete ihn, und so wären wir trefflich miteinander ausgekommen. Da aber, zu Anfang Februar 1727, beim Eintritt in mein zweiundzwanzigstes Jahr, wurden wir beide krank. Mich befiel eine Brustfellentzündung, die mich beinahe hingerafft hätte. Ich litt entsetzlich und dachte, alles sei vorbei. Ich war, als ich mich etwas erholte, unglücklich bei dem Gedanken, daß später oder früher ich dasselbe Leiden nochmals durchmachen müßte. Ich weiß nicht mehr, welche Krankheit Mr. Denham hatte, sie war aber sehr langwierig, und zuletzt erlag er ihr auch. In seinem Testament hinterließ er mir zum Zeichen seiner Freundschaft ein kleines Legat, und so war ich in der weiten Welt mir selber überlassen, da das Warenmagazin der Sorge des Testamentsvollstreckers, der mich entließ, anvertraut wurde.

Mein Schwager Holmes, der gerade in Philadelphia anwesend war, riet mir, zu meinem früheren Beruf zurückzukehren, und Keimer brachte mich mit einem sehr ansehnlichen Gehalt in Versuchung, wenn ich die Leitung seiner Druckerei übernehmen wolle, damit er sich besser seinem Ladengeschäft widmen könne. Seine Frau und Verwandten in London hatten mir seinen Charakter als sehr schlimm geschildert, und für den Augenblick wollte ich nichts mit ihm zu schaffen haben. Ich versuchte als Handlungsdiener unterzukommen; da es mir aber schwer wurde, eine Stelle zu finden, so fühlte ich mich veranlaßt, Keimers Vorschlag anzunehmen.

Ich fand in der Druckerei nachbenannte Personen: Hugh Meredith, einen welschen Pennsylvanier, dreißig Jahre alt, für Landwirtschaftsarbeit erzogen, ehrlich, verständig, von scharfer Beobachtungsgabe und Freude am Lesen, aber dem Trunke ergeben; Stephen Potts, einen eben volljährigen jungen Landmann, zum Ackerbau erzogen, von ungewöhnlichen Naturgaben, von Verstand und Humor, aber etwas träge. Keimer hatte diese beiden Leute für sehr geringen Lohn zu sich genommen, den er, seinem Versprechen gemäß, jedes Quartal um einen Shilling wöchentlich erhöhen wollte, vorausgesetzt, daß ihre Fortschritte in der Buchdruckerkunst es verdienten. Diese Erhöhung ihres Lohnes war der Köder, durch den er sie gelockt hatte. Meredith arbeitete an der Presse, und Potts band Bücher, was sie beide zu lehren Keimer sich anheischig gemacht hatte, obgleich er vom einen sowenig als vom andern verstand. Ferner war da John, ein wilder Ire, der gar kein Geschäft gelernt hatte und dessen vierjährige Dienstzeit Keimer einem Schiffskapitän abgekauft hatte; auch dieser sollte Drucker werden. Weiter George Webb, ein Oxforder Student, den Keimer ebenfalls auf vierjährige Arbeitszeit gekauft hatte, um aus ihm einen Setzer zu machen, wovon später die Rede sein wird. Endlich David Harry, ein Bursche vom Lande, den Keimer als Lehrling angenommen hatte.

Ich bemerkte bald, daß Keimers Absicht, als er mich zu einem so viel höheren Lohn, als er gewöhnlich zu geben pflegte, in seine Dienste nahm, dahin abzielte, daß ich alle diese unwissenden, wohlfeilen Arbeiter und Lehrlinge zustutzen sollte, damit er, wenn sie erst durch mich eingeschult und ihm durch Vertrag gleichsam leibeigen waren, in der Lage sei, ohne mich fertig zu werden. Ich machte mich jedoch trotzdem unverdrossen an die Arbeit, brachte die Druckerei in Ordnung, die in der ärgsten Verwirrung war, und gelangte mit seinen Leuten nach und nach so weit, daß sie auf ihre Arbeit achteten und sie besser ausführten.

Es war eine seltsame Erscheinung, einen Oxforder Studenten in der Lage eines gekauften Dieners zu finden. Er war erst achtzehn Jahre alt und gab mir nachstehende Auskunft über seine Verhältnisse: Er war in Gloucester geboren, in einer Lateinschule dort erzogen und hatte sich unter seinen Mitschülern durch eine auffallende Überlegenheit in der Wiedergabe seiner Rollen ausgezeichnet, wenn sie Theaterstücke aufführten. Er hatte dem dortigen Klub der Gebildeten und Literaturfreunde angehört, und mehrere Arbeiten von seiner Hand, in Poesie wie in Prosa, waren in Gloucesterschen Zeitungen gedruckt erschienen. Von da wurde er nach Oxford geschickt, wo er ungefähr ein Jahr blieb; aber er war nicht zufrieden und wollte vor allem London sehen und Schauspieler werden. Endlich, als er einmal sein vierteljährliches Kostgeld von fünfzehn Guineen erhielt, machte er sich, anstatt seine Schulden zu bezahlen, mit dieser Summe von Oxford auf, versteckte seinen Chorrock in einem Ginsterbusch und wanderte zu Fuß nach London. Hier, wo er keinen Freund und Ratgeber hatte, geriet er in schlechte Gesellschaft, vergeudete seine Guineen bald, konnte keinen Zutritt bei Schauspielern finden, sank immer tiefer, versetzte seine Kleider und hatte nicht einmal mehr Brot. Als er so, vor Hunger fast umkommend, durch die Straßen ging und nicht wußte, was er mit sich anfangen solle, wurde ihm eine Werbeaufforderung in die Hand gegeben, welche einem jeden sofortigen Unterhalt und ein Handgeld versprach, wenn er sich verpflichtete, in Amerika zu dienen. Er begab sich sofort in das Werbehaus, unterzeichnete den Vertrag, wurde an Bord eines Schiffes gebracht und nach Amerika geschickt, ohne daß er seinen Angehörigen je eine einzige Zeile über sein Schicksal geschrieben hätte. Sein lebendiger Geist, sein Witz und seine natürliche Gutmütigkeit machten ihn zu einem angenehmen Gesellschafter; aber er war träge, gedankenlos und außerordentlich leichtsinnig.

John, der Ire, lief bald davon. Mit den übrigen lebte ich auf sehr angenehmem Fuße, denn sie achteten mich um so mehr, da sie merkten, daß Keimer durchaus außerstande sei, sie zu belehren, während sie von mir täglich etwas lernten. Am Sonnabend, Keimers Sabbat, arbeiteten wir nie, so daß ich zwei Tage in der Woche zum Lesen hatte. Ich erweiterte meine Bekanntschaft mit begabten und gebildeten Einwohnern der Stadt. Keimer selbst behandelte mich mit viel Höflichkeit und offensichtlicher Achtung, und nichts quälte mich, außer meiner Schuld an Vernon, den ich nicht bezahlen konnte, da ich seither zuwenig sparsam gewesen war. Er war indes so gütig, daß Geld nicht von mir einzufordern.

In unserer Druckerei mangelte es öfters an der gehörigen Anzahl Lettern; in Amerika aber gab es keine Schriftgießerei. In James' Hause in London hatte ich zwar gesehen, wie Lettern gegossen werden, damals aber wenig darauf geachtet. Inzwischen versuchte ich mir eine Gießform zu machen, bediente mich unserer Lettern als Patrizen, machte mir davon bleierne Matrizen und ergänzte so auf ziemlich genügende Weise alle unsere Defekte. Ebenso gravierte ich gelegentlich verschiedene Ornamente, bereitete Druckerschwärze, versah den Laden und war, mit einem Worte, das Faktotum.

Allein so nützlich ich mich auch machte, so wurden doch, wie ich wohl merkte, meine Dienste von Tag zu Tag weniger wichtig, je mehr die übrigen Arbeiter an Geschicklichkeit zunahmen. Als Keimer mir das zweite Quartalsgehalt auszahlte, gab er mir zu verstehen, daß dieses viel zu hoch sei und ich, wie er denke, etwas ablassen könne. Allmählich wurde er weniger höflich, kehrte mehr den Prinzipal heraus, fand manches zu tadeln, war schwer zufriedenzustellen und schien es auf einen Bruch mit mir abzusehen. Trotzdem ertrug ich alles mit viel Geduld, indem ich merkte, daß seine üble Laune zum Teil von seinen Geschäftsverlegenheiten herrührte. Endlich zerriß ein geringfügiger Umstand unsere Verbindung. Einst hörte ich nämlich einen Lärm in der Nachbarschaft und sah zum Fenster hinaus, was vorgehe. Keimer war auf der Straße, bemerkte mich und rief mir laut und ärgerlich zu, ich solle an meine Arbeit gehen, und fügte noch einige rügende Worte bei, die mich wegen ihrer Öffentlichkeit um so mehr verdrossen, als die Nachbarn, die derselbe Lärm ans Fenster gezogen hatte, Zeugen der Art waren, wie er mich behandelte. Gleich darauf kam er in die Drukkerei und setzte hier sein Schelten gegen mich fort. Der Streit wurde auf beiden Seiten heftig. Er zeigte mir dann an, daß ich ihn nach Ablauf dreier Monate, unserem verabredeten Kündigungstermin, verlassen möge, und bedauerte, daß er mich noch solange behalten müsse. Ich erwiderte ihm, sein Bedauern sei ganz überflüssig, da ich bereit sei, ihn im Augenblick zu verlassen. Damit nahm ich meinen Hut und ging zum Haus hinaus, indem ich Meredith, den ich unten traf, bat, auf einige Sachen, welche ich daließ, achtzugeben und sie nach meiner Wohnung zu bringen.

Meredith besuchte mich demgemäß am Abend, und wir besprachen uns über meine Angelegenheit. Er hatte eine hohe Meinung von mir und bedauerte ungemein, daß ich das Haus verlasse, solange er noch dort bleibe. Er widerriet mir die Rückkehr in meine Heimat, an die ich dachte, erinnerte mich daran, daß Keimer noch sein ganzes Geschäft schuldig sei und seine Gläubiger nachgerade unruhig würden, daß er seinen Laden in einem jämmerlichen Zustande lasse, oft Sachen ohne Gewinn verkaufe, um nur bares Geld zu erhalten, und fortwährend Kredit gewähre, ohne Buch zu führen, daß er folglich über kurz oder lang Bankrott machen müsse und daß somit eine Stelle frei werden würde, woraus ich Vorteil ziehen könnte. Ich wandte meine Mittellosigkeit ein, worauf er mir einen Wink gab, daß sein Vater viel auf mich hielte und in einer zwischen ihnen beiden geführten Unterhaltung die Andeutung gemacht habe, er würde die ganze zu unserer Einrichtung nötige Summe vorschießen, wenn ich sein Teilhaber werden wolle. »Meine Zeit bei Keimer«, schloß er, »läuft im nächsten Frühjahr ab. Bis dahin können wir Presse und Lettern aus London kommen lassen. Ich weiß, daß ich kein Arbeiter bin; wenn Sie aber wollen, so soll Ihre Geschäftskenntnis durch das Kapital, das ich liefere, aufgewogen werden, und den Gewinn teilen wir zu gleichen Hälften.«

Sein Vorschlag war annehmbar, und ich schlug ein. Sein Va-

Titelblatt des ›Armen Richard‹. 1733

ter war gerade in der Stadt anwesend und gab seine Zustimmung um so mehr, als er sah, daß ich bedeutenden Einfluß auf seinen Sohn habe, da ich ihn sogar dahin gebracht hatte, sich eine lange Zeit des Branntweintrinkens zu enthalten, und so hoffte er, daß, wenn ich in engerem Verhältnis zu ihm stünde, ich ihn ganz von dieser schlechten Gewohnheit heilen werde. Ich gab dem Vater ein Verzeichnis dessen, was aus London bezogen werden mußte. Er nahm es mit zu einem Kaufmann, und die Bestellung wurde gemacht. Wir kamen überein, die Sache bis zur Ankunft der Schriften geheimzuhalten, und ich suchte mir inzwischen Arbeit in der anderen Druckerei zu verschaffen; aber es war keine Stelle frei, und so war ich ohne Arbeit. Nach einigen Tagen aber schickte Keimer, der Aussicht auf den Druck einer Partie Banknoten für New Jersey hatte, zu denen Typen und Kupfertafeln notwendig waren, die nur ich fertigen konnte, nach mir, und aus Furcht, Bradford möchte mich engagieren und ihm diese Arbeit wegnehmen, ließ er mir sehr höflich sagen: alte Freunde müßten sich nicht wegen weniger, in der augenblicklichen Hitze gesprochener Worte veruneinigen, und forderte mich auf, wieder zu ihm zu kommen. Meredith überredete mich, der Einladung Folge zu leisten, da er namentlich auf diese Weise mehr Gelegenheit haben würde, sich durch meine tägliche Unterweisung in der Kunst zu vervollkommnen. So trat ich wieder bei Keimer ein, und wir lebten in besserem Vernehmen als vor unserer Trennung. Er erhielt die Arbeit für New Jersey, und um sie zu liefern, baute ich nun eine Kupferdruckpresse, die erste im Lande. Ich stach mehrere Verzierungen und Vignetten zu den Noten, und wir begaben uns zusammen nach Burlington, wo ich das Ganze zu allgemeiner Zufriedenheit ausführte und er eine Summe Geldes für die Arbeit empfing, die ihn in Stand setzte, seinen Kopf noch geraume Zeit über Wasser zu halten.

Zu Burlington wurde ich mit vielen vornehmen Personen der Provinz bekannt, von denen einige im Auftrag der gesetzgebenden Versammlung als Kommission bei dem Druck aufzupassen hatten, daß nur die gesetzliche Zahl Noten gedruckt würde.

Demzufolge befanden sie sich immer abwechselnd um uns, und wen gerade die Reihe traf, der brachte meist einen, auch zwei Freunde zur Gesellschaft mit. Mein Geist war durch Lektüre mehr ausgebildet als derjenige Keimers, und wahrscheinlich aus diesem Grunde legten sie größeren Wert auf meine Unterhaltung. Sie nahmen mich mit nach Hause, führten mich bei ihren Freunden ein und behandelten mich mit höchster Artigkeit, während Keimer, trotz seiner Prinzipalschaft, sich etwas vernachlässigt sah. Er war in der Tat ein seltsamer Kunde, nicht vertraut mit den einfachsten Lebensgewohnheiten, geneigt, allgemein angenommenen Ansichten heftig zu widersprechen, schäbig bis zur äußersten Schmutzigkeit, in einigen Punkten der Religion Enthusiast, schlampig und dabei ein etwas schuftiger Patron.

Wir blieben hier fast drei Monate, und nach Ablauf dieser Zeit standen auf dem Verzeichnis meiner Freunde: der Richter Allen, Samuel Bustill, der Sekretär der Provinz, Isaac Pearson, Joseph Cooper, mehrere Smiths, sämtlich Mitglieder der Assembly, und Isaac Decow, Generalvermesser. Letzterer war ein scharfsichtiger, schlauer alter Mann; er erzählte mir, daß er in seiner Jugend, auf sich allein angewiesen, damit begonnen habe, den Ziegelbrennern Lehm zuzutragen, daß er erst im schon vorgerückten Alter schreiben gelernt, dann später Meßketten getragen bei einem Feldmesser, der ihn seine Kunst lehrte, worauf er durch Fleiß sich ein ansehnliches Vermögen erworben habe. »Ich sehe es voraus«, sagte er eines Tages, »daß Sie in kurzem diesen Mann« – er meinte Keimer – »überflügeln und in Ihrem eigenen Geschäft in Philadelphia ein Vermögen verdienen werden.« Er wußte damals noch nichts von meinem Plan, mich dort oder sonstwo niederzulassen. Diese Freunde erwiesen sich mir in der Folge sehr gefällig, wie auch ich es gelegentlich gegen einige von ihnen tat, und ohne Unterbrechung schenkten sie mir von da an ihre Achtung, solange sie lebten.

Bevor ich auf meinen Eintritt in das öffentliche Geschäftsleben näher eingehe, möchte es passend sein, dir meine damalige Auffassung in bezug auf sittliche Grundsätze zu schildern, damit du den Grad von Einfluß erkennen magst, welchen sie auf die nachfolgenden Ereignisse meines Lebens äußerten. Meine Eltern hatten mir frühzeitig religiöse Eindrücke vermittelt und mir von Jugend auf eine fromme Erziehung in den Grundsätzen der Lehre Calvins gegeben. Kaum aber war ich fünfzehn Jahre alt, als ich, nach vorangehenden Zweifeln bald an diesem, bald an jenem Grundsatz, den ich gerade in den verschiedenen von mir gelesenen Büchern bekämpft fand, an der Offenbarung selbst zu zweifeln begann. Es fielen mir einige Bände gegen den Deismus in die Hände, die den wesentlichen Teil der bei den geistlichen Vorträgen Boyles gehaltenen Predigten enthalten sollten. Zufällig brachten sie aber bei mir gerade die entgegengesetzte Wirkung von dem, was die Verfasser beabsichtigten, hervor; denn die Beweisgründe der Deisten, die darin zum Zweck der Widerlegung zitiert waren, erschienen mir bei weitem gewichtiger als eben die Widerlegung selbst. Mit einem Worte: ich wurde bald ein vollkommener Deist. Meine Gründe bekehrten noch manchen anderen, namentlich Collins und Ralph; da sie aber beide, ohne die geringste Reue, mir großes Unrecht getan hatten und da ich an Keiths, eines anderen Freidenkers, Benehmen sowie an mein eigenes Verfahren gegen Vernon und Miss Read, das mich sehr oft quälte, dachte, so geriet ich auf die Vermutung, daß, wenn diese Lehre auch wahr sein möchte, sie doch nicht sehr von Nutzen sei. Meine Londoner Flugschrift, der als Motto die nachstehenden Zeilen Drydens vorstanden:

Was ist, ist auch recht; obschon der kurzsichtige Mensch
Nur einen Teil der Kette schauet: das nächste Glied,
Sein Auge nicht hinauf zum Waagebalken reichet,
Der über ihm wägt alles,

und welche aus den Eigenschaften Gottes, seiner unendlichen Weisheit, Güte und Macht schloß, daß es kein sogenanntes Übel in der Welt geben könne und daß Tugend und Laster nur leere Unterscheidungen seien und es gar keine solchen Dinge gebe, erschien mir nun nicht mehr als eine so geschickte Leistung wie früher, und ich war im Zweifel, ob sich nicht unmerklich ein Irrtum in mein Argument eingeschlichen habe, der alles darauf Folgende angesteckt habe, wie das wohl bei metaphysischen Erörterungen nicht selten der Fall ist.

Ich überzeugte mich endlich, daß *Wahrheit, Ehrlichkeit* und *Aufrichtigkeit* im Verkehr zwischen Mensch und Mensch von höchster Wichtigkeit für unser Lebensglück seien, und entschloß mich von jenem Augenblick an und schrieb auch den Entschluß in mein Tagebuch, sie mein Leben lang zu üben. Die Offenbarung als solche hatte jedoch in der Tat kein Gewicht bei mir, sondern ich war der Meinung, daß, obschon gewisse Handlungen nicht schlecht, bloß *weil* die geoffenbarte Lehre sie verbietet, oder gut deshalb seien, *weil* sie selbige vorschreibt, doch – in Anbetracht aller Umstände – jene Handlungen uns wahrscheinlich nur, *weil* sie ihrer Natur nach schlecht sind, verboten, oder *weil* sie wohltätig sind, uns anbefohlen worden seien. Diese Überzeugung nebst der göttlichen Vorsehung oder einem schützenden Engel, oder vielleicht auch dem Zusammentreffen günstiger Lagen und Umstände, oder alle diese miteinander bewahrten mich während jener gefährlichen Jugendzeit, wo ich bisweilen in gewagten Lagen unter Fremden und dem Auge und Rat meines Vaters entrückt war, vor jeder Unsittlichkeit, jeder groben *absichtlichen* Ungerechtigkeit, die bei meinem Mangel an Religion von mir zu erwarten gewesen wäre. Ich betone das Wort ›absichtlich‹, weil die von mir angeführten Beispiele oft etwas *Zwingendes* an sich hatten, infolge meiner Jugend und Unerfahrenheit sowie der Schurkerei anderer. Ich hatte daher beim Beginn meiner Laufbahn schon einen leidlichen Charakter, schätzte diesen, wie er es verdiente, und versuchte ihn mir zu bewahren.

Wir waren noch nicht lange wieder nach Philadelphia zurückgekehrt, als unsere Druckereieinrichtung von London ankam. Wir rechneten mit Keimer ab und verließen ihn mit seiner Zustimmung, ehe er noch etwas davon erfahren hatte. Wir fanden ein Haus in der Nähe des Marktes, das zu vermieten war, und nahmen es. Um uns den Mietzins zu erleichtern, der damals vierundzwanzig Pfund fürs Jahr betrug (später stieg er, wie ich erfuhr, sogar auf siebzig), nahmen wir Thomas Godfrey, einen Glaser, mit seiner Familie mit hinein, der einen ansehnlichen Teil an unserem Mietzins bezahlte und bei dem wir unsere Kost nahmen. Wir hatten kaum unsere Typen ausgepackt und die Presse aufgestellt, als ein Bekannter von mir, George House, uns einen Landsmann zuführte, den er auf der Straße getroffen hatte, als er sich nach einem Buchdrucker erkundigte. Unser Geld war durch die Menge von Gegenständen, die wir uns hatten anschaffen müssen, fast erschöpft, und die fünf Shilling, die wir von dem Landsmann einnahmen – die erste Frucht unseres Verdienstes, die so rechtzeitig kam – machten mir mehr Freude als irgendeine andere größere Summe, die ich seitdem einnahm. Die Erinnerung und der Dank gegen House machten mich oft geneigter, als ich es wohl sonst gewesen wäre, junge Anfänger in ihrem Geschäft aufzumuntern.

In jedem Lande finden sich Unglückspropheten, die beständig den Ruin desselben voraussehen. Ein solcher lebte auch in Philadelphia – ein angesehener älterer Mann von sehr weisem Aussehen und sehr ernster Sprechweise, namens Samuel Mickle. Dieser Herr nun, den ich gar nicht kannte, hielt eines Tages vor meiner Tür und fragte mich, ob ich der junge Mann sei, der kürzlich eine neue Druckerei eröffnet habe. Auf mein Bejahen sagte er, er bedaure mich, da es ein kostspieliges Unternehmen sei und das hineingesteckte Geld verlorengehen werde, denn Philadelphia sei bereits dem Untergang nahe, alle Leute schon halb bankrott oder wenigstens nicht mehr weit davon; alle Anzeichen vom Gegenteil, wie zum Beispiel die Neubauten und die steigenden Mietpreise, seien nach seinem besten Wissen und Gewissen trügerisch, denn sie würden nebst anderen Dingen zumeist zu unserem Ruin beitragen. Dabei erzählte er mir eine solche Reihe von wirklichen und gegenwärtigen oder doch demnächst zu befürchtenden Unfällen, daß er mich halb schwermütig machte. Hätte ich diesen Mann gekannt, ehe ich mein Geschäft anfing, so würde ich es wahrscheinlich nie errichtet haben. Indes blieb er doch in dieser

Stadt des Verfalls, setzte seine alten Predigten fort und weigerte sich lange Jahre, ein Haus zu kaufen, weil alles dem Verderben entgegeneile; endlich mußte er aber zu meiner Genugtuung ein Haus fünfmal teurer bezahlen, als er es in der früheren Zeit, wo er zuerst seine Klagelieder anstimmte, hätte kaufen können.

Ich hätte zuvor erwähnen sollen, daß ich im Herbst des vorhergehenden Jahres die meisten meiner gebildeten Bekannten zu einem Klub unter dem Namen ›Junto‹ vereinigt hatte, dessen Zweck Erweiterung unserer Kenntnisse war. Wir kamen jeden Freitagabend zusammen. Nach den von mir verfaßten Statuten mußte jedes Mitglied der Reihe nach eine oder mehrere Thesen über irgendeinen Punkt der Moral, Politik oder Naturwissenschaften aufstellen, die dann von der Gesellschaft erörtert wurden, und alle drei Monate einen selbstverfaßten Vortrag über einen beliebigen Gegenstand halten. Die Debatten fanden unter der Leitung eines Vorsitzenden statt und wurden allein durch den aufrichtigen Wunsch nach Wahrheit, ohne Freude am Streit oder Verlangen nach dem Sieg geleitet. Um jede Erhitzung zu verhüten, waren alle Ausdrücke hartnäckigen Festhaltens an Meinungen und direkte Widersprüche nach einiger Zeit für unpassend erklärt und bei kleinen Geldstrafen untersagt.

Die ersten Mitglieder des Klubs waren:

Joseph Breintnal, ein Urkundenabschreiber für Notare, ein wackerer, freundlicher Mann in mittleren Jahren, großer Verehrer der Dichtkunst und Lektüre, der alles las, was ihm unter die Hand kam, eine ziemlich gewandte Feder führte, in Scherz, Witz und kleinen Spielereien viel Anstelligkeit und Erfindungsgabe zeigte und eine anregende Unterhaltung zu führen wußte.

Thomas Godfrey, der von selbst Mathematik gelernt und es darin sehr weit gebracht hatte, später Erfinder des jetzt so genannten Hadleyschen Quadranten; außer in seinem Fach wußte er indes wenig und war kein angenehmer Gesellschafter, da er wie die meisten großen Mathematiker, die ich kennenlernte, eine kleinliche Genauigkeit in allen Ausdrücken verlangte, immer widersprach oder zum Ruin aller Geselligkeit auf unbedeutenden Unterscheidungen herumritt. Er schied auch bald von uns.

Nicholas Scull, ein Feldmesser, der später Generalfeldmesser wurde. Er las außerordentlich gern und machte zuweilen auch einige Verse.

William Parsons, ein gelernter Schuhmacher, der aber, mit viel Sinn für Lektüre begabt, bald eine gründliche Kenntnis in der Mathematik erlangte, die er anfangs zum Zwecke der Astrologie betrieben hatte, worüber er aber später selbst lachte. Auch er wurde Generalfeldmesser.

William Maugridge, ein Tischler, Meister in seinem Fach, überhaupt ein ehrenhafter und verständiger Mann.

Hugh Meredith, Stephen Potts und George Webb, von denen ich bereits sprach.

Robert Grace, ein junger reicher Mann, hochsinnig, lebhaft und witzig, ein großer Freund von Epigrammen, aber ein noch größerer seiner Freunde.

Zu guter Letzt William Coleman, damals Handlungsdiener, ungefähr in meinem Alter, mit dem besonnensten klarsten Kopfe, dem besten Herzen und der gewissenhaftesten Sittlichkeit unter beinahe allen Menschen, denen ich jemals begegnete. Er wurde später ein sehr angesehener Kaufmann und einer unserer Provinzialrichter. Unsere Freundschaft dauerte ohne Unterbrechung länger als vierzig Jahre bis an seinen Tod, und fast ebensolange bestand der Klub.

Dieser war sicherlich die beste Schule für Philosophie, Moral und Politik, die damals in der Provinz existierte; denn unsere Thesen wurden immer eine Woche, bevor wir sie besprachen, vorgelesen, und so fanden wir Veranlassung, aufmerksam Bücher über den fraglichen Gegenstand durchzulesen, um desto umfassender darüber sprechen zu können. So gewöhnten wir uns an eine passendere Redeweise, indem jeder Gegenstand unseren Statuten gemäß und in einer Art besprochen wurde, die jeden gegenseitigen Verdruß verhütete. Diesem Umstand kann man das lange Bestehen des Klubs zuschreiben, dessen ich im Verlaufe noch häufiger werde gedenken müssen.

Ich erwähnte jedoch seiner gerade hier, da er eine Ursache war, die den Fortgang meines Geschäftes außerordentlich förderte, indem jedes Mitglied sich bemühte, uns Arbeit zuzuwenden. Breintnal verschaffte uns unter anderem von den Quäkern den Druck von vierzig Bogen ihrer Geschichte, während Keimer den Rest liefern sollte. Dies war eine ausnehmend harte Arbeit, denn der Druckpreis war gering. Es war ein Folio, im Propatria-Format, der Satz aus grober Ciceroschrift mit Anmerkungen in Korpusschrift. Ich setzte täglich einen Bogen, und Meredith druckte ihn. Oft wurde es elf Uhr abends, ja noch später, ehe ich mit dem Ablegen für den Satz des folgenden Tages fertig war; denn die kleinen Nebenarbeiten, die unsere Freunde uns gelegentlich zukommen ließen, hielten uns bei diesem Werk auf. Ich war aber so fest entschlossen, täglich einen Bogen zu setzen, daß, als eines Abends, nachdem ich meine Formen ausgeschossen hatte und mein Tagewerk für beendet hielt, eine der Formen durch einen Unfall ganz zusammenfiel und zu sogenannten Zwiebelfischen wurde, ich sofort ablegte und die beiden Folioseiten vor dem Schlafengehen noch einmal setzte. Dieser Fleiß, den unsere Nachbarn bemerkten, verschaffte uns bald Ruf und Kredit; namentlich erfuhr ich, daß unsere neue Druckerei in einem Klub von Kaufleuten, der jeden Abend zusammenkam, Gegenstand der Unterhaltung gewesen und allgemein die Ansicht geäußert worden sei, daß sie keinen Bestand haben würde, da schon zwei Druckereien, die von Keimer und Bradford, in der Stadt seien, worauf Dr. Baird, den ich und du viele Jahre später in seinem Geburtsort St. Andrews in Schottland sahen, seine entgegengesetzte Meinung dahin geäußert: »Der Fleiß dieses Franklin übersteigt alles, was ich je in der Art gesehen habe. Ich sehe ihn oft noch bei der Arbeit, wenn ich nachts aus dem Klub komme, und morgens früh ist er schon längst wieder am Geschäft, ehe seine Nachbarn aus dem Bette steigen.« Dies überraschte die anderen, und wir erhielten bald darauf von einem Mitglied jenes Klubs das Anerbieten, uns Schreibmaterialien zu liefern. Wir hielten aber damals die Zeit für die Eröffnung eines Ladens noch nicht für gekommen.

Ich erwähne diesen Fleiß um so nachdrücklicher und freimütiger, obschon ich dabei in den Verdacht des Eigenlobs kommen könnte, damit diejenigen meiner Nachkommen, die meine Aufzeichnungen lesen, den Wert dieser Tugend erkennen, wenn sie deren günstige Folgen für mich durch meine ganze Erzählung verfolgen können.

George Webb, der eine Freundin gefunden hatte, die ihm das nötige Geld vorstreckte, um sich von Keimer loszukaufen, kam eines Tages zu uns und bot sich uns als Arbeiter an. Augenblicklich konnten wir ihn nicht gebrauchen; aber törichterweise teilte ich ihm im Vertrauen mit, daß ich eine Zeitung herauszugeben beabsichtigte und wir ihn dann beschäftigen könnten. Meine Hoffnung auf Erfolg, wie ich ihm darlegte, gründeten sich auf den Umstand, daß das einzige damals in Philadelphia erscheinende und von Bradford gedruckte Blatt ein elender, erbärmlich redigierter, in keiner Weise unterhaltender Wisch war, aber dennoch sehr einträglich für ihn, woraus ich schloß, daß es einer guten Zeitung nicht an ermutigendem Erfolg fehlen werde. Ich hatte Webb um Verschwiegenheit gebeten, aber er verriet mein Geheimnis an Keimer, der, um mir zuvorzukommen, sofort den Plan zu einem von ihm selbst herauszugebenden Blatt bekanntmachte, an dem auch Webb mitarbeiten sollte. Ich war erbost über dieses Verfahren, und in der Absicht, ihm entgegenzuarbeiten, da ich in dem Augenblick mein Blatt noch nicht beginnen konnte, schrieb ich einige humoristische Aufsätze für Bradfords Zeitung unter dem Titel ›Busy Body‹ (Neuigkeitskrämer), die Breintnal durch mehrere Monate fortsetzte. Dadurch lenkte ich die Aufmerksamkeit des Publikums auf Bradfords Blatt, und Keimers Prospekt, den wir lächerlich machten, fand keine Berücksichtigung. Dennoch fing er sein Blatt an, bot es mir aber, nachdem er sich dreiviertel Jahr mit kaum neunzig Abonnenten hingeschleppt hatte, endlich für eine Kleinigkeit zum Kauf an. Ich war auf einen solchen Antrag schon längst vorbereitet, ging also gleich darauf ein, und in wenigen Jahren zog ich außerordentlichen Vorteil davon.

Ich bemerke, daß ich vorherrschend in der ersten Person

rede, obschon unsere Partnerschaft fortbestand. Vielleicht liegt der Grund darin, daß eigentlich das ganze Geschäft auf mir ruhte. Meredith war kein Setzer, nur ein mittelmäßiger Drucker und selten nüchtern. Meine Freunde bedauerten meine Verbindung mit ihm, ich suchte aber der Sache die bestmögliche Seite abzugewinnen.

Unsere ersten Nummern zeichneten sich vor jeder anderen älteren Zeitung der Provinz durch bessere Schrift und besseren Druck aus; vor allem aber überraschten einige kecke und geistreiche Bemerkungen aus meiner Feder über den damaligen Streit zwischen dem Gouverneur Burnet und der Gesetzgebenden Versammlung von Massachusetts die angesehensten Leute, brachten Blatt und Herausgeber in der Leute Mund und führten sie uns alle nach einigen Wochen als Abonnenten zu.

Viele folgten ihrem Beispiel und unsere Subskribentenzahl wuchs beständig. Dies war eine der ersten nützlichen Folgen der Mühe, die ich mir gegeben hatte, meine Gedanken zu Papier bringen zu lernen; weiter zog ich den Vorteil daraus, daß, als die leitenden Männer der Stadt eine Zeitung nun in den Händen eines ziemlich federgewandten Mannes sahen, sie es für passend erachteten, mich zu fördern und zu ermuntern. Bradford druckte noch immer die Wahlzettel, Beschlüsse, Gesetze, Verordnungen und andere öffentliche Arbeiten. Eine Adresse der Assembly an den Gouverneur war von ihm ganz erbärmlich und fehlerhaft gedruckt worden; wir druckten sie sauber und korrekt nach und übersandten jedem Mitglied einen Abdruck. Der Unterschied wurde bemerkt und dadurch der Einfluß unserer Freunde in der Assembly so verstärkt, daß wir für das nächste Jahr zu deren Buchdruckern gewählt wurden.

Unter diesen Freunden muß ich namentlich des von mir schon erwähnten Mr. Hamilton gedenken, der damals von England zurückgekehrt und in die Assembly gewählt worden war. Er legte bei dieser Gelegenheit ein warmes Interesse für mich an den Tag, wie er es auch später häufig tat, und setzte sein Wohlwollen für mich bis an seinen Tod fort.*

* Ich beschaffte seinem Sohn einmal 500 £.

Um diese Zeit erinnerte mich Mr. Vernon an die Summe, die ich ihm schuldete, drängte mich aber nicht. Ich schrieb ihm nun einen artigen Brief, worin ich ihn noch um einigen Aufschub bat, den er mir auch gewährte; und sobald ich nur imstande war, bezahlte ich ihm Kapital und Zinsen mit dem Ausdruck meines tiefsten Dankgefühls; so war dieser Fehler einigermaßen wiedergutgemacht.

Jetzt aber kam ich in eine andere Verlegenheit, die ich nicht im entferntesten ahnen konnte. Merediths Vater, der unserer Übereinkunft gemäß die ganzen Kosten unserer Druckereieinrichtung bezahlen sollte, war nur imstande gewesen, hundert Pfund bar anzuzahlen; weitere hundert Pfund schuldeten wir noch dem Kaufmann, der nicht länger warten wollte und uns alle verklagte; wir stellten Bürgschaft, sahen aber ein, daß, wenn wir das Geld nicht zur bestimmten Zeit bezahlten, die Klage zur Verhandlung kommen, das Urteil vollzogen, all unsere schöne Hoffnung vernichtet und wir selbst ganz zugrunde gerichtet werden würden, wenn Lettern und Presse vielleicht zum halben Preis verkauft werden mußten, um die Schuld zu tilgen.

In dieser traurigen Lage kamen zwei wahrhafte Freunde, deren Wohlwollen ich nie vergessen werde, solange mir nur die Erinnerung an irgend etwas bleibt, jeder einzeln, ohne daß einer des andern Vorhaben gekannt hätte und ohne daß ich mich an einen von beiden gewandt hätte, zu mir. Jeder bot mir die Summe Geldes an, deren ich, wenn möglich, zur alleinigen Übernahme des Geschäftes bedürfen würde, da ihnen die Fortdauer meiner Partnerschaft mit Meredith nicht gefiel, den, wie sie bemerkten, man häufig betrunken auf der Straße und bei gemeinem Spiel in Bierhäusern sehe, was unserem Kredit sehr schade. Diese Freunde waren William Coleman und Robert Grace. Ich sagte ihnen, daß, solange noch einige Wahrscheinlichkeit vorhanden sei, daß die Merediths ihrerseits die Übereinkunft erfüllen würden, ich keine Trennung vorschlagen könne, da ich mich denselben für das verpflichtet fühlte, was sie schon an mir getan hätten und, soweit ihre Kräfte reichten, noch tun wollten; sollten sie aber am Ende ihre Verbindlichkeiten nicht erfüllen und unsere Sozietät sich auflösen, dann würde ich mich für vollkommen frei halten, von der Güte meiner Freunde Gebrauch zu machen.

So blieben die Sachen eine Zeitlang unverändert. Endlich sagte ich eines Tages zu meinem Teilhaber: »Ihr Vater ist vielleicht unzufrieden mit Ihrem Anteil an dem Geschäft und mag nicht für zwei tun, was er nur für Sie zu tun brauchte. Sagen Sie mir frei heraus, ob dies der Fall ist, so will ich Ihnen das Ganze abtreten und sehen, wie ich durchkomme.« – »Nein«, antwortete er, »mein Vater hat sich wirklich in seinen Erwartungen getäuscht: er ist außerstande zu bezahlen, und ich möchte ihn nicht noch mehr in Verlegenheit setzen; ich sehe, daß ich durchaus nicht zum Buchdrucker passe; ich wurde als Landmann erzogen, und es war albern von mir, in einem Alter von dreißig Jahren noch auf ein neues Gewerbe hier in der Stadt in die Lehre zu gehen. Viele meiner Waliser Landsleute siedeln sich gerade jetzt in North Carolina an, wo der Boden billig ist. Ich bin sehr geneigt, mich ihnen anzuschließen und zu meinem früheren Stande zurückzukehren. Sie werden ohne Zweifel Freunde finden, die Ihnen unter die Arme greifen. Wenn Sie die Schulden der Gesellschaft übernehmen, meinem Vater die vorgeschossenen hundert Pfund zurückzahlen, meine kleinen Privatschulden berichtigen und mir dreißig Pfund und einen neuen Sattel geben wollten, so will ich meinen Geschäftsanteil an Sie abtreten und Ihnen das Ganze zuschreiben.« Ich nahm den Vorschlag an. Alles wurde zu Papier gebracht und sofort unterzeichnet und untersiegelt. Ich gab ihm das Geforderte, und er ging bald darauf nach Carolina, von wo er mir im nächsten Jahr zwei lange Schreiben übersandte, mit den für damals genauesten Nachrichten über das Land, in bezug auf Klima, Boden, Ackerbau usw., in welchen Dingen er ein scharfsichtiges Urteil hatte. Ich druckte sie in meinem Wochenblatt ab, und sie fanden eine sehr gute Aufnahme beim Publikum.

Sobald Meredith fort war, wandte ich mich an meine beiden Freunde, und da ich keinen von ihnen durch einen Vorzug verletzen wollte, so nahm ich von jedem die halbe mir angebotene

Summe, die ich nötig hatte. Ich bezahlte die Gesellschaftsschulden und setzte das Geschäft für eigene Rechnung fort, indem ich nicht unterließ, durch eine Anzeige das Publikum von der Auflösung unserer Gesellschaft zu benachrichtigen. Wenn ich nicht irre, so geschah dies etwa um das Jahr 1729.

Etwa um dieselbe Zeit verlangte das Volk heftig eine abermalige Ausgabe von Papiergeld, da das vorhandene und einzig in der Provinz kursierende in Höhe von nur 15 000 Pfund schon fast ausging. Die wohlhabenden Einwohner waren gegen jede Art Papiergeld eingenommen, aus Furcht vor der Entwertung, wie man sie in Neuengland zum großen Schaden der Besitzer erlebt hatte, und widersetzten sich dieser Maßnahme. Wir hatten diese Angelegenheit in unserem ›Junto‹ besprochen, wo ich mich für die abermalige Ausgabe erklärte, in der Überzeugung, daß die erste kleine, im Jahr 1723 ausgegebene Summe der Provinz durch Förderung von Handel und Industrie und Zunahme der Bevölkerung manchen Nutzen gebracht habe, indem jetzt alle alten Häuser bewohnt seien und noch viele neue gebaut wurden; während ich mich gar wohl entsinne, wie ich damals, als ich, mein Brot verspeisend, zum ersten Mal durch die Straßen von Philadelphia spazierte, an den meisten Häusern in Walnut Street zwischen Second und Front Street und an vielen in Chestnut Street und anderen Gassen Zettel mit der Aufschrift ›Zu vermieten!‹ wahrgenommen hatte, woraus ich damals schloß, daß die Bewohner einer nach dem andern aus der Stadt fortzögen.

Unsere Debatten weihten mich so tief in die Sache ein, daß ich anonym eine Flugschrift schrieb und herausgab, unter dem Titel ›Die Natur und Notwendigkeit des Papiergeldes‹. Sie wurde von den einfachen Leuten außerordentlich gut aufgenommen, mißfiel aber den Wohlhabenden, weil dadurch das Verlangen nach mehr Geld nur noch stärker wurde. Da die letzteren indes keinen Federkundigen unter sich zählten, der meine Schrift hätte beantworten können, so verlief sich ihr Widerstand im Sande, und da in der Assembly die Majorität für die Maßnahme war, so kam sie durch. Meine Freunde in der Versammlung waren überzeugt, daß ich dem Lande bei dieser Gelegenheit einen wesentlichen Dienst geleistet habe, und belohnten mir denselben durch Übertragung des Druckes der Noten. Dies war ein gewinnreiches Geschäft und für mich eine sehr merkliche Hilfe: wiederum ein Vorteil aus meiner mir erworbenen Fähigkeit in schriftlichen Abfassungen.

Zeit und Erfahrung taten so deutlich den Nutzen des Papiergeldes dar, daß sich später nie ein eigentlicher, bedeutender Widerspruch dagegen erhob und dessen Summe sich bald auf 55 000 Pfund und im Jahre 1739 auf 80 000 Pfund belief. Seitdem stieg die Summe während des Krieges auf über 350 000 Pfund, während Handel, Bauten und Bevölkerung fortdauernd im Steigen waren; ich habe aber jetzt die Überzeugung, daß es Grenzen gibt, über welche hinaus Papiergeld sehr verderblich werden kann.

Bald darauf verschaffte mir mein Gönner Hamilton den Druck des Papiergeldes von Newcastle, wiederum eine einträgliche Arbeit, wenigstens nach meiner damaligen Ansicht, daß kleine Dinge Leuten mit wenig Vermögen immer groß scheinen; mir aber brachte es als eine große Aufmunterung für mich wirklichen Vorteil. Er verschaffte mir auch den Druck der Gesetze und Beschlüsse jenes bedeutenden Regierungsbezirks, den ich so lange behielt, wie ich mein Geschäft trieb.

Jetzt errichtete ich auch einen kleinen Buch- und Papierladen. Ich hielt mir Formulare aller Art, die korrektesten, die bis dahin erschienen waren, da mich mein Freund Breintnal hierin unterstützte. Auch führte ich Papier, Pergament, Pappdeckel, Geschäftsbücher und dergleichen. Ein gewisser Whitemarsh, ein ausgezeichneter Setzer, den ich in London kennengelernt hatte, kam nun zu mir und arbeitete fortwährend und stets mit gleichem Fleiße bei mir, und ich nahm einen Lehrling an, den Sohn von Aquila Rose.

Ich begann nun die allmähliche Abzahlung der Schulden, die auf meiner Druckerei lasteten. Um meinen Kredit und Ruf als Geschäftsmann zu sichern, führte ich nicht allein ein *wirklich* tätiges und mäßiges Leben, sondern hütete mich auch vor jedem

Die Americaner wiedersetzen sich der
Stempel Acte, und verbrennen das aus
England nach America gesandte Stempel-
Papier zu Boston im August 1764.

Verbrennung der Stempelakte.
1764.
Stich von D. Chodowiecki

Schein des Gegenteils. Ich kleidete mich einfach und wurde nie an einem öffentlichen Vergnügungsort gesehen, fischte und jagte nicht. Höchstens hielt mich dann und wann ein Buch von der Arbeit ab, aber doch nur selten, und dann geschah es so heimlich, daß kein Anstoß dadurch erregt wurde. Und um zu zeigen, daß ich mich nicht über meinen Stand dünkte, fuhr ich bisweilen das beim Kaufmann gekaufte Papier selbst in einem Schubkarren nach Hause. So erhielt ich den Ruf eines fleißigen, strebsamen und in seinen Zahlungen sehr pünktlichen jungen Mannes. Die Kaufleute, die Schreibwaren einführten, ersuchten mich um meine Kundschaft; andere erboten sich, mir Bücher zu liefern, und mein kleiner Handel gedieh recht glücklich. Inzwischen sanken Keimers Geschäft und Kredit mit jedem Tage, und zuletzt sah er sich genötigt, seine Druckerei zu verkaufen, um seine Gläubiger zu befriedigen, und ging nach Barbados, wo er einige Zeit in sehr ärmlichen Umständen lebte.

Sein Lehrling David Harry, den ich, während ich bei Keimer arbeitete, angelernt hatte, kaufte dessen Geschäft und ließ sich in Philadelphia nieder. Ich fürchtete zuerst in Harry einen mächtigen Rivalen zu finden, da er einer reichen und angesehenen Familie angehörte. Ich schlug ihm deshalb vor, sich mit mir zusammenzutun, was er indes, und zwar zu meinem Glück, mit Geringschätzung ablehnte. Er war sehr stolz, kleidete sich wie ein vornehmer Herr, lebte ausschweifend und hing den Vergnügungen so sehr nach, daß er kaum zu Hause anzutreffen war, versank in Schulden, vernachlässigte sein Geschäft und büßte bald alle Aufträge ein. Da er bald für sich nichts mehr zu tun fand, folgte er Keimer nach Barbados und nahm seine Druckerei mit. Dort beschäftigte der Lehrling seinen früheren Prinzipal als Gehilfen. Sie zankten sich oft, und da es mit Harry auch dort immer rückwärts ging, mußte er endlich Typen und Presse verkaufen und wieder zu seiner alten Beschäftigung, dem Landbau in Pennsylvania, greifen. Der Käufer der Druckerei übertrug Keimer deren Leitung; dieser starb aber einige Jahre später.

Jetzt hatte ich in Philadelphia außer Bradford keinen Konkurrenten, dieser aber, da er reich und bequem war, hatte nur wenig zu tun und kümmerte sich auch nicht mehr viel ums Geschäft. Da er jedoch die Post besorgte, stand er im Ruf einer besseren Gelegenheit zum Empfang von Neuigkeiten, und man hielt sein Blatt für geeigneter zur Verbreitung von Inseraten, und er bekam auch mehr, was ihm sehr zustatten kam und mir manchen Nachteil brachte. Wenn ich auch Zeitungen mit der Post erhielt und versandte, so war das Publikum doch anderer Meinung, denn was ich verschickte, konnte nur mittels Bestechung der reitenden Boten geschehen, die meine Zeitungen heimlich mitnahmen, da Bradford so unfreundlich gewesen war, es ihnen zu verbieten. Ich dachte deshalb so gering von ihm, daß ich mich wohl hütete, ihn nachzuahmen, als ich später in seine Stellung einrückte.

Bisher hatte ich mich von Godfrey beköstigen lassen, der mit Frau und Kindern einen Teil meines Hauses bewohnte und auch meinen halben Laden zu seinem Geschäft benutzte, mit welchem er sich indes wenig abgab, da er meist Mathematik trieb. Mrs. Godfrey beabsichtigte, mich mit der Tochter eines ihrer Verwandten zu verheiraten, und suchte uns bei mehrfachen Gelegenheiten zusammenzubringen, bis sie mich ernstlich gefesselt sah, da das Mädchen selbst sehr begehrenswert war. Die Eltern ermutigten meine Bewerbung durch häufige Einladungen zum Abendessen und ließen uns allein, bis es endlich Zeit zu einer Erklärung war. Mrs. Godfrey übernahm unsere kleine Unterhandlung. Ich gab ihr zu verstehen, daß ich mit der jungen Dame eine Mitgift von so viel Geld erwarte, um mindestens den Rest meiner Schuld für meine Druckerei bezahlen zu können, der sich damals auf hundert Pfund belaufen mochte. Ich erhielt zur Antwort, daß sie eine solche Summe nicht beschaffen könnten, worauf ich bemerkte, daß sie diese als Hypothek auf ihr Haus erhalten könnten. Hierauf empfing ich nach Verlauf einiger Tage die Antwort, daß sie die Heirat nicht billigten: Sie hätten Bradford um Rat gefragt und gehört, daß das Geschäft eines Buchdruckers durchaus nicht einträglich sei, daß meine Typen bald abgenutzt und neue nötig sein würden, daß Keimer und Harry nacheinander Bankrott gemacht hätten und es mir wahrscheinlich ebenso gehen würde. Sie verboten mir also ihr Haus und sperrten die Tochter ein.

Ich weiß nicht, ob sie wirklich ihren Sinn geändert hatten oder ob das Ganze nur eine List war, in der Voraussetzung, daß unsere Neigung zu weit gediehen sei, als daß wir voneinander würden lassen können, wo dann, im Falle einer heimlichen Heirat, sie volle Freiheit gehabt hätten, uns nach Belieben etwas zu geben oder nicht. Ich argwöhnte das letztere, ärgerte mich darüber und ging nie wieder hin. Einige Zeit nachher brachte mir Mrs. Godfrey mehrmals Kunde, daß die Eltern mir nun mehr gewogen seien und die Verbindung mit mir wieder anzuknüpfen wünschten; ich aber erklärte mich entschieden dahin, nichts wieder mit der Familie zu schaffen haben zu wollen. Hierüber ließen die Godfreys einigen Ärger erkennen, und da wir uns nicht länger vertragen konnten, so zogen sie aus, ließen mir das Haus allein, und ich beschloß, keine Mieter mehr aufzunehmen.

Da dieser Vorfall jedoch meine Gedanken aufs Heiraten gebracht hatte, so sah ich mich um und machte an mehreren Stellen Anträge, aber bald merkte ich, daß man das Gewerbe eines Buchdruckers nur für kümmerlich ansah und daß ich daher wohl kaum auf eine Frau mit Geld rechnen dürfe, wenigstens nicht, wenn sie auch noch andere Reize besitzen sollte. Mittlerweile trieb jene schwer zu zügelnde Leidenschaft der Jugend mich häufig zu Beziehungen mit gemeinen Frauen, die mir in den Weg kamen. Allein dies war immer mit einigen Unkosten und vielen Unbequemlichkeiten verknüpft, außer der fortwährenden Gefahr für meine Gesundheit von seiten eines Übels, das ich vor allen Dingen fürchtete, obschon ich ihm mit großem Glück entging. Als Nachbar und alter Bekannter war ich inzwischen immer im freundlichen Vernehmen mit der Familie der Miss Read geblieben. Sie alle hatten noch von der Zeit her, wo ich bei ihnen gewohnt, Zuneigung für mich bewahrt. Oft luden sie mich ein, fragten mich in ihren Angelegenheiten um Rat, und mehrere Male hatte ich ihnen Gefälligkeiten erwiesen.

Mich dauerte die unglückliche Lage ihrer Tochter, die fast immer niedergedrückt und selten heiter war und allem Umgang auswich. Ich betrachtete meine Unbeständigkeit und meine Untreue während meines Aufenthalts in London für die Hauptursache ihres Unglücks, obwohl ihre Mutter so aufrichtig war, die Schuld dafür mehr sich selbst als mir beizumessen, weil sie, nach Verhinderung unserer Heirat vor meiner Abreise, ihre Tochter zur Ehe mit einem anderen während meiner Abwesenheit überredet hatte. Unsere gegenseitige Neigung erwachte wieder; unserer Vereinigung standen aber große Hindernisse im Wege. Zwar wurde ihre Ehe wirklich als ungültig betrachtet, da ihr Mann, wie es hieß, schon eine Frau in England habe; aber es war wegen der großen Entfernung schwer, den Beweis hiervon zu erhalten. Obwohl das Gerücht von seinem Tode umging, so hatten wir doch keine Gewißheit hiervon; war es aber begründet, so hatte er wiederum viele Schulden hinterlassen, wegen deren Bezahlung man seinen Nachfolger belangen konnte. Wir wagten es indessen trotz aller dieser Schwierigkeiten, und am 1. September 1730 heiratete ich sie. Keine der gefürchteten Unannehmlichkeiten traf uns. Sie war mir eine gute und treue Gefährtin, half mir auch durch Besorgung des Ladens bedeutend vorwärts; wir gediehen sichtlich und waren immer bemüht, einander glücklich zu machen. So machte ich nach Kräften jenen großen Irrtum meiner Jugend wieder gut.

Unser Klub befand sich damals nicht in einem Wirtshaus. Wir hielten unsere Zusammenkünfte in der Wohnung des Mr. Grace ab, der uns zu diesem Zweck ein kleines Zimmer einräumte. Da wir oft im Laufe unserer Besprechungen unsere Bücher nötig hatten, schlug ich vor, daß wir sie zu unserer Bequemlichkeit in dem Versammlungszimmer aufstellen und sie dann erforderlichenfalls zu Rate ziehen könnten, wie denn auch durch das Zusammenstellen unserer Bücher in eine gemeinsame Bibliothek jeder von uns den Vorteil haben würde, daß er die Bücher aller übrigen Mitglieder benutzen könne, was beinahe dasselbe sei, als ob er sie selbst besäße. Der Vorschlag fand Beifall und wurde verwirklicht; wir stellten an dem einen Ende unseres Klubzimmers alle diejenigen Bücher auf, die wir am besten entbehren konnten. Ihre Zahl war indes nicht so groß, wie wir erwartet hatten, und obwohl sie uns sehr von Nutzen waren, kamen doch durch den Mangel an Aufsicht einige Übelstände vor, so daß nach einem Jahr die Sammlung aufgelöst wurde und jeder seine Bücher wieder mit nach Hause nahm.

Und nun setzte ich mein erstes Projekt zu einer öffentlichen Schöpfung, nämlich zur Gründung einer Leihbibliothek durch Subskription, ins Werk. Ich entwarf den Plan, ließ ihn durch unseren Notar Brockden in die geeignete Form bringen, trieb mit Hilfe des ›Junto‹ fünfzig Subskribenten auf, mit je vierzig Shilling zum Anfang und mit einem jährlichen Beitrag von zehn Shilling auf fünfzig Jahre – den Termin, während dessen unsere Gesellschaft fortbestehen sollte. – Später erhielten wir einen Freibrief, da die Gesellschaft bis auf hundert Mitglieder angewachsen war. Dieselbe war die Mutter aller nordamerikanischen Leihbibliotheksgesellschaften, die nun so zahlreich sind. Sie selbst ist in fortwährender Entwicklung und Vermehrung begriffen und wird täglich eine bedeutendere Anstalt. Diese Bibliotheken haben die Allgemeinbildung der Amerikaner gehoben, die gewöhnlichen Handwerker und Landleute so intelligent gemacht wie die meisten gebildeten Leute in anderen Ländern und vielleicht wesentlich zu der Stellung beigetragen, die die Kolonien in Verteidigung ihrer Rechte so allgemein einnahmen.

Soweit wurde vorstehendes in der eingangs erwähnten Absicht geschrieben und enthält daher mehrere kleine Familienanekdoten, die für andere ziemlich bedeutungslos sind. Das weitere wurde viele Jahre später dem in diesen Briefen enthaltenen Rat gemäß geschrieben und daher für die Öffentlichkeit bestimmt. Die Ereignisse der Revolution waren die Ursache der Verzögerung.

1730–1731

Brief von Mr. Abel James,
mit Notizen über mein Leben
(in Paris empfangen)

Mein lieber und geehrter Freund! Ich habe schon oft an Dich
schreiben wollen, bin aber stets vor dem Gedanken zurückge-
scheut, der Brief möchte in die Hände der Engländer fallen und
es dürfte dann irgendein Buchdrucker oder Unberufener einen
Teil seines Inhalts veröffentlichen und unserem Freunde Ver-
drießlichkeiten, mir selbst aber Tadel zuziehen.

Vor einiger Zeit kamen mir zu meiner großen Freude etwa
dreiundzwanzig Blätter in Deiner eigenen Handschrift zu Gesicht, die eine an Deinen Sohn gerichtete Schilderung Deiner
Herkunft und Deines Lebens bis zum Jahr 1730 enthalten, wobei noch andere Notizen, ebenfalls von Deiner Handschrift, lagen. Ich lege eine Abschrift davon bei, in der Hoffnung, sie
möge, falls Du sie bis zu einem späteren Zeitpunkt fortgesetzt
hättest, dazu dienen, daß der erste und der spätere Teil aneinan-
der passen; wenn sie aber noch nicht fortgesetzt worden ist, so
hoffe ich, Du wirst sie nicht aufschieben. Das Leben ist ungewiß, wie der Prediger uns lehrt; und was wird die Welt sagen,
wenn der gütige, menschenfreundliche und wohlwollende Benjamin Franklin seine Freunde und die Welt eines solch angenehmen und gemeinnützigen Werkes verlustig gehen lassen
würde, eines Werkes, das nicht etwa nur für einige wenige, sondern für Millionen nützlich und unterhaltend sein würde? Der
Einfluß derartiger Schriften auf die Gemüter der Jugend ist
sehr groß und ist mir nirgends so augenfällig entgegengetreten
wie in den Tagebuchaufzeichnungen unseres gemeinsamen
Freundes. Er flößt der Jugend beinahe unmerklich den Einfluß

ein, danach zu streben, daß sie ebenfalls so gut und bedeutend werde wie der Schreiber. Sollten Deine Aufzeichnungen zum Beispiel, wenn im Druck erschienen (was meines Erachtens nicht ausbleiben wird), die Jugend veranlassen, Dir an dem Fleiß und der Mäßigkeit Deiner frühen Jugend zu gleichen, welch ein Segen würde ein solches Werk für sie sein! Ich kenne keinen Charakter unter den jetzt Lebenden und nicht viele unter den Menschen überhaupt, der in gleichem Maße wie Du imstande wäre, unter der amerikanischen Jugend einen größeren Geist des Fleißes und der frühen Aufmerksamkeit aufs Geschäft, der Genügsamkeit und Mäßigkeit zu fördern. Nicht als ob ich glaubte, das Werk würde keinen andern Nutzen und Verdienst in der Welt haben − weit entfernt davon; allein das erste ist von solch ungeheurer Wichtigkeit, daß ich nichts ihm Gleichkommendes kenne.

Als ich den vorstehenden Brief und die dabeiliegenden Notizen einem Freunde zeigte, erhielt ich von ihm folgendes:

Brief von Mr. Benjamin Vaughan

Paris, 31. Januar 1783

Mein liebster Herr! Als ich Ihre Blätter mit den flüchtigen Aufzeichnungen der Hauptbegebenheiten Ihres Lebens, die Ihr Freund, der Quäker, für Sie wiederentdeckte, durchgelesen hatte, versprach ich Ihnen, in einem Brief die Gründe darzulegen, warum ich es für nützlich erachten würde, daß dieselben in der Weise vollendet und veröffentlicht würden, wie er es wünschte. Verschiedene Geschäfte haben mich geraume Zeit an der Abfassung dieses Briefes verhindert, und ich weiß nicht, ob dieser überhaupt zu Erwartungen berechtigte. Da ich jedoch gegenwärtig gerade Muße habe, so will ich wenigstens mich selbst durch das Schreiben betätigen und belehren. Weil aber die Ausdrücke, deren ich mich zu bedienen geneigt bin, möglicherweise einen Mann von Ihren Gewohnheiten verletzen könnten, so werde ich zu Ihnen nur so sprechen, als ob ich mich an irgendeine andere Person wenden würde, die so gut und so groß, aber weniger mißtrauisch wäre als Sie. Ich würde zu einem solchen Manne sagen: »Geehrter Herr! Ich ersuche dringend um Ihre Lebensgeschichte aus den folgenden Beweggründen: Ihre Geschichte ist so bemerkenswert, daß, wenn Sie sie nicht geben, gewiß irgendein anderer sie bringen wird, und vielleicht so, daß er beinahe ebensoviel Schaden anrichtet, wie Ihre eigene Behandlung der Sache Gutes stiften könnte. Dieselbe wird überdies ein Gemälde der inneren Verhältnisse Ihres Vaterlandes darstellen, das sehr dazu beitragen wird, Ansiedler von tugendhaftem und mannhaftem Geiste dorthin einzuladen. Auch kenne ich in Anbetracht des Interesses, womit eine derartige Belehrung von jenen gesucht wird, und der Verbreitung Ihres guten Rufes keine wirksamere Ankündigung, als Ihre Lebensgeschichte abgeben würde. Alles, was Ihnen selbst begegnete, ist wiederum mit den Einzelheiten der Sitten und Lage eines emporkommenden Volkes innig verbunden. Nach meiner Ansicht können in dieser Beziehung die Schriften von Cäsar und Tacitus für einen ernsthaften Beurteiler menschlicher Natur und Gesellschaft nicht interessanter sein. Dies alles aber, geehrter Herr, sind, wie ich glaube, nur unbedeutende Gründe im Vergleich mit der Gelegenheit, die Ihre Lebensgeschichte für die Heranbildung künftiger großer Männer, und in Verbindung mit Ihrer ›Kunst der Tugend‹ (die Sie herauszugeben beabsichtigen) für die Verbesserung der Züge des Privatcharakters und daher auch für die Förderung alles Glücks, des öffentlichen und häuslichen, abgeben wird. Die beiden von mir bezeichneten Werke werden ganz besonders eine edle Anleitung und ein Vorbild zur Selbsterziehung geben. Schul- und sonstige Erziehung gehen beständig von falschen Grundsätzen aus und entwickeln eine schwerfällige, auf ein falsches Ziel hingerichtete Methode; allein Ihre Methode ist einfach und das Ziel richtig. – Während Eltern und junge Leute anderer zweckmäßiger Mittel zur Würdigung eines vernünftigen Lebensweges und zur Vorbereitung auf einen solchen entbehren müssen, wird Ihre Entdeckung, daß dieses Ziel in der eigenen Hand so manches Menschen liegt, unschätzbar sein! Ein in reiferen Jahren geltend gemachter Einfluß auf den Privatcharakter ist nicht allein ein späterer, sondern auch ein schwacher Einfluß. In der *Jugend* pflanzen wir unsere wichtigsten Gewohnheiten und Vorurteile; in der *Jugend* fassen wir unseren Entschluß in bezug auf Beruf, Bestrebungen und Ehe. In der Jugend wird daher unserem Leben seine eigentümliche Richtung gegeben; in der Jugend bildet sich auch die Erziehung der nächsten Generation; in der Jugend wird der öffentliche und private Charakter bestimmt. Da nun der Lebenstermin sich nur von der Jugend bis zum Alter erstreckt, so muß das Leben von der Jugend aus richtig beginnen und namentlich bevor wir unseren Beschluß über unsere hauptsächlichsten Ziele fassen. Aber Ihre Lebensgeschichte wird nicht bloß die Selbsterziehung, sondern auch die Erziehung zu einem weisen Manne lehren; und der weiseste Mann wird Aufklärung empfangen und sich im eigenen Fortschreiten fördern, wenn er den Weg eines anderen weisen Mannes eingehend geschildert sieht. Und warum sollen schwächere Menschen derartiger Unterstützungen beraubt werden, wenn wir doch sehen, daß unser Geschlecht seit unvordenklichen Zeiten beinahe ohne einen Führer in dieser Richtung im dunklen tappte und überall anstieß? Zeigen Sie also den Söhnen und den Vätern, mein Herr, wieviel zu tun ist, und laden Sie alle weisen Männer ein zu werden, wie Sie sind, und andere Männer, weise zu werden. Wenn wir sehen, wie grausam Staatsmänner und Krieger gegen das Menschengeschlecht und wie abgeschmackt hervorragende Männer gegen ihre Bekannten sein können, so wird es lehrreich sein, zu beobachten, wie die Beispiele von friedlichen, nachgiebigen Sitten sich vermehren, und zu finden, wie trefflich es sich miteinander verträgt, groß und doch häuslich, beneidenswert und doch wohlwollend zu sein.

Die kleinen eigenen Erlebnisse, die Sie ebenfalls zu erzählen haben werden, dürften von erheblichem Nutzen sein, da wir vor allen Dingen Klugheitsregeln in gewöhnlichen Angelegenheiten nötig haben, und es wird interessant sein zu sehen, wie Sie unter solchen Umständen gehandelt haben. Es wird deshalb eine Art Schlüssel zum Leben werden und viele Dinge erklären, die allen Menschen einmal erläutert werden sollten, um ihnen eine Möglichkeit zu geben, durch Vorsicht weise zu werden. Das, was der Selbsterfahrung am nächsten kommt, ist, daß wir die Angelegenheiten anderer uns in einer anregenden Gestalt vorgeführt sehen; dies dürfen wir mit Zuversicht aus Ihrer Feder erwarten; unsere Angelegenheiten und deren Führung werden ein Aussehen von Einfachheit oder Wichtigkeit haben, das in die Augen fallen muß. Ich bin überzeugt, Sie haben diese mit ebensoviel Originalität geführt, als wenn Sie Erörterungen in Politik oder Philosophie geführt hätten; und was verdient, wenn man seine unbestreitbare Wichtigkeit und seine möglichen Fehler in Betracht zieht, mehr, durch Versuche erforscht und in ein System gebracht zu werden, als das menschliche Leben?

Manche Menschen sind blindlings tugendhaft, andere phantastisch spekulativ und wieder andere zu schlechten Zwecken klug und schlau gewesen; von Ihnen aber, mein Herr, bin ich überzeugt, daß Sie aus Ihrer Feder nur das bieten werden, was gleichermaßen weise, praktisch und gut ist. Ihre Selbstschilderung (denn mutmaßlich wird die Parallele, die ich für Dr. Franklin ziehe, sich nicht nur hinsichtlich des Charakters, sondern auch bezüglich der Privatgeschichte bewähren) wird zeigen, daß Sie sich nicht Ihrer geringen Herkunft schämen − ein um so wichtigerer Umstand, als Sie beweisen, wie unwesentlich alle Abkunft für Glück, Tugend und Größe ist. Da gleicherweise kein Ziel ohne Mittel erreicht wird, werden wir finden, daß selbst Sie, mein Herr, sich einen Plan machten, durch den Sie bedeutend wurden; gleichzeitig dürften wir aber auch sehen, daß, wenn auch der Erfolg schmeichelhaft, doch die Mittel dazu so einfach sind, wie nur Weisheit sie machen konnte, nämlich abhängig von Natur, Tugend, Denkungsart und Gewohnheit. Eine andere hieraus zu ziehende Lehre wird sein, daß jeder Mann seine Zeit abwarten muß, um auf der Bühne der Welt zu erscheinen. Da unsere Eindrücke sehr stark von dem Augenblick bestimmt sind, so sind wir sehr geneigt zu vergessen, daß dem ersten Augenblick noch weitere folgen werden und daß jeder Mensch deswegen sein Betragen so einrichten sollte, daß es zu dem Ganzen eines Lebens passe. Was Sie empfehlen, scheint in Ihrem Leben praktische Anwendung gefunden zu haben, und die vorübergehenden Momente desselben sind von Befriedigung und Genuß belebt und nicht mit törichter Ungeduld und Bedauern gepeinigt worden. Eine solche Lebensführung ist leicht für diejenigen, welche die Tugend und sich selbst zu Ehren bringen durch Beispiele von anderen großen Männern, deren hervorragendster Charakterzug so oft die Geduld ist. Ihr Korrespondent, der Quäker, mein Herr (denn hier will ich abermals annehmen, der Gegenstand meines Briefes gleiche dem Dr. Franklin), lobte Ihre Genügsamkeit, Ihren Fleiß und Ihre Mäßigkeit, die er als Vorbild für alle jungen Leute betrachtete; allein eigentümlicherweise scheint er Ihre Bescheidenheit und Uneigennützigkeit vergessen zu haben, ohne die Sie niemals auf Ihr Vorwärtskommen hätten warten oder Ihre Lage zu gleicher Zeit angenehm finden können. Dies ist eine eindringliche Lehre, um die Armseligkeit des Ruhms und die Wichtigkeit der Regelung unseres Gemüts zu beweisen. Wenn dieser Briefschreiber die Natur Ihres Rufes so genau gekannt hätte wie ich, so würde er gesagt haben: Ihre früheren Schriften und Taten würden Ihrer ›Lebensgeschichte‹ und Ihrer ›Kunst der Tugend‹ Beachtung sichern; und Ihre ›Lebensgeschichte‹ und ›Kunst der Tugend‹ würden wiederum die Aufmerksamkeit auf jene lenken. Dies ist ein Vorzug, der einem vielseitigen Charakter eigen ist und alles, was zu ihm gehört, zu höherer Geltung bringt; und er ist um so nützlicher, als vielleicht mehr Personen eher die Mittel zur Verbesserung ihres Gemüts und Charakters als die Zeit oder die Neigung dafür entbehren. Allein noch eine andere letzte Erwägung, mein Herr, wird den Nutzen Ihrer Lebensgeschichte als das Beispiel einer guten Biographie dartun. Diese Art der Schriftstellerei scheint einigermaßen aus der Mode gekommen zu sein, und doch ist sie sehr gemeinnützig. Ihr Vorbild und Beispiel darin mag besonders zweckdienlich sein, da es einen Gegenstand des Vergleichs mit den Lebensgeschichten verschiedener öffentlichen Kehlabschneider und Ränkeschmiede und mit törichten mönchischen Selbstpeinigern oder eitlen literarischen Tändlern abgeben wird. Wenn Ihre Lebensbeschreibung noch mehr Schriften von der Art der Ihrigen hervorruft und noch mehr Männer veranlaßt, ein Leben zu führen, das beschrieben zu werden geeignet ist, so wird es sämtliche Lebensbeschreibungen Plutarchs aufwiegen. Da ich es jedoch müde bin, mir selbst einen Charakter zu vergegenwärtigen, wovon jeder Zug nur auf einen einzigen Mann in der Welt paßt, ohne ihm die verdiente Anerkennung hierfür zu zollen, werde ich, mein lieber Doktor Franklin, meinen Brief mit einer persönlichen Bitte an Sie selbst schließen. Ich hege also den ernstlichen Wunsch, mein lieber Herr, Sie möchten die Welt mit den Zügen Ihres wahren Charakters bekannt machen, weil sonst bürgerliche Streitigkeiten denselben zu entstellen oder zu verketzern streben könnten. In Anbetracht Ihres hohen Alters, der Vorsicht Ihres Charakters und Ihrer eigentümlichen Denkungsart kann wahrscheinlich kein Mensch außer Ihnen die Tatsachen Ihres Lebens oder die An- und Absichten Ihres Geistes genugsam kennen oder beherrschen. Außer all diesem wird die gewaltige Umwälzung des gegenwärtigen Zeitabschnitts notgedrungen unsere Aufmerksamkeit auf ihren Urheber lenken, und wenn in derselben tugendhafte Grundsätze geltend gemacht worden sind, so wird es hochwichtig sein nachzuweisen, daß diese wirklich eingewirkt haben. Da Ihr eigener Charakter der vornehmlichste sein wird, an dem eine strenge Prüfung und Kritik geübt werden dürfte, ist es schicklich (schon wegen seiner Wirkungen auf Ihr eigenes riesiges und rasch emporgekommenes Vaterland sowie auf England und ganz Europa), daß er achtbar, und zwar für immer, dastehe. Ich habe stets behauptet, es sei zur Förderung menschlichen Glükkes notwendig zu beweisen, daß der Mensch selbst heutzutage kein lasterhaftes und verächtliches Tier sei, und noch weit unerläßlicher, zu beweisen, daß gute Leitung ihn wesentlich bessern kann, und namentlich aus diesem Grunde wünschte ich dringend die Ansicht festgestellt zu sehen, daß es noch wackere

Charaktere unter den Individuen der Art gibt, denn von dem Augenblick an, wo alle Menschen ohne Ausnahme als aufgegeben betrachtet werden würden, werden gute Menschen in ihren für hoffnungslos erachteten Bestrebungen innehalten und vielleicht darauf denken, sich ebenfalls ihren Anteil in der Balgerei des Lebens zu verschaffen oder zum mindesten in erster Linie sich selbst das Leben angenehm zu machen. Nehmen Sie also, mein lieber Herr, dieses Werk baldmöglichst in Angriff: zeigen Sie sich selbst so gut, so gemäßigt, wie Sie sind, und erweisen Sie sich vor allen Dingen als ein Mann, der von Jugend auf Gerechtigkeit, Freiheit und Eintracht in einer Weise geliebt hat, die es für ihn zur Natur und Konsequenz machte, so gehandelt zu haben, wie wir Sie in den jüngst vergangenen siebzehn Jahren Ihres Lebens handeln sahen. Machen Sie, daß die Engländer Sie nicht allein achten, sondern Sie auch lieben. Wenn diese gut von einzelnen in Ihrer Heimat denken, so werden sie allmählich dazu kommen, auch von Ihrem Vaterland selbst gut zu denken; und wenn Ihre Landsleute sich selbst von den Engländern besser geachtet sehen, so werden sie leichter dazu kommen, wohlwollend von England zu denken. Dehnen Sie sogar Ihre Absichten noch weiter aus: Begnügen Sie sich nicht mit denjenigen, die die englische Sprache reden, sondern denken Sie daran, das ganze Menschengeschlecht zu verbessern, nachdem Sie so viele Punkte in Natur und Politik in Ordnung gebracht haben. Da ich keinen Teil des in Rede stehenden Lebens gelesen habe, sondern nur den Charakter kenne, der es gelebt hat, so schreibe ich einigermaßen aufs Geratewohl. Ich bin jedoch überzeugt, daß die Lebensbeschreibung und der von mir angedeutete Aufsatz über die Kunst der Tugend unfehlbar meine Erwartungen in der Hauptsache erfüllen werden, und zwar um so mehr, wenn Sie Vorkehrung treffen, diese Leistungen den oben berührten verschiedenen Gesichtspunkten anzupassen. Sollten sich dieselben sogar erfolglos in allem dem erweisen, was einer Ihrer optimistischen Bewunderer von Ihnen hofft, so werden Sie wenigstens Bilder geschaffen haben, die dem menschlichen Herzen Teilnahme abgewinnen; und wer nur immer dem Menschen das

Gefühl eines unschuldigen Vergnügens verschafft, der hat zu der freundlichen Seite eines sonst durch Angst allzusehr verdunkelten und durch Schmerz allzusehr gepeinigten Lebens sehr viel beigetragen. In der Hoffnung also, daß Sie die in diesem Brief Ihnen vorgetragene Bitte erhören werden, erlaube ich mir, mein teuerster Herr, mich zu nennen usw.

Gez.   *Benjamin Vaughan.*

Fortsetzung der Schilderung
meines Lebens
(Begonnen in Passy bei Paris 1784)

Es ist schon geraume Zeit her, daß ich die obigen Briefe erhalten habe; ich bin jedoch bisher zu sehr beschäftigt gewesen, um
an die Erfüllung der darin ausgesprochenen Bitte zu denken.
Auch würde es besser vonstatten gegangen sein, wenn ich zu
Hause unter meinen Papieren gewesen wäre, die mein Gedächtnis unterstützen und mir die Daten genau ermitteln helfen würden. Da aber meine Rückkehr noch ungewiß ist und ich gerade
jetzt einige Muße habe, will ich mir Mühe geben, mich auf das
zu besinnen, was ich kann, und dasselbe niederzuschreiben.
Wenn ich es noch erlebe, meine Heimat wiederzusehen, so mag
es dort verbessert und ausgefüllt werden.

Da ich keine Abschrift von dem früher Niedergeschriebenen
hier habe, so weiß ich nicht mehr, ob ich schon eine Schilderung
von den Mitteln gegeben habe, die ich anwandte, um die öffentliche Bibliothek in Philadelphia zu gründen, die von kleinen
Anfängen aus nun so bedeutend geworden ist, obwohl ich mich
entsinne, daß ich bis auf die Zeit jenes Unternehmens (1730)
gekommen bin. Ich will deshalb hier mit einer Schilderung desselben beginnen, die ausgestrichen werden kann, wenn es sich
ergibt, daß ich sie schon gemacht habe.

In der Zeit, wo ich mich in Pennsylvania niederließ, gab es
noch keine gute Buchhandlung in irgendeiner der Kolonien
südlich von Boston. In New York und Philadelphia waren die
Buchdrucker und -händler eigentlich mehr Papierhändler; sie
verkauften Papier und Schreibmaterialien, Kalender, Balladen
und nur wenige gewöhnliche Schulbücher. Wer ein Freund des

Bücherlesens war, mußte sich seine Bücher aus England kommen lassen; die Mitglieder des ›Junto‹ besaßen jeder deren einige. Wir hatten das Bierhaus verlassen, wo wir anfangs zusammengekommen waren, und mieteten ein Zimmer, um unseren Klub darin zu halten. Ich machte den Vorschlag, wir sollten alle unsere Bücher nach diesem Zimmer schaffen, wo wir sie nicht nur zum Nachschlagen während unserer Versammlung zur Hand haben, sondern wo sie eine Wohltat für alle sein würden, da sich jedem von uns Gelegenheit böte, diejenigen zu entleihen, die er zu Hause zu lesen wünschte. Dies geschah denn auch und genügte uns für einige Zeit.

Als wir den Vorteil dieser kleinen Sammlung kennenlernten, schlug ich vor, die aus den Büchern hervorgehende Wohltat noch allgemeiner zu machen, indem wir eine öffentliche Leihbibliothek auf Subskription errichten sollten. Ich setzte die Skizze des Plans und der erforderlichen Statuten auf und bewog einen erfahrenen Notar, Mr. Charles Brockden, das Ganze in die Form zu unterschreibender Vertragsartikel zu fassen, mittels derer jeder Unterzeichner sich verpflichtete, eine gewisse Summe als Anzahlung für den ersten Ankauf von Büchern und einen jährlichen Beitrag zur Vermehrung derselben zu erlegen. Es gab damals in Philadelphia so wenige Leselustige, und die Mehrzahl von uns war so arm, daß ich trotz aller Mühe nicht imstande war, mehr als fünfzig Personen, meist junge Handwerker, zusammenzubringen, die geneigt waren, für diesen Zweck je vierzig Shilling und einen Jahresbeitrag von zehn Shilling zu zahlen. Mit diesem kleinen Grundstock begannen wir. Die Bücher wurden aus England eingeführt. Die Bibliothek war einen Tag in der Woche geöffnet, um Bücher an die Unterzeichner auszuleihen gegen die schriftliche Verpflichtung, den doppelten Wert eines Buches zu bezahlen, falls es nicht ordnungsgemäß zurückgegeben würde. Diese Einrichtung bewährte ihren Nutzen bald so sehr, daß sie von anderen Städten und in anderen Provinzen nachgeahmt wurde. Die Bibliotheken wurden durch Schenkungen vergrößert, das Bücherlesen kam in die Mode, und da unser Volk keine öffentlichen Vergnügungen

Die Einwohner von Boston werfen den englisch-ostindischen Thee ins Meer am 18 December 1773.

Siedler setzen sich gegen das britische Teemonopol zur Wehr,
indem sie den angelandeten Tee ins Meer schütten. 1773.
Stich von D. Chodowiecki

hatte, die seine Aufmerksamkeit vom Studium ablenkten, so wurde es besser mit den Büchern bekannt, und binnen weniger Jahre wurde es den Fremden bemerkbar, daß wir besser unterrichtet und intelligenter waren, als gewöhnlich Leute von demselben Stande in anderen Ländern sind.

Als wir im Begriff waren, die oben erwähnten Artikel zu unterzeichnen, die uns, unsere Erben usw. auf fünfzig Jahre verpflichten sollten, sagte Mr. Brockden, der Schreiber, zu uns: »Ihr seid junge Männer, aber es ist kaum wahrscheinlich, daß einer von euch den Ablauf des in der Urkunde festgestellten Termins erleben wird.« Eine Anzahl von uns ist indes doch noch am Leben; allein die Urkunde wurde durch eine Anordnung nach einigen Jahren aufgehoben, die die Gesellschaft zu einer Körperschaft machte und für die Dauer begründete.

Die Einwendungen und das Widerstreben, denen ich beim Beschaffen der Unterschriften begegnete, ließen mich bald innewerden, wie übel angebracht es sei, wenn jemand sich selbst als den Anreger irgendeines gemeinnützigen Planes darstellt, der mutmaßlich das Ansehen des Betreffenden auch nur im geringsten Grade über dasjenige der Nachbarn erheben kann, wenn man deren Unterstützung zur Vollführung jenes Vorschlags bedarf. Ich rückte mich daher soviel wie möglich aus den Augen und gab es für ein Unternehmen einer *Anzahl von Freunden* aus, die mich gebeten hätten, herumzugehen und es denjenigen Leuten vorzuschlagen, die sie für Freunde des Lesens hielten. Auf diese Weise ging mein Geschäft glatter vonstatten, und ich bediente mich dieses Verfahrens von da an immer bei derartigen Gelegenheiten und kann es nach meinen häufigen Erfolgen herzlich empfehlen. Das augenblicklich kleine Opfer der Eigenliebe wird später reichlich vergolten. Wenn es eine Weile unbekannt bleibt, wem das Verdienst gebührt, wird irgend jemand, der eitler ist, ermutigt werden, das Verdienst zu beanspruchen, und dann wird selbst der Neid geneigt sein, dem ersteren Gerechtigkeit widerfahren zu lassen, indem er jene angemaßten Federn ausreißt und sie ihrem rechtmäßigen Eigentümer zurückgibt.

Diese Bibliothek lieferte mir die Mittel, mich durch anhaltendes Studium fortzubilden, für das ich täglich eine oder zwei Stunden frei hielt, und so ersetzte ich einigermaßen den Verlust der gelehrten Erziehung, die mir mein Vater zu geben einst beabsichtigt hatte. Lesen war das einzige Vergnügen, das ich mir erlaubte. Ich vergeudete keine Zeit in Schenken oder mit Spielen und Lustbarkeiten irgendeiner Art, und mein Fleiß in meinem Geschäft war ebenso unermüdlich, wie er notwendig war. Ich hatte noch Schulden auf meiner Druckerei, hatte eine heranwachsende junge Familie zu erziehen und in meinem Geschäft gegen zwei ältere Buchdrucker anzukämpfen, die sich schon vor mir am Ort niedergelassen hatten. Meine Verhältnisse wurden jedoch täglich besser. Ich setzte meine ursprünglich genügsamen Gewohnheiten fort. Da mein Vater unter den Lehren, die er mir in meinen Knabenjahren gegeben, mir häufig den Spruch Salomonis wiederholt hatte: ›Siehest du einen Mann redlich in seinem Beruf, so soll er vor Königen stehen; er soll nicht vor gemeinen Leuten stehen‹, so betrachtete ich daher den Fleiß als ein Mittel, Reichtum und Auszeichnung zu erlangen, was mich sehr ermutigte – obgleich ich mir nicht träumen ließ, daß ich jemals buchstäblich *vor Königen stehen* sollte, was doch inzwischen geschehen ist, denn ich stand seither vor *fünfen* und hatte sogar die Ehre, mit einem, dem König von Dänemark, zu Tische zu sitzen.

Wir haben ein englisches Sprichwort, das lautet: ›Wer vorwärtskommen will, der muß sein Weib befragen.‹ Ich war so glücklich, eine Frau zu haben, die ebensosehr zu Fleiß und Mäßigkeit geneigt war wie ich selbst. Sie unterstützte mich willig in meinem Geschäft, falzte und heftete Broschüren, besorgte den Laden, kaufte alte leinene Lumpen für die Papiermacher ein usw. Wir hielten keine müßigen Dienstboten, begnügten uns mit der einfachsten Kost und mit den wohlfeilsten Möbeln. Mein Frühstück zum Beispiel bestand lange Zeit nur aus Milch und Brot (nicht aus Tee), und ich verzehrte es aus einem irdenen Näpfchen für zwei Pennies mit einem zinnernen Löffel. Allein man merke wohl, wie der Luxus in Familien einschleicht und um sich greift, trotz aller Grundsätze! Als ich eines Morgens zum Frühstück gerufen wurde, fand ich dieses in einer Porzellanschüssel mit einem silbernen Löffel! Meine Frau hatte sie ohne mein Wissen für mich gekauft; sie hatte sie die ungeheure Summe von dreiundzwanzig Shilling gekostet, wofür sie keine andere Entschuldigung oder Verteidigung zu machen wußte, als daß sie geglaubt habe, *ihr* Mann verdiene einen silbernen Löffel und eine Schüssel von Porzellan ebensogut wie irgendeiner seiner Nachbarn. Das war das erste Erscheinen von Silbergeschirr und Porzellan in unserem Hause; es vermehrte sich aber im Lauf der Jahre und mit unserem zunehmenden Wohlstand allmählich auf einen Wert von mehreren hundert Pfund.

Ich war in religiöser Hinsicht als Presbyterianer erzogen worden, und obgleich einige Dogmen jener Sekte, wie die ewigen Ratschlüsse Gottes, die Gnadenwahl, die Verwerfung usw. mir unverständlich und andere zweifelhaft erschienen und ich häufig von den öffentlichen Versammlungen der Sekte wegblieb, weil der Sonntag der Tag meiner Studien war, so war ich doch niemals ohne einige religiöse Grundsätze. Ich bezweifelte zum Beispiel niemals das Dasein Gottes, bezweifelte nie, daß er die Welt geschaffen habe und durch seine Vorsehung leite; daß der passendste Gottesdienst darin bestehe, den Menschen Gutes zu erweisen; daß unsere Seelen unsterblich seien und daß jedes Verbrechen seine Strafe und die Tugend ihren Lohn fände, entweder hienieden oder im Jenseits. Diese hielt ich für die wesentlichen Teile jeder Religion, und da sie in all den Religionen zu finden waren, die wir in unserem Lande hatten, so achtete ich diese alle, wenn auch mit verschiedenen Graden von Hochachtung, da ich sie mehr oder weniger mit anderen Glaubensartikeln vermischt fand, die – ohne irgendein Bestreben, Sittlichkeit einzuflößen, zu fördern oder zu befestigen, hauptsächlich dazu dienten, uns voneinander zu trennen und gegeneinander unfreundlich zu machen. Diese Achtung für alle, samt der Ansicht, daß selbst die schlimmste noch einige gute Wirkungen habe, veranlaßte mich, allen Gesprächen auszuweichen, die dazu beitragen konnten, die gute Meinung zu mindern, die ein anderer von seiner Religion haben mochte; und da nun unsere Provinz an Bevölkerung zunahm und fortwährend neue Gotteshäuser notwendig wurden, die gewöhnlich aus freiwilligen Beiträgen erbaut wurden, so verweigerte ich niemals mein Scherflein für einen derartigen Zweck, was für einer Sekte derselbe auch zugute kommen mochte.

Obwohl ich selten einem öffentlichen Gottesdienst beiwohnte, hatte ich doch noch immer eine günstige Meinung von seiner Schicklichkeit und Nützlichkeit, wenn er richtig geleitet wurde, und ich bezahlte regelmäßig meinen jährlichen Beitrag für die Unterhaltung des einzigen presbyterianischen Betsaals und Geistlichen, die wir in Philadelphia hatten. Der letztere pflegte mir zuweilen einen freundschaftlichen Besuch zu machen und mich zu ermahnen, daß ich auch seine Abendmahlsfeiern besuche, und ich ließ mich hie und da bewegen, dies zu tun – einmal sogar fünf Sonntage hintereinander. Wäre er nach meiner Ansicht ein guter Prediger gewesen, so hätte ich meinen Besuch des Gottesdienstes vielleicht fortgesetzt, trotz der fördernden Gelegenheit, die mir meine Sonntagsmuße in meinem Studienlauf gewährte; allein seine Predigten waren vorzugsweise entweder polemische Argumente oder Erklärungen der eigentümlichen Lehren unserer Sekte und für mich insgesamt sehr trocken, uninteressant und unerbaulich, weil dadurch nicht ein einziger sittlicher Grundsatz eingeprägt oder geltend gemacht wurde und sie eher darauf abzielten, uns zu Presbyterianern als zu guten Bürgern zu machen.

Endlich wählte er zu seinem Text jenen 8. Vers aus dem 4. Kapitel der Epistel an die Philipper: ›Weiter, liebe Brüder, was wahrhaftig ist, was ehrbar, was gerecht, was keusch, was lieblich, was wohllautet, ist etwa ein Lob, ist etwa eine Tugend, dem denket nach‹, und ich bildete mir ein, in einer Predigt über einen solchen Text müßten wir unfehlbar irgend etwas von Sittenlehre zu hören bekommen. Allein er beschränkte sich nur auf fünf Punkte, die der Apostel gemeint habe, nämlich: 1. den Sabbat heiligzuhalten; 2. die Heilige Schrift fleißig zu lesen;

3. den Gottesdienst gehörig zu besuchen; 4. am Sakrament teilzunehmen; 5. den Dienern Gottes die schuldige Achtung zu bezeugen. Dies mochten lauter gute Dinge sein; da sie aber nicht diejenige Art von guten Dingen waren, die ich von jenem Text erwartete, so zweifelte ich daran, denselben jemals auf Grund eines anderen Textes zu begegnen, war angewidert und besuchte seine Predigten niemals wieder. Ich hatte einige Jahre zuvor, nämlich 1728, eine kleine Liturgie oder Gebetsform für meinen eigenen Gebrauch zusammengestellt unter dem Titel ›Glaubensartikel und Religionsübungen‹. Ich kehrte zu deren Benützung zurück und ging nie wieder in öffentliche Versammlungen. Mein Verhalten mag tadelnswert sein, allein ich gebe es preis, ohne irgendwelchen weiteren Versuch, es zu entschuldigen, denn meine gegenwärtige Absicht geht dahin, Tatsachen zu erzählen, und nicht Verteidigungen dafür vorzubringen.

Ungefähr um diese Zeit faßte ich den kühnen und ernsten Vorsatz, nach sittlicher Vervollkommnung zu streben. Ich wünschte leben zu können, ohne irgendeinen Fehler zu irgendeiner Zeit zu begehen; ich wünschte alles zu überwinden, wozu entweder natürliche Neigung, Gewohnheit oder Gesellschaft mich veranlassen könnten. Da ich wußte oder zu wissen glaubte, was recht und unrecht sei, so sah ich nicht ein, weshalb ich nicht immer das eine sollte tun und das andere lassen können. Ich fand jedoch bald, daß ich mir eine weit schwierigere Aufgabe gestellt, als ich mir eingebildet hatte. Während ich alle Sorgfalt aufbot, um mich vor dem einen Fehler zu hüten, wurde ich häufig von einem anderen überrascht; die Gewohnheit gewann die Übermacht über die Unachtsamkeit, und die Neigung war zuweilen stärker als die Vernunft. Ich kam zuletzt zu dem Schluß, die bloße spekulative Überzeugung, daß es in unserem Interesse liege, vollkommen tugendhaft zu sein, reiche nicht hin, um uns vor dem Straucheln zu bewahren, und die gegenteiligen Gewohnheiten müssen gebrochen, gute dafür erworben und befestigt werden, ehe wir irgend Vertrauen auf eine stetige gleichförmige Rechtschaffenheit des Wandelns haben können. Zu diesem Zweck erfand ich mir daher nachfolgende Methode:

In den verschiedenen Aufzählungen der Tugenden und sittlichen Vorzüge, welchen ich bei meinem Lesen begegnet war, fand ich deren Verzeichnis mehr oder weniger zahlreich, je nachdem die betreffenden Schriftsteller mehr oder weniger Begriffe unter demselben Namen zusammengefaßt hatten. Die Genügsamkeit zum Beispiel wurde von den einen auf Essen und Trinken beschränkt, während sie von anderen so weit ausgedehnt wurde, daß sie die Mäßigung jedes anderen Vergnügens, Verlangens, Gelüstes, jeder Neigung oder Leidenschaft, körperlicher wie geistiger, bedeute und sich sogar auf unseren Geiz und Ehrgeiz erstrecke. Ich nahm mir nun vor, zum Zwecke größerer Deutlichkeit lieber mehr Namen anzuwenden und weniger Ideen mit jedem zu verknüpfen, als wenige Namen mit vielen Ideen. So faßte ich denn unter dreizehn Namen von Tugenden alles das zusammen, was mir zu jener Zeit als notwendig oder wünschenswert einfiel, und verband mit jedem einen kurzen Lehrsatz, welcher die volle Ausdehnung ausdrückte, die ich seiner Bedeutung gebe.

Die Namen der Tugenden samt ihren Vorschriften waren:

1. *Mäßigkeit* – Iß nicht bis zum Stumpfsinn, trink nicht bis zur Berauschung!

2. *Schweigen.* – Sprich nur, was anderen oder dir selbst nützen kann; vermeide unbedeutende Unterhaltung!

3. *Ordnung.* – Laß jedes Ding seine Stelle und jeden Teil deines Geschäfts seine Zeit haben!

4. *Entschlossenheit.* – Nimm dir vor, durchzuführen, was du mußt; vollführe unfehlbar, was du dir vornimmst!

5. *Sparsamkeit.* – Mache keine Ausgabe, als um anderen oder dir selbst Gutes zu tun; das heißt vergeude nichts!

6. *Fleiß.* – Verliere keine Zeit; sei immer mit etwas Nützlichem beschäftigt; entsage aller unnützen Tätigkeit!

7. *Aufrichtigkeit.* – Bediene dich keiner schädlichen Täuschung; denke unschuldig und gerecht, und wenn du sprichst, so sprich danach!

8. *Gerechtigkeit.* – Schade niemandem, indem du ihm unrecht tust oder die Wohltaten unterläßt, die deine Pflicht sind!

9. *Mäßigung.* – Vermeide Extreme; hüte dich, Beleidigungen so übel aufzunehmen, wie sie es nach deinem Dafürhalten verdienen!

10. *Reinlichkeit.* – Dulde keine Unsauberkeit am Körper, an Kleidern oder in der Wohnung!

11. *Gemütsruhe.* – Beunruhige dich nicht über Kleinigkeiten oder über gewöhnliche oder unvermeidliche Unglücksfälle!

12. *Keuschheit.* – Übe geschlechtlichen Umgang selten, nur um der Gesundheit oder der Nachkommenschaft willen, niemals bis zur Stumpfheit, Schwäche oder zur Schädigung deines eigenen oder fremden Seelenfriedens oder guten Rufes!

13. *Demut.* – Ahme Jesus und Sokrates nach!

Da es meine Absicht war, mir die *Gewohnheit* aller dieser Tugenden anzueignen, so hielt ich es für angemessen, meine Aufmerksamkeit nicht zu zersplittern, indem ich alles auf einmal versuchte, sondern mein Augenmerk immer nur auf eine von ihnen zu gleicher Zeit richtete, und dann erst, wenn ich mich zum Herrn derselben gemacht, zu einer andern fortzuschreiten, und so fort, bis ich alle dreizehn durchgemacht haben würde. Da aber die vorherige Erwerbung einiger von diesen Tugenden auch die Erwerbung gewisser anderer erleichtern dürfte, so ordnete ich sie mit dieser Absicht in der Reihenfolge an, wie sie oben stehen. Die *Mäßigkeit* an der Spitze, da sie dazu dient, jene Kühle und Klarheit des Kopfes zu verschaffen, die so unerläßlich ist, wo man beständige Wachsamkeit beobachten und auf der Hut sein muß, gegen die unermüdliche Anziehungskraft alter Gewohnheiten und die Gewalt beständiger Versuchungen. Ist die Mäßigkeit erworben und gefestigt, so muß das Stillschweigen leichter sein. Nun ging aber mein Wunsch dahin, gleichzeitig mit der Zunahme an Tugend auch Kenntnisse zu erwerben, und in Anbetracht dessen, daß diese Kenntnisse im Gespräch leichter durch den Gebrauch des Ohrs als der Zunge erworben werden, und weil ich daher mit einer Gewohnheit zu brechen wünschte, die ich angenommen hatte: nämlich zu schwatzen, zu witzeln und zu scherzen, was mich nur für unbedeutende Gesellschaft annehmbar machte, so räumte ich dem *Schweigen* die zweite Stelle ein. Ich erwartete, diese Tugend und die nächste, die *Ordnung*, würden mir mehr Zeit gestatten, um meinen Zielen und meinen Studien nachzugehen. Die *Entschlossenheit*, einmal zur Gewohnheit geworden, würde mich fest erhalten in meinen Bemühungen, alle die weiter folgenden Tugenden zu erringen; *Sparsamkeit* und *Fleiß* sollten mich von dem Rest meiner Schulden befreien, mir Wohlstand und Unabhängigkeit sichern und mir die Ausübung der *Aufrichtigkeit* und *Gerechtigkeit* usw. um so leichter machen. In der Annahme, daß, dem Rat des Pythagoras in seinen ›Goldenen Versen‹ gemäß, eine tägliche Prüfung notwendig sein würde, ersann ich nachstehende Methode, um diese Prüfung durchzuführen:

Ich machte mir ein kleines Buch, worin ich jeder der Tugenden eine Seite anwies, linierte jede Seite mit roter Tinte, so daß sie sieben Felder, für jeden Tag der Woche eines, hatte, und bezeichnete jedes Feld mit dem Anfangsbuchstaben des Tages. Diese Felder kreuzte ich mit dreizehn roten Querlinien und setzte an den Anfang jeder Linie die Anfangsbuchstaben von einer der Tugenden, um auf dieser Linie und in dem betreffenden Feld durch ein schwarzes Kreuzchen jeden Fehler vorzumerken, den ich mir, nach genauer Prüfung meinerseits, an jenem Tag hinsichtlich der betreffenden Tugend hatte zuschulden kommen lassen.

Ich nahm mir vor, auf jede dieser Tugenden der Reihe nach eine Woche lang genau achtzugeben. So ging in der ersten Woche mein hauptsächliches Augenmerk dahin, jeden auch noch so geringen Verstoß gegen die *Mäßigkeit* zu vermeiden, die anderen Tugenden ihrem gewöhnlichen Schicksal zu überlassen und nur jeden Abend die Fehltritte des Tages zu verzeichnen. Wenn ich daher auf diese Weise in der ersten Woche meine erste, mit M. bezeichnete Linie frei von schwarzen Punkten zu halten vermochte, so nahm ich an, die gewohnheitsmäßige Ausübung dieser Tugend sei so sehr gestärkt und ihr Gegenpart so sehr geschwächt, daß ich es wagen konnte, mein Augenmerk auf die Mitbeachtung der nächsten auszudehnen und für die folgende Woche beide Linien frei von Kreuzen zu erhalten. Wenn ich auf diese Weise bis zur letzten fortschritt, konnte ich in dreizehn Wochen einen vollständigen Kurs und in einem Jahr vier Kurse durchmachen. Und wie derjenige, der das Unkraut in einem Garten zu beseitigen hat, keinen Versuch macht, alle die schlechten Gewächse auf einmal zu entfernen, was über seine Kraft und Möglichkeit hinausgehen würde, sondern immer nur an einem der Beete auf einmal arbeitet und erst, nachdem er damit fertig geworden ist, ein zweites in Angriff nimmt, so hoffte ich das ermunternde Vergnügen zu haben, auf meinen Seiten den Fortschritt, den ich in der Tugend machte, dadurch ermitteln zu können, daß ich nach und nach meine Linien von ihren schwarzen Punkten befreite, bis ich am Ende nach einer Anzahl von Kursen so glücklich sein würde, nach einer täglichen Selbstprüfung von dreizehn Wochen ein reines Buch zu überblicken.

Dieses mein Büchlein hatte zum Motto folgende Zeilen aus Addisons ›Cato‹:

>›Das halt ich fest. Gibt's droben eine Macht
>(Und daß dem so ist, kündet laut Natur
>In ihren Werken all), so freut sie sich
>Der Tugend, und der Mensch, dran sie sich freut,
>Muß glücklich sein.‹

sowie ein anderes Motto aus Cicero:

>›O vitae Philosophia dux! O virtutum
>indagatrix expultrixque vitiorum! Unus dies,
>bene et ex praeceptis tuis actus, peccanti
>immortalitati est anteponendus.‹

Und endlich ein drittes aus den Sprüchen Salomonis (Kap. 3, Vers 16; 17.), wo von der Weisheit oder der Tugend die Rede ist: ›Langes Leben ist zu ihrer rechten Hand, in ihrer Linken ist Reichtum und Ehre. Ihre Wege sind liebliche Wege und alle ihre Pfade Friede.‹

Und da ich Gott als die Quelle der Weisheit auffaßte, erachtete ich es für gerecht und notwendig, ihn um seinen Beistand zu ihrer Erlangung dringend zu bitten; zu diesem Zweck verfaßte ich folgendes kleine Gebet, das meinen Prüfungstabellen für den täglichen Gebrauch vorangestellt war:

›O allmächtige Güte, mildtätiger Vater, barmherziger Führer! Vermehre in mir jene Weisheit, die meinen wahren Vorteil erkennt! Stärke meine Entschlüsse, das zu vollbringen, was jene Weisheit vorschreibt! Nimm meine freundlichen Dienste gegen deine übrigen Kinder als die einzige in meinen Kräften stehende Erwiderung für deine unaufhörlichen Gnaden gegen mich an!‹

Zuweilen benutzte ich auch ein kleines Gebet, das ich aus Thomsons Gedichten nahm, nämlich:

›Des Lichts und Lebens Vater, höchstes Gut!
O lehre mich, was gut ist, lehr mich *dich*!
Vor Torheit, Eitelkeit, vor Laster rette mich
Und jedem niedern Trieb; erfülle meine Seele
Mit Kenntnis, Seelenfrieden, reiner Tugend,
Mit hehrem, vollem Segen, nie erlöschendem!‹

Da die Vorschrift der *Ordnung* verlangte, *daß jeder Teil meines Geschäfts seine zugewiesene Zeit habe*, so enthielt eine Seite in meinem Büchlein folgenden Stundenplan für die Verwendung der vierundzwanzig Stunden eines natürlichen Tages.
Ich machte mich an die Ausführung dieses Planes zur Selbstprüfung und setzte ihn mit gelegentlichen Unterbrechungen längere Zeit fort. Zu meiner Überraschung fand ich, daß ich unendlich mehr Fehler hatte, als ich mir eingebildet; allein ich hatte die Genugtuung, sie abnehmen zu sehen. Um die Mühe zu ersparen, daß ich von Zeit zu Zeit mein Büchlein erneuern mußte, das durch Ausradieren der schwarzen Punkte für die alten Fehler, um auf dem Papier Raum für die neuen in einem neuen Kurs zu schaffen, voll von Löchern wurde, übertrug ich

Mäßigkeit

Iß nicht bis zum Stumpfsinn,
trink nicht bis zur Berauschung.

	S.	M.	D.	M.	D.	F.	S.
Mäßigkeit							
Schweigen	×	×		×		×	
Ordnung	× ×	×	×		×	×	×
Entschlossenheit			×			×	
Sparsamkeit		×			×		
Fleiß			×				
Aufrichtigkeit							
Gerechtigkeit							
Mäßigung							
Reinlichkeit							
Gemütsruhe							
Keuschheit							
Demut							

Der Morgen:	—	Stehe auf, wasche mich, bete zum
Frage	5	Allmächtigen. Richte mir das Geschäft
Was werde	6	des Tages ein und fasse die Entschlüsse
ich heute	7	für denselben, setze das jeweilige
Gutes tun?		Studium fort und frühstücke.
	—	
	8	Arbeite.
	9	
	10	
	11	
	—	
Der Mittag:	12	Lese oder überlese meine
	1	Geschäftsbücher, esse zu Mittag.
	—	
	2	Arbeite.
	3	
	4	
	5	
	—	
Der Abend:	6	Bringe alle Dinge wieder an ihre Stelle.
Frage		Nehme das Abendbrot ein. Unterhalte
Was habe	7	mich mit Musik, Gespräch und
ich heute	8	Zerstreuung. Prüfe den verlebten Tag.
Gutes getan?	9	
	—	
Die Nacht:	10	Schlafe.
	11	
	12	
	1	
	2	
	3	
	4	
	—	

meine Linien und Lehrsätze auf die Elfenbeinplättchen eines Notizbuches, zog die Linien mit roter Tinte ein, die dauernd haftenblieb, bezeichnete meine Fehler mit Bleistift und konnte nun die schwarzen Punkte mittels eines feuchten Schwammes leicht auswischen. Nach einiger Zeit machte ich nur ein einziges Mal im Jahr und später sogar nur einmal in mehreren Jahren einen derartigen Kurs durch und unterließ dieselben endlich ganz, weil mich meine Reisen und auswärtigen Geschäfte und die verschiedensten anderweitigen Störungen und Hemmnisse daran hinderten. Mein kleines Buch aber führte ich immer bei mir.

Die Rubrik für die *Ordnung* machte mir am meisten zu schaffen. Ich fand, daß sie zwar durchführbar sein mochte, wo der Beruf eines Menschen so geartet ist, daß er ihm die freie Verfügung über seine Zeit läßt, wie zum Beispiel bei einem Buchdruckergehilfen, daß sie aber unmöglich genau befolgt werden konnte von einem Geschäftsbesitzer, der mit der Welt verkehren und oft Geschäftsfreunde zu den ihnen genehmen Stunden empfangen mußte. Auch fand ich es außerordentlich schwer, hinsichtlich des Platzes für allerhand Dinge, Papiere usw. *Ordnung* zu erlangen und zu bewahren. Ich war nicht von Jugend auf daran gewöhnt gewesen, hatte ein ausnehmend gutes Gedächtnis und war daher nicht so empfindlich gegen die Unannehmlichkeit, die mit dem Mangel an Methode verbunden ist. Dieser Artikel kostete mich daher sehr viel peinliche Aufmerksamkeit. Meine Verstöße dagegen ärgerten mich so sehr, und ich machte in der Verbesserung meiner Fehler hierin so geringe Fortschritte und hatte so häufig Rückfälle, daß ich beinahe entschlossen war, den Versuch ganz aufzugeben und mich mit einem fehlerhaften Charakter in dieser Hinsicht zu begnügen, gleich jenem Manne, der von seinem Nachbarn, einem Schmied, eine Axt kaufte und deren ganze Oberfläche so glänzend haben wollte wie die Schneide. Der Schmied willigte ein, sie für ihn blank zu schleifen, falls er ihm das Rad drehen wolle, und der Käufer drehte die Kurbel, während der Schmied die breite Fläche der Axt hart und schwer auf den Schleifstein drückte, was das Drehen desselben sehr ermüdend machte. Der Käufer kam hie und da von der Kurbel her, um zu sehen, wie die Arbeit vonstatten ging, und wollte endlich seine Axt nehmen, wie sie war, ohne weiteres Schleifen. »Nein«, sagte der Schmied, »dreht den Schleifstein nur immer weiter; wir werden sie schon nach und nach blank bekommen; vorerst ist sie nur gefleckt.« – »Allerdings«, versetzte der Mann; »aber *ich glaube, eine gefleckte Axt gefällt mir am besten.*« Und dies mag, so glaube ich, auch der Fall sein mit vielen, die in Ermangelung derartiger Mittel, wie ich sie anwandte, die Schwierigkeit empfanden, gute Gewohnheiten auf anderen Gebieten der Tugend und des Lasters anzunehmen und mit schlimmen Gewohnheiten zu brechen und die darum den Kampf aufgaben und zu dem Schluß gelangten, eine gefleckte Axt gefalle ihnen am besten. Denn irgend etwas, was sich für Vernunft ausgab, versuchte mir hie und da den Gedanken einzugeben, daß eine solch gewissenhafte Genauigkeit, wie ich sie von mir selber verlangte, eine Art Ziererei in sittlichen Dingen sein dürfte, die mich, wenn sie bekannt würde, lächerlich machen würde; daß ein vollkommener Charakter unangenehme Folge haben könnte, einen beneidet und gehaßt zu machen, und daß ein wohlwollender Mann auch sich selbst einige Fehler gestatten solle, um seine Freunde zu ermutigen.

Hinsichtlich der Ordnung fand ich mich in der Tat unverbesserlich, und nun ich alt und von schwachem Gedächtnis geworden bin, fühle ich den Mangel daran sehr deutlich. Wenn ich aber auch im ganzen niemals zu jener Vollkommenheit gelangte, nach der ich mit solchem Ehrgeiz gestrebt hatte, sondern weit hinter ihr zurückblieb, so war ich doch durch mein Streben ein besserer und glücklicherer Mensch, als ich sonst und ohne derartigen Versuch gewesen wäre; wie jene, die durch Nachahmung der in Kupfer gestochenen Vorlageblätter sich im Schreiben vervollkommnen wollen, zwar niemals die erstrebte Vortrefflichkeit jener Vorlageblätter erreichen, aber durch den Versuch doch ihre Handschrift verbessern, die so wenigstens leidlich wird und hübsch und leserlich bleibt.

Es mag nützlich sein, meine Nachkommen wissen zu lassen, daß ihr Ahnherr nächst dem Segen Gottes diesem kleinen Kunstgriff das dauernde Glück seines Lebens bis zu seinem neunundsiebzigsten Jahr, worin dies geschrieben wurde, verdankt. Welche widrigen Schicksale noch der Rest desselben betreffen mögen, das liegt in der Vorsehung Hand; allein wenn solche kommen, muß das Nachdenken über das genossene vergangene Glück dazu helfen, daß er sie mit größerer Ergebung trage. Der Mäßigkeit mißt er seine lange andauernde Gesundheit und den ihm noch verbliebenen Rest von guter Leibesbeschaffenheit bei; dem Fleiß und der Sparsamkeit verdankt er die frühzeitige Behaglichkeit seiner Verhältnisse und die Erwerbung seines Vermögens, samt all jener Kenntnis, die ihn in den Stand setzte, ein nützlicher Bürger zu sein, und die ihm einen gewissen Grad von Ansehen unter den Gelehrten verschaffte; Der Aufrichtigkeit und Gerechtigkeit verdankt er das Zutrauen seines Landes und die Ehrenämter, die es ihm übertrug; und dem vereinigten Einfluß der ganzen Zahl der Tugenden, sogar in dem unvollkommenen Zustand, in dem er sie sich anzueignen vermochte, den vollen Gleichmut und die Ruhe seines Wesens und jene Heiterkeit in der Unterhaltung, um deren willen sein Umgang noch immer gesucht und sogar für seine jüngeren Bekannten angenehm ist. Ich hoffe daher, daß einige meiner Nachkommen dieses Beispiel befolgen und die Wohltat desselben ernten mögen.

Es wird bemerkt werden, daß, wenn auch mein System nicht ganz ohne Religion war, doch darin keine Spur von irgendeinem der charakteristischen Lehrsätze irgendeiner besonderen Sekte vorkommt. Ich hatte sie absichtlich vermieden, denn ich bin vollkommen von der Nützlichkeit und den Vorzügen meiner Methode und von deren Zweckmäßigkeit für Leute aus allen Religionen überzeugt und beabsichtige, über kurz oder lang sie im Druck herauszugeben, weshalb ich nichts darin haben möchte, was irgend jemandem aus irgendeiner Sekte ein Vorurteil dagegen eingeben könnte. Ich nahm mir vor, eine kleine Abhandlung über jede Tugend zu schreiben, worin ich die Vorteile des Besitzes derselben und die Nachteile der Dienstbarkeit gegen das ihr entgegenstehende Laster nachgewiesen haben würde, und ich würde mein Buch ›Die Kunst der Tugend‹ betitelt haben,* weil es die Mittel und die Art und Weise, um Tugend zu erlangen, dargelegt hätte, wodurch es sich unterschieden hätte von der bloßen Ermahnung, gut zu sein, die nicht belehrt und nicht die Mittel angibt, sondern dem Manne gleicht, von dem der Apostel (Jakobus 2, Vers 15–16) spricht, daß er die Nächstenliebe nur im Munde führte und nur ermahnt, die Nackten zu kleiden und die Hungernden zu speisen, ohne ihnen zu zeigen, wo sie Kleider und Lebensmittel bekommen könnten.

Allein es fügte sich so, daß meine Absicht, jene Auslegung zu schreiben und erscheinen zu lassen, niemals verwirklicht wurde. Ich schrieb allerdings von Zeit zu Zeit kurze Winke über die Ansichten, Beweisführungen usw. nieder, deren ich mich darin bedienen wollte, und einige von ihnen habe ich noch bei mir; allein in meinen früheren Lebensjahren bin ich durch die notgedrungene gewissenhafte Aufmerksamkeit auf mein eigenes Berufsgeschäft und seither durch öffentliche Geschäfte veranlaßt worden, es hinauszuschieben, denn da es in meinem Geiste mit *einem großen und ausgedehnten Plane* zusammenhing, dessen Ausführung den ganzen Mann erforderte und dem mich zu widmen ich durch eine unvorhergesehene Reihe von Geschäften verhindert wurde, so ist es bis jetzt unvollendet geblieben.

Es war meine Absicht, in diesem Aufsatz die Lehre zu erörtern und zu bekräftigen, daß lasterhafte Handlungen nicht schädlich sind, weil sie verboten sind, sondern daß sie verboten sind, weil sie schädlich sind, wenn man das Wesen des Menschen an sich betrachtet; daß es also im Interesse eines jeden liegt, der schon in dieser Welt glücklich zu sein wünscht, tugendhaft zu sein; und ich würde mich schon aus diesem Grunde (weil es immer in dieser Welt eine Anzahl reicher Kaufleute, Edelleute, Staaten und Fürsten gibt, die rechtschaffene Werkzeuge für die Führung ihrer Geschäfte brauchen, und weil der-

* Nichts ist so geeignet, eines Menschen Glück zu machen, wie die Tugend.

Der Congreß erklärt die 13 vereinigten Staaten von Nord America für independent. am 4ten July 1776.

Unterzeichnung
der Unabhängigkeitserklärung. 1776.
Stich von D. Chodowiecki

artige Menschen so selten sind) bemüht haben, junge Leute zu überzeugen, daß keinerlei Eigenschaften so geeignet seien, eines armen Mannes Glück zu machen, als diejenigen der Rechtschaffenheit und Integrität.

Meine Liste der Tugenden enthielt anfangs nur zwölf; als mir aber ein befreundeter Quäker den wohlwollenden Wink gegeben hatte, daß man mich allgemein für stolz halte; daß mein Stolz sich häufig in der Unterhaltung äußere; daß ich mich bei der Erörterung irgendeines Punktes nicht damit begnüge, recht zu behalten, sondern übermütig und sogar verletzend sei, wovon er mich durch Anführung mehrerer Beispiele überzeugte – beschloß ich, mir Mühe zu geben, mich nach Möglichkeit von dieser Untugend oder Torheit wie von den übrigen zu heilen, und ich nahm die *Demut* auch noch auf meine Liste, indem ich diesem Wort eine ausgedehnte Bedeutung gab.

Ich kann mich zwar keines großen Erfolges rühmen, diese Tugend *wirklich* erworben zu haben, dagegen gelang es mir wohl, mir den *Anschein* davon zu geben. Ich machte es mir zur Regel, allen direkten Widerspruch gegen die Ansichten anderer und alle nachdrückliche Geltendmachung meiner eigenen zu vermeiden. Den alten Gesetzen unseres ›Junto‹ gemäß, enthielt ich mich des Gebrauchs jedes Worts oder Ausdrucks, der eine starre Meinung bedeutete, wie zum Beispiel ›bestimmt‹, ›unzweifelhaft‹ usw., und bediente mich statt dessen der Ausdrücke: ›ich glaube‹, ›ich fürchte‹, ›ich stelle mir vor‹, daß eine Sache so oder so sei; oder: ›mir erscheint es vorerst so‹. Wenn ein anderer irgend etwas behauptete, was ich für einen Irrtum hielt, so versagte ich mir das Vergnügen, ihm schroff zu widersprechen und ihm unmittelbar irgendeine Ungereimtheit in seiner Behauptung nachzuweisen. In meiner Antwort begann ich dann mit der Bemerkung, daß in gewissen Fällen oder Umständen seine Ansicht richtig sein würde, daß aber im vorliegenden Falle mir die Sache etwas anders zu liegen *scheine* oder *dünke* usw. Ich erkannte bald den Vorteil dieser meiner veränderten Handlungsweise. Die Unterhaltungen, auf die ich mich einließ, verliefen angenehmer. Die bescheidene Weise, in welcher ich meine Ansichten geltend machte, verschaffte denselben eine bereitwilligere Aufnahme und weniger Widerspruch; ich verspürte weniger Demütigung, wenn sich ergab, daß ich im Unrecht war, und ich bewog andere leichter, ihre Irrtümer aufzugeben und mir beizupflichten, wenn ich gerade recht hatte.

Dieses Verfahren, mit dem ich anfangs der natürlichen Neigung einige Gewalt antat, wurde mir schließlich so leicht und so zur Gewohnheit, daß vielleicht in den letzten fünfzig Jahren niemand mich jemals bei einem dogmatischen Ausdruck angetroffen hat. Dieser Gewohnheit verdanke ich es auch meines Wissens (nächst meinem makellosen Rufe) hauptsächlich, daß ich schon früh soviel Gewicht bei meinen Mitbürgern hatte, wenn ich neue Einrichtungen oder Änderungen in den alten vorschlug, und daß ich einen solchen Einfluß in öffentlichen Ratsversammlungen bekam, als ich deren Mitglied wurde; denn ich war nur ein schlechter Redner, niemals wortgewandt, immer einem Zaudern in meiner Wahl der Worte unterworfen, selten korrekt im Ausdruck, und doch setzte ich im allgemeinen meine Vorschläge durch.

In Wirklichkeit ist vielleicht keine unserer natürlichen Leidenschaften so schwer zu überwinden wie der *Stolz*. Verhülle ihn, kämpfe mit ihm, schlage ihn nieder, ersticke ihn, demütige ihn, soviel du willst – er ist noch immer lebendig und wird immer hier und da hervorbrechen und sich fühlbar machen. Ihr werdet es vielleicht oft in dieser Geschichte sehen, denn sogar wenn ich annehmen könnte, ich hätte ihn vollständig überwunden, würde ich wahrscheinlich auf eben diese meine Demut stolz sein. –

Bis hierher geschrieben in Passy, im Jahre 1784

1731—1757

(Ich schicke mich nun an, zu Hause zu schreiben, im August 1788, kann aber nicht die erwartete Unterstützung von meinen Papieren bekommen, weil viele von ihnen im Kriege verlorengegangen sind. Ich habe jedoch die nachstehenden noch gefunden.) *Randbemerkung Franklins*

Da ich einen *großen und umfassenden Plan*, mit dem ich mich trug, erwähnt habe, so erscheint es mir passend, hier eine kurze Schilderung von jenem Plan und seinem Zweck zu geben. Sein erstes Auftauchen zeigt sich in der nachfolgenden kurzen Notiz, die zufällig erhalten geblieben ist, nämlich:

›*Bemerkungen* bei der Lektüre von Geschichtswerken, in der Bibliothek am 19. Mai 1731:

Die großen Welthändel, die Kriege, Revolutionen usw. werden von Parteien herbei- und ausgeführt.

Der Gesichtspunkt dieser Parteien ist ihr zeitweiliger allgemeiner Vorteil oder das, was sie dafür halten.

Die verschiedenen Gesichtspunkte dieser verschiedenen Parteien veranlassen alle Verwirrung.

Während eine Partei einen allgemeinen Plan durchführt, hat jeder einzelne sein besonderes persönliches Interesse im Auge.

Sobald eine Partei ihren allgemeinen Zweck erreicht hat, wird jedes Mitglied auf seinen besonderen Vorteil erpicht, der dann mit den Zwecken anderer sich kreuzt, in der Partei Spaltungen hervorruft und noch mehr Verwirrung veranlaßt.

In öffentlichen Angelegenheiten handeln nur wenige aus blo-
ßer Rücksicht auf das Wohl ihres Landes, was sie auch immer
vorschützen mögen, und wenn ihre Handlungen auch wirklich
dem Lande zum Nutzen gereichen, haben die Menschen doch
ursprünglich erwogen, daß ihr eigener Vorteil und derjenige des
Landes eins seien; Wohlwollen war also nicht die Triebfeder
ihrer Handlungsweise.

Noch weniger handeln in öffentlichen Angelegenheiten mit
Hinblick auf das Wohl des Menschengeschlechts.

Es scheint mir gegenwärtig eine wunderbare Gelegenheit
vorzuliegen, eine Vereinigte Tugend-Partei ins Leben zu rufen,
indem man die tugendhaften und guten Menschen aller Nationen in eine regelrechte Körperschaft zusammenfaßt, mit an-
gemessenen guten und weisen Vorschriften, und diese guten
und weisen Männer würden wahrscheinlich einmütiger in
ihrem Gehorsam gegen allgemeine Gesetze sein als gemeine
Leute.

Ich bin jetzt der Ansicht, daß, wer auch immer dies richtig
versucht und hierfür geeignet ist, unzweifelhaft Gott gefallen
und Erfolg haben wird.   B. F.‹

Während ich mich im Geiste mit diesem Projekt beschäftigte,
um es später zu verwirklichen, wenn meine Verhältnisse mir die
erforderliche Muße dazu gewähren sollten, brachte ich von Zeit
zu Zeit solche Gedanken, die mir dazu kamen, zu Papier. Die
meisten von ihnen sind verlorengegangen; aber ich finde noch
eine solche Aufzeichnung, die darauf abzielt, der Kern eines beabsichtigten Glaubensbekenntnisses zu sein, indem sie, wie ich
dachte, die wesentlichen Sätze jeder bekannten Religion enthält
und frei von allem ist, was die Bekenner irgendeiner Religion
verletzen könnte. Dies ist in folgenden Worten ausgedrückt:

›Es gibt einen Gott, der alle Dinge geschaffen hat.
Er regiert die Welt durch seine Vorsehung.
Er soll durch Andacht, Gebet und Danksagung verehrt
werden.

Der beste Gottesdienst aber ist es, den Menschen Gutes zu tun.

Die Seele ist unsterblich.

Gott wird gewiß die Tugend belohnen und das Laster bestrafen, entweder hienieden oder jenseits.‹

Es war meine Ansicht zu jener Zeit, daß die Sekte ihren Anfang und ihre Ausbreitung zunächst nur unter jungen und ledigen Männern finden sollte; daß jeder Aufzunehmende nicht allein seine Zustimmung zu diesem Glauben erklären, sondern sich auch mit der dreizehnwöchigen Prüfung und Ausübung der Tugenden, wie in dem oben angeführten Muster, geübt haben sollte; daß die Existenz einer solchen Gesellschaft geheimgehalten werden sollte, bis sie bedeutend genug geworden wäre, um Aufnahmegesuche von seiten ungeeigneter Personen zu verhindern, daß aber jedes Mitglied unter seinen Bekannten nach einsichtsvollen, gut geeigneten Männern sich umtun müßte, denen man mit gehöriger Vorsicht das System allmählich mitteilen könnte; daß die Mitglieder sich verpflichten sollten, einander ihren Rat, Beistand und Unterstützung zu leihen, um sich gegenseitig in ihren Interessen, im Geschäft und Vorwärtskommen zu fördern; daß die Vereinigung sich zur Unterscheidung *The Society of the Free and Easy* (die Gesellschaft der Freien und Ungebundenen) nennen sollte, da sie durch die allgemeine gewohnheitsmäßige praktische Ausübung der Tugenden von der Herrschaft des Lasters frei und namentlich durch die Ausübung von Fleiß und Genügsamkeit frei von Schulden sei, die einen Menschen der Gebundenheit und einer Art Sklaverei gegenüber seinen Gläubigern aussetzen.

Dies ist so ziemlich alles von jenem Projekt, worauf ich mich noch besinnen kann, ausgenommen, daß ich es teilweise zwei jungen Männern mitteilte, die es mit ziemlicher Begeisterung aufnahmen. Allein meine damaligen beschränkten Verhältnisse und die mir obliegende Notwendigkeit, mich tüchtig um mein Geschäft zu kümmern, veranlaßten mich, die weitere Verfolgung meines Planes zu jener Zeit zu vertagen; und meine vielfachen öffentlichen und privaten Beschäftigungen bewogen mich, ihn immer weiter hinauszuschieben, so daß ich ihn unterlassen habe, bis mir nicht mehr die erforderliche Kraft und Rührigkeit für ein derartiges Unternehmen geblieben sind. Doch bin ich immer noch der Ansicht, daß es ein ausführbares System war und sehr nutzbringend gewesen sein würde, weil es eine große Anzahl guter Bürger gebildet hätte. Auch wurde ich nicht entmutigt durch die anscheinende Größe der Unternehmung, da ich immer geglaubt habe, ein Mann von leidlichen Fähigkeiten könne unter der Menschheit große Veränderungen zustande bringen und große Dinge ausführen, wenn er erst einen guten Plan entwirft, dann alle Vergnügungen und sonstigen Beschäftigungen vermeidet, die seine Aufmerksamkeit ablenken können, und die Ausführung dieses Planes zu seinem ausschließlichen Anliegen macht.

Im Jahre 1732 veröffentlichte ich zum ersten Mal meinen Almanach unter dem Namen *Richard Saunders*; er wurde von mir ungefähr fünfundzwanzig Jahre lang fortgesetzt und hieß gemeinhin ›Des armen Richards Almanach‹. Ich gab mir Mühe, ihn sowohl unterhaltend als auch nützlich zu machen und er erlangte daher eine solche Nachfrage, daß er mir erheblichen Gewinn eintrug, denn ich verkaufte jährlich gegen zehntausend Exemplare. Da ich bemerkte, daß er allgemein gelesen wurde und kaum eine Niederlassung in der Provinz ohne ihn blieb, so betrachtete ich ihn als das geeignete Mittel zur Verbreitung von Belehrung unter den einfachen Leuten, die kaum irgendwelche andere Bücher kauften. Ich füllte daher alle Zwischenräume, die zwischen den Gedenktagen in dem Kalender vorkamen, mit Sprichwörtern und kurzen Sätzen aus, namentlich mit solchen, die Fleiß und Sparsamkeit als die Mittel einprägten, um zum Wohlstand zu gelangen und dadurch Tugend zu sichern. Es ist nämlich für einen Menschen in der Not weit schwieriger, immer rechtschaffen zu handeln, denn – um hier gleich eines jener Sprichwörter anzuwenden – ›für einen leeren Sack ist es schwer, aufrecht zu stehen‹.

Diese Sprichwörter, die die Weisheit vieler Zeitalter und Nationen enthielten, sammelte ich und verband sie zu einer dem Kalender von 1757 vorgedruckten Abhandlung in Gestalt der Ansprache eines weisen Mannes an Leute, die einer Versteigerung beiwohnen. Die Zusammenfassung aller dieser zersplitterten Ratschläge in einem solchen gemeinsamen Brennpunkt setzte sie in den Stand, einen größeren Eindruck zu machen. Der Aufsatz fand allgemeinen Beifall, wurde in alle Zeitungen des nordamerikanischen Festlandes aufgenommen, in Großbritannien auf einen Bogen in Plakatformat gedruckt, um in den Häusern aufgehängt zu werden; er wurde auch zweimal ins Französische übersetzt und in großer Menge von der Geistlichkeit und dem Adel gekauft, um unentgeltlich unter ihre armen Pächter und Pfarrkinder verteilt zu werden. Und da der Aufsatz vor unnötigen Ausgaben für überflüssige, ausländische Dinge warnte, so waren manche der Ansicht, er habe in Pennsylvania wesentlich zum Zustandebringen jenes wachsenden Geldreichtums beigetragen, der mehrere Jahre lang nach seinem Erscheinen bemerkbar war.

Ebenso betrachtete ich meine Zeitung als ein weiteres Mittel zur Verbreitung von Belehrung, druckte in dieser Absicht darin häufig Auszüge aus dem ›Spectator‹ und anderen moralischen Schriften ab und veröffentlichte bisweilen auch einige von meinen eigenen Aufsätzen, die ursprünglich zum Vorlesen in unserem ›Junto‹ niedergeschrieben worden waren. Unter diesen ist ein sokratisches Zwiegespräch, das zu beweisen sucht, daß ein lasterhafter Mann, was auch immer seine Rollen und seine Fähigkeit sein mögen, niemals eigentlich ein verständiger Mann genannt werden kann; und eine Abhandlung über Selbstverleugnung, die darlegt, daß die Tugend nicht eher sicher sei, als bis ihre Ausübung eine Gewohnheit geworden und bis sie frei sei von dem Widerstand entgegengesetzter Neigungen. Man kann diese Artikel in den zu Anfang des Jahres 1735 veröffentlichten Nummern finden.

In der Führung meiner Zeitung schloß ich sorgfältig alle Verunglimpfung und persönlichen Beleidigungen aus, die in den letzten Jahren unserem Lande soviel Schmach gebracht haben.

Sooft man mir anbot, irgend etwas Derartiges aufzunehmen, und die Schreiber sich, wie meist geschah, auf die Pressefreiheit beriefen und meinten, eine Zeitung sei wie eine Postkutsche, worin jeder für sein Geld ein Anrecht auf einen Platz habe, erwiderte ich, ich wolle das Schriftstück auf Verlangen besonders drucken. Der Verfasser könne beliebig viele Abdrucke zu eigener Verteilung bekommen; aber ich werde mich nicht dazu hergeben, seinen herabwürdigenden Ausfall zu verbreiten; denn ich bin mit meinen Subskribenten den Vertrag eingegangen, ihnen nur Nützliches oder Unterhaltendes zu liefern, und könne ihre Zeitungen nicht mit Privatzänkereien, woran sie gar keinen Anteil nähmen, füllen, ohne ihnen offenkundiges Unrecht zuzufügen. Viele unserer Buchdrucker machen sich nun gar kein Gewissen daraus, die Bosheit einzelner durch falsche Anschuldigungen der ehrenwertesten Charaktere unter uns zu befriedigen und die Feindseligkeit bis zum Hervorrufen von Duellen zu steigern, und sind außerdem so unbesonnen, hämische Reflexionen über die Regierung von benachbarten Staaten und sogar über das Benehmen unserer besten nationalen Verbündeten abzudrucken – ein Verfahren, das die schädlichsten Folgen nach sich ziehen kann. Ich erwähne diese Dinge als eine Warnung für junge Buchdrucker, und um sie zu ermutigen, daß sie durch solch schändliches Treiben nicht ihre Pressen entweihen und ihr Gewerbe verunehren, sondern sich beharrlich dagegen sträuben sollen, denn sie können an meinem Beispiel sehen, daß eine solche Handlungsweise im ganzen ihre Interessen nicht schädigen wird. Im Jahr 1733 sandte ich einen meiner Gehilfen nach Charlestown in South Carolina, wo es an einem Buchdrucker fehlte. Ich versah ihn mit einer Presse und Lettern nach einem Partnerschaftsvertrag, kraft dessen ich ein Drittel vom Geschäftsgewinn erhalten und dafür ein Drittel der Auslagen tragen sollte. Der Mann war gebildet und im Rechnungswesen ehrlich, aber unerfahren; er schickte mir von Zeit zu Zeit Geldbeträge, aber ich konnte, solange er lebte, nie eine Abrechnung noch eine befriedigende Übersicht über den Stand unserer Verbindung von ihm erhalten. Nach seinem Tode wurde das

Geschäft von seiner Witwe fortgesetzt, die in Holland aufgezogen worden war, wo, wie ich mir habe sagen lassen, die Kenntnis der Buchführung und des Rechnungswesens einen Teil der weiblichen Erziehung bildet. Sie schickte mir nicht nur eine so genaue Aufstellung über die Geschäfte der Vergangenheit, wie sie nur zu ermitteln vermochte, sondern fuhr auch fort, mir später jedes Vierteljahr mit der größten Regelmäßigkeit und Genauigkeit Rechenschaft abzulegen, und führte das Geschäft mit solchem Erfolg, daß sie nicht allein eine Familie mit Kindern anständig erzog, sondern nach Ablauf der Partnerschaftszeit imstande war, mir die Buchdruckerei abzukaufen und sie ihrem Sohn zu übergeben.

Ich erwähne diesen Umstand hauptsächlich nur in der Absicht, diesen Zweig der Erziehung für unsere jungen Frauen zu empfehlen, weil dieser vermutlich im Falle der Witwenschaft für sie und ihre Kinder von weit größerem Nutzen ist als Musik und Tanzen; denn er setzt sie in den Stand, vor Verlusten durch die Übervorteilung von seiten hinterlistiger Menschen bewahrt zu werden, und befähigt sie, ein nutzbringendes Handelsgeschäft mit einer festen Kundschaft so lange fortzuführen, bis ein Sohn herangewachsen und tüchtig genug ist, um es zu übernehmen und zum bleibenden Nutzen und zur Bereicherung der Familie fortzusetzen.

Ungefähr ums Jahr 1734 kam aus Irland ein junger presbyterianischer Prediger namens Hemphill zu uns, der mit einem guten Organ und anscheinend aus dem Stegreif ganz vortreffliche Predigten vortrug, die eine bedeutende Anzahl von Zuhörern aus verschiedenen Sekten heranlockten und zu förmlicher Bewunderung hinrissen. Auch ich wurde sein beständiger Zuhörer, denn seine Predigten gefielen mir, weil sie wenig von der dogmatischen Art hatten, sondern streng die Ausübung der Tugend oder, wie man es im religiösen Stile nennt, der guten Werke einschärften. Diejenigen von unserer Gemeinde jedoch, die sich als orthodoxe Presbyterianer betrachteten, mißbilligten seine Lehre und wurden unterstützt von der Mehrheit der alten Geistlichkeit, die ihn unter der Anklage der Ketzerei vor die

Synode stellte, um ihm Schweigen aufzuerlegen. Ich wurde sein eifriger Verteidiger und trug mein möglichstes dazu bei, eine Partei zu seinen Gunsten zu gründen. So stritten wir eine Zeitlang für ihn mit einiger Hoffnung auf Erfolg. Es wurde bei dieser Gelegenheit viel für und wider geschrieben, und als ich fand, daß er zwar ein gewandter Prediger, aber nur ein ungeschickter Schriftsteller war, lieh ich ihm meine Feder und schrieb für ihn zwei oder drei Streitschriften und einen Aufsatz in der Zeitung vom April 1735. Diese Broschüren fanden, wie dies allgemein bei Streitschriften der Fall ist, zwar zu ihrer Zeit einen begierigen Leserkreis, kamen jedoch bald aus der Mode, und ich möchte bezweifeln, ob auch nur noch ein einziges Exemplar von ihnen vorhanden ist.

Während des Streits schadete ein unglücklicher Vorfall der Sache Hemphills ausnehmend. Einer unserer Gegner hatte ihn eine Predigt halten hören, die sehr bewundert wurde, und glaubte, er habe die Predigt schon irgendwo vorher ganz oder wenigstens teilweise gelesen. Bei genauem Nachsuchen fand er jenen zitierten Teil ausführlich in einer Predigt von Dr. Foster in einer der britischen Zeitschriften. Diese Entdeckung erregte bei vielen von unserer Partei Ärgernis, so daß sie von seiner Sache abfielen, und veranlaßte unsere noch schleunigere Niederlage in der Synode. Ich hielt jedoch zu ihm, da es mir lieber war, daß er uns gute von anderen geschriebene Predigten hielt als schlechte aus seiner eigenen Feder, obwohl das letztere bei unseren gewöhnlicheren Predigern üblich war. Er gestand mir später, daß keine der von ihm gehaltenen Predigten von ihm selbst gewesen sei, und fügte hinzu, sein Gedächtnis sei so gut, daß es ihn befähige, jede Predigt nach nur einmaligem Überlesen zu behalten und zu wiederholen. Nach unserer Niederlage verließ er uns und versuchte anderswo sein Heil; ich aber trat aus der Gemeinde aus und schloß mich ihr später nie wieder an, obwohl ich noch viele Jahre hindurch meinen Beitrag zum Unterhalt ihrer Geistlichen entrichtete.

Ich hatte im Jahr 1733 Sprachstudien begonnen und beherrschte das Französische bald so sehr, daß ich imstande war, ohne Mühe Bücher in dieser Sprache zu lesen. Hierauf begab ich mich an das Italienische. Ein Bekannter, der es ebenfalls lernte, pflegte mich oft aufzufordern, mit ihm Schach zu spielen. Da ich aber fand, daß mir dies zuviel von der Zeit wegnahm, die ich für das Studieren zu erübrigen hatte, weigerte ich mich zuletzt, weiterhin zu spielen, außer unter der Bedingung, daß der Sieger in jedem Spiel das Recht haben sollte, eine Aufgabe zu stellen, die entweder in auswendig zu lernenden Teilen der Grammatik oder in Übersetzungen usw. bestand. Diese Aufgaben hatte der Besiegte auf Ehrenwort vor unserem nächsten Zusammentreffen auszuführen. Da wir ziemlich gleich spielten, schlugen wir einander in jene Sprache hinein. Ich erwarb mir später mit einiger Mühe soviel Kenntnis des Spanischen, daß ich auch Bücher in dieser Sprache lesen konnte.

Ich habe bereits erwähnt, daß ich nur ein Jahr lang den Unterricht in einer Lateinschule genossen hatte, und zwar als ich noch sehr jung war, worauf ich diese Sprache gänzlich vernachlässigte. Nachdem ich mir aber einige Vertrautheit mit dem Französischen, dem Italienischen und Spanischen erworben hatte, fand ich zu meiner Überraschung beim Lesen eines lateinischen Testaments, daß ich weit mehr von jener Sprache verstand, als ich gedacht hatte; dies ermutigte mich, das Studium derselben wieder aufzunehmen, und ich hatte einen um so größeren Erfolg, als mir die vorangegangenen Sprachen den Weg bedeutend geebnet hatten.

Aus diesen Umständen habe ich geschlossen, daß in unserer gewöhnlichen Art des Sprachunterrichts einige Inkonsequenz liegt. Man erklärt es uns für ratsam, zuerst mit dem Lateinischen zu beginnen, weil es, wenn wir uns dieses zu eigen gemacht haben, leichter sein werde, diejenigen neueren Sprachen zu erlernen, die von ihm abstammen; und doch beginnen wir nicht mit dem Griechischen, um uns desto leichter das Lateinische anzueignen. Allerdings, wenn du klettern und so auf die Spitze einer Leiter gelangen kannst, ohne dich der Stufen zu bedienen, so wirst du die letzteren beim Herabsteigen noch leichter überwinden; allein wenn du mit der unteren Stufe beginnst, wirst du sicher viel bequemer zu dem oberen Ende hinansteigen. Ich möchte es daher der Erwägung derjenigen anheimgeben, die die Erziehung unserer Jugend lenken – weil viele von denen, die mit dem Lateinischen beginnen, dieses wieder aufgeben, nachdem sie einige Jahre ohne besondere Erfolge darauf verwandt haben und das, was sie lernten, ihnen beinahe unnütz geworden ist, so daß sie ihre Zeit vergeudet haben –, ob es nicht besser gewesen wäre, wenn sie mit dem Französischen begonnen hätten, dann zum Italienischen fortgeschritten wären usw., denn wenn sie dann auch nach demselben Zeitaufwand das Sprachstudium wieder aufgeben und niemals bis zum Lateinischen gelangen würden, so hätten sie sich doch mit einer oder zwei Sprachen vertraut gemacht, die heutzutage im Gebrauch sind und ihnen im alltäglichen Leben gute Dienste leisten dürften.

Nach zehnjähriger Abwesenheit von Boston und nachdem ich inzwischen in behagliche Verhältnisse gekommen war, machte ich eine Reise dorthin, um meine Verwandten zu besuchen, was mir früher nicht möglich gewesen war. Auf dem Rückweg hielt ich in Newport und besuchte meinen Bruder, der mit seiner Buchdruckerei noch immer dort ansässig war. Unsere früheren Streitigkeiten waren vergessen, und unsere Begegnung war sehr herzlich und liebevoll. Es ging mit seiner Gesundheit stark zur Neige, und er bat mich dringend, im Falle seines Todes, der nach seinen Befürchtungen ihm nahe bevorstand, seinen damals erst zehnjährigen Sohn zu mir nach Hause zu nehmen, damit er bei mir die Buchdruckerkunst erlerne. Dies tat ich denn auch und sandte den Knaben noch einige Jahre in die Schule, bevor ich ihn in die Druckerei nahm. Seine Mutter führte das Geschäft fort, bis er erwachsen war, wo ich ihm dann mit einer Auswahl neuer Typen aushalf, da die von seinem Vater stark abgenutzt waren. Auf diese Weise suchte ich meinem Bruder reichlich den Dienst zu vergüten, um den ich ihn durch mein frühes Davonlaufen aus der Lehre gebracht hatte.

Im Jahre 1736 verlor ich einen meiner Söhne, einen hübschen vierjährigen Knaben, an den Pocken, die er auf die gewöhnliche

Weise bekommen hatte. Ich bereute lange Zeit und bereue noch heute bitterlich, daß ich den Knaben nicht hatte impfen lassen. Ich erwähne dies um solcher Eltern willen, die diese Operation unterlassen in der Annahme, sie würden es sich niemals verzeihen, wenn ihnen ein Kind dadurch stürbe. Mein Beispiel beweist, daß die Reue in beiden Fällen dieselbe sein kann und daß man daher den sicheren Weg wählen sollte.

Unser Klub, der ›Junto‹, erwies sich so nützlich und bereitete den Mitgliedern solche Befriedigung, daß mehrere den Wunsch hegten, auch ihre Freunde einzuführen, was nicht gut geschehen konnte, ohne diejenige Zahl zu überschreiten, die wir als angebracht vereinbart hatten, nämlich zwölf. Wir hatten es uns von Anfang an zur Regel gemacht, unsere Gesellschaft geheimzuhalten, was ziemlich gewissenhaft beachtet wurde; unsere Absicht dabei war, der Bewerbung um Aufnahme von seiten ungeeigneter Personen auszuweichen, von denen vielleicht manche nur mit Mühe abzuweisen gewesen wären. Ich gehörte zu denjenigen, die gegen jede Vermehrung unserer Zahl waren, aber ich brachte statt dessen den schriftlichen Vorschlag ein, daß jedes Mitglied für sich einen Zweigklub zu bilden sich bemühen sollte, mit denselben Regeln hinsichtlich der Erkundigungen usw. und ohne seine neuen Freunde von seiner Verbindung mit dem ›Junto‹ in Kenntnis zu setzen. Die angestrebten Vorteile waren: die Ausbildung so vieler weiterer junger Bürger durch die Benutzung unserer Einrichtungen; unsere genauere Bekanntschaft mit den allgemeinen Ansichten der Bevölkerung bei jeder Gelegenheit, da die Mitglieder des ›Junto‹ die von uns gewünschten Fragen und Erkundigungen vorschlagen konnten und dem ›Junto‹ wieder berichten sollten, was in dem besonderen Klub eines jeden vorging; die Förderung unserer spezifischen Geschäftsinteressen durch ausgedehntere Empfehlung, die Zunahme unseres Einflusses in öffentlichen Angelegenheiten und unser Vermögen, Gutes zu stiften, indem wir die Ansichten des ›Junto‹ mittels der einzelnen Klubs verbreiteten.

Der Vorschlag fand Beifall, und jedes Mitglied machte sich daran, seinen Klub zu gründen, aber es gelang nicht allen. Nur fünf oder sechs kamen zustande und gaben sich verschiedene Namen, wie zum Beispiel ›Der Weinstock‹, ›Die Union‹, ›Das Band‹ usw. Sie waren sich selbst nützlich, lieferten uns eine Menge Unterhaltung, Belehrung und Auskunft und entsprachen außerdem in einem ziemlich bedeutenden Grade unseren Absichten, die öffentliche Meinung bei gewissen besonderen Gelegenheiten zu beeinflussen, von denen ich einige Beispiele an den betreffenden Zeitpunkten erwähnen werde.

Meine erste Beförderung war die Wahl zum Schriftführer der Gesetzgebenden Versammlung im Jahre 1736. Die Wahl fand in jenem Jahre ohne Widerstand statt; als ich jedoch im folgenden Jahr wieder vorgeschlagen wurde (die Wahl galt, wie diejenige der Mitglieder, nur für ein Jahr), hielt ein neues Mitglied eine lange Rede gegen mich, um irgendeinen anderen Kandidaten zu begünstigen. Ich wurde jedoch wiedergewählt, was für mich um so angenehmer war, als die Stelle außer der Bezahlung für den unmittelbaren Dienst als Schreiber mir eine bessere Gelegenheit gab, unter den Mitgliedern ein Interesse für mich aufrechtzuerhalten, das mir die Besorgung des Drucks der Wahlzettel, der Gesetze, des Papiergelds und anderer gelegentlichen Lohnarbeiten für das Publikum sicherte, die im ganzen sehr gewinnbringend waren.

Die Opposition dieses neuen Mitglieds, eines Mannes von Vermögen, Erziehung und solchen Talenten, die geeignet waren, ihm mit der Zeit großen Einfluß im Hause zu verleihen, was in der Tat auch später geschah, war mir nicht sehr angenehm. Es lag jedoch nicht in meiner Absicht, seine Gunst durch irgendwelche Kriecherei vor ihm zu erwerben, sondern ich schlug nach einiger Zeit folgenden anderen Weg ein. Da ich gehört hatte, er besitze in seiner Bibliothek ein gewisses sehr seltenes und merkwürdiges Buch, drückte ich ihm in einem kurzen Brief meinen Wunsch aus, jenes Buch zu lesen, und bat ihn um die Gefälligkeit, es mir auf einige Tage zu leihen. Er übersandte es mir sogleich, und ich gab es etwa in einer Woche mit einer zweiten Zuschrift zurück, worin ich seine Gefälligkeit mit warmem Dank anerkannte. Als wir uns das nächste Mal im Hause trafen, sprach er mit mir (was er zuvor niemals getan hatte), und zwar mit ungemeiner Höflichkeit; und späterhin bewies er immer seine Bereitwilligkeit, mir bei allen Gelegenheiten gefällig zu sein, so daß wir gute Freunde wurden und unsere Freundschaft bis zu seinem Tode fortbestand. Dies ist ein zweites Beispiel von der Wahrheit eines Grundsatzes, den ich gelernt hatte und der besagt: *Derjenige, der dir einmal eine Gefälligkeit getan hat, wird weit bereitwilliger sein, dir eine zweite zu tun, als derjenige, den du dir selbst verpflichtet hast.* Und es beweist, um wieviel nutzbringender es ist, feindseliges Gebaren klugerweise zu beseitigen, als es übelzunehmen, zu erwidern und fortzusetzen.

Als im Jahre 1737 Oberst Spotswood, der frühere Gouverneur von Virginia und damalige Generalpostmeister, mit der Führung seines Stellvertreters in Philadelphia wegen einiger Fahrlässigkeit in der Ablieferung und der Ungenauigkeit seiner Abrechnungen unzufrieden war, nahm er ihm die Stelle ab und bot sie mir an. Ich nahm sie bereitwillig an und fand sie sehr vorteilhaft, denn wenn das Gehalt auch klein war, so erleichterte sie mir doch die Korrespondenz, die meine Zeitung gehaltvoller machte, sowie den Absatz der Nummern und die Zahl der einzurückenden Anzeigen, so daß sie mir im Laufe der Zeit ein bedeutendes Einkommen abwarf. Die Zeitung meines alten Konkurrenten nahm im selben Verhältnis ab, und ich erhielt so meine Genugtuung, ohne daß ich ihm, wie er es als Postmeister früher getan hatte, seine Weigerung, meine Zeitungen durch seine Postreiter befördern zu lassen, mit gleicher Münze vergalt. So hatte er seine Vernachlässigung einer genauen Buchführung schwer zu büßen. Ich führe dies an als Lehre für alle jene jungen Leute, die mit der Führung von Geschäften für andere betraut werden möchten, damit sie immer mit großer Klarheit und Pünktlichkeit ihre Rechnungen stellen und ihre Zahlungen machen. Der Ruf einer derartigen Geschäftsführung ist die gewichtigste von allen Empfehlungen zu neuen Anstellungen und zur Vermehrung des Geschäfts.

Ich begann nun ein wenig meine Gedanken den öffentlichen Angelegenheiten zuzuwenden, jedoch anfangs nur in kleinen

Dingen. Die Stadtwache war eine der ersten Angelegenheiten, die nach meinem Dafürhalten einer Regelung bedurfte. Sie wurde abwechselnd von den Konstablern der verschiedenen Stadtbezirke übernommen, indem der Konstabler eine Anzahl Hausbesitzer aufbot, ihn für die Nacht zu begleiten. Wer es vorzog, einen solchen Dienst niemals zu leisten, der bezahlte ihm jährlich sechs Shilling für seine Freistellung; diese Summe war angeblich zur Gewinnung von Ersatzmännern bestimmt – in Wirklichkeit weit mehr, als für diesen Zweck erforderlich war – und machte so das Amt eines Konstablers sehr einträglich. Der Konstabler sammelte oft gegen eine kleine Bewirtung ein solches Gesindel als Wache um sich, daß achtbare Hausväter sich nicht unter dieselben mischen wollten. Auch der Rundgang der Wachen wurde oft vernachlässigt, und die meisten Nächte wurden mit Zechen verbracht. Ich schrieb daher einen Aufsatz, um ihn im ›Junto‹ vorzulesen, stellte diese Unregelmäßigkeiten dar, hob aber noch ausdrücklich die Ungerechtigkeit jener Steuer von sechs Shilling für den Konstabler gegenüber den Verhältnissen derjenigen hervor, die sie bezahlen mußten, weil eine arme Hausbesitzerswitwe, deren gesamtes zu bewachendes Vermögen vielleicht nicht den Wert von fünfzig Pfund überschritt, geradesoviel bezahlte wie der wohlhabendste Kaufmann, der Tausende von Pfund in Waren in seinen Speichern hatte.

Im ganzen schlug ich als eine wirksamere Wache die Einstellung geeigneter Männer vor, die dieses Geschäft beständig versehen sollten, und als einen billigeren Weg zur Aufbringung der Kosten hierfür die Erhebung einer Steuer, die im Verhältnis zum Besitz stehen sollte. Da dieser Vorschlag den Beifall des ›Junto‹ fand, wurde er den anderen Klubs mitgeteilt, aber so, als ob er in jedem von ihnen zuerst auftauchte, und obschon der Plan nicht unmittelbar ins Werk gesetzt wurde, bereitete er doch die öffentliche Meinung auf diese Änderung vor und bahnte den Weg für das Gesetz, das einige Jahre später durchging, als die Mitglieder unserer Klubs zu größerem Einfluß gelangt waren.

Ungefähr um dieselbe Zeit schrieb ich einen Aufsatz (er sollte erst im ›Junto‹ vorgelesen werden, wurde aber später im Druck herausgegeben) über die verschiedenen Unfälle und Fahrlässigkeiten, durch die Häuser in Brand gerieten, und fügte Warnungen und Vorsichtsmaßregeln dagegen und Vorschläge und Mittel zur Vermeidung derselben hinzu. Dieser Aufsatz wurde als sehr nützlich vielfach besprochen und rief einen bald darauf folgenden Plan hervor, eine Gesellschaft zur rascheren Löschung der Feuersbrünste und zu gegenseitigem Beistand bei der Rettung und Bergung von gefährdeter Habe zu bilden. Es fanden sich sofort Verbündete für dieses Vorhaben, dreißig an der Zahl. Die Artikel unserer Satzung verpflichteten jedes Mitglied, beständig eine Anzahl lederner Eimer sowie starker Säcke und Körbe (zum Einpacken und Wegtragen der Waren) in gutem Zustand und zur Benutzung bereitzuhalten, die zu jedem Brand mitgebracht werden sollten, und wir kamen überein, uns monatlich einmal zu versammeln und einen geselligen Abend miteinander zu verbringen, wobei solche Ansichten, die in bezug auf Feuersbrünste in uns auftauchten oder die für unser Verhalten bei derartigen Gelegenheiten von Nutzen sein könnten, zur Erörterung und Mitteilung kommen sollten.

Die Gemeinnützigkeit dieser Einrichtung wurde bald spürbar. Da nun noch viel mehr Personen, als wir es für eine einzige Gesellschaft für angemessen erachteten, sich zur Aufnahme meldeten, so gaben wir ihnen den Rat, einen anderen Verein zu bilden, was demgemäß auch geschah. Dies ging so fort, indem ein neuer Verein um den andern sich bildete, bis diese so zahlreich wurden, daß sie die meisten Besitzer von Liegenschaften unter der Einwohnerschaft umfaßten, und noch heute, wo ich dies schreibe, besteht der von mir zuerst gegründete Verein, die sogenannte Unions-Feuergesellschaft noch und gedeiht, obwohl seit ihrer Gründung fünfzig Jahre vergangen und die ersten Mitglieder alle gestorben sind, bis auf mich und noch einen, der ein Jahr älter ist als ich. Die kleinen Geldbußen, die die Mitglieder für ihr Ausbleiben bei den monatlichen Versammlungen bezahlen mußten, sind zum Ankauf von Feuerspritzen, Leitern, Feuerhaken und anderen nützlichen Gerätschaften für jeden Verein verwendet worden, so daß ich fragen darf, ob irgendeine Stadt der Welt besser versehen ist mit den Mitteln, um ausbrechenden Feuersbrünsten Einhalt zu tun. In der Tat hat die Stadt seit dem Bestehen dieser Einrichtungen niemals durch Brände mehr als ein oder zwei Häuser auf einmal verloren, und die Flammen sind oft gelöscht worden, bevor das Haus, worin der Brand ausbrach, halb zerstört worden war. –

Im Jahr 1739 erschien unter uns aus Irland der Reverend Mr. Whitefield, der sich als Reiseprediger dort einen Ruf gemacht hatte. Er durfte zuerst in einigen unserer Kirchen predigen, allein die Geistlichkeit faßte einen Widerwillen gegen ihn, verweigerte ihm bald ihre Kanzeln und nötigte ihn, unter freiem Himmel zu predigen. Ungeheuere Menschenmengen aus allen Sekten und Bekenntnissen wohnten seinen Predigten bei, und es war für mich, der ich ebenfalls zu dieser Zahl gehörte, ein Gegenstand des eifrigen Nachsinnens, den außerordentlichen Einfluß seiner Beredsamkeit auf seine Zuhörer zu beobachten und zu sehen, wie sie ihn bewunderten und verehrten, obwohl er sie gewöhnlich tüchtig ausschimpfte und versicherte, sie seien von Natur aus *halbe Bestien und halbe Teufel*. Es war wunderbar, den Wandel zu sehen, den er bald in den Sitten unserer Bevölkerung hervorrief. Waren sie erst leichtsinnig oder gleichgültig in religiösen Dingen gewesen, so schien jetzt die ganze Welt religiös zu werden, so daß man am Abend nicht durch die Stadt gehen konnte, ohne in verschiedenen Familien jeder Straße Psalmen singen zu hören.

Da es nun sowohl unbequem als auch unpassend gefunden wurde, sich, aller Unbill der Witterung ausgesetzt, unter freiem Himmel zu versammeln, dachte man an die Erbauung eines Hauses für solche Versammlungen. Kaum hatte man aber diesen Vorschlag gemacht und Personen zum Empfang von Beiträgen aufgestellt, so gingen so zahlreiche Summen ein, daß man die Baustelle kaufen und das Gebäude errichten konnte, das einhundert Fuß lang und siebzig Fuß breit war und etwa die Größe von Westminster Hall hatte. Die Arbeit selbst wurde mit solchem Eifer betrieben, daß sie in weit kürzerer Zeit vollendet war, als man hätte erwarten können. Sowohl Haus als Grundstück wurden der Verwaltung von Kuratoren überwiesen, ausdrücklich zum Gebrauch eines jeden Predigers von irgendeiner religiösen Konfession, der zu der Bevölkerung von Philadelphia zu sprechen wünschen würde, denn der Zweck bei der Erbauung war nicht der, daß es irgendeiner besonderen Sekte, sondern der Einwohnerschaft im allgemeinen zugute kommen sollte, so daß, selbst wenn es dem Mufti von Konstantinopel eingefallen wäre, einen Missionar herüberzuschicken, um uns den Islam zu predigen, derselbe eine Kanzel zu seiner Verfügung gefunden haben würde.

Als Mr. Whitefield uns verließ, predigte er auf dem ganzen Wege durch die Kolonien bis hinunter nach Georgia. Die Besiedelung dieser Provinz hatte erst neuerdings begonnen. Anstatt sich jedoch aus kühnen und an Arbeit gewöhnten fleißigen Landbebauern zusammenzusetzen, als den einzigen Leuten, die einem solchen Unternehmen gewachsen waren, bestanden die Ansiedler aus Familien von bankrotten Krämern und anderen zahlungsunfähigen Schuldnern; viele waren von trägen und faulen Gewohnheiten und geradeswegs aus den Gefängnissen gekommen. Als diese sich nun in den Wäldern niederließen, waren sie für die Urbarmachung des Bodens ganz ungeeignet und außerstande, die Mühseligkeiten einer neuen Niederlassung zu ertragen. Sie gingen in Menge zugrunde und hinterließen viele hilflose Kinder ohne Versorgung. Der Anblick ihrer armseligen Lage brachte das wohlwollende Herz des Mr. Whitefield auf den Gedanken, dort ein Waisenhaus zu erbauen, um sie darin zu verpflegen und zu erziehen. Bei seiner Rückkehr in den Norden empfahl er in seinen Predigten dieses gute Werk und veranstaltete große Sammlungen, denn seine Beredsamkeit hatte eine wunderbare Gewalt über die Herzen und Börsen seiner Zuhörer, wovon ich selbst ein Beispiel abgab.

Ich mißbilligte das Vorhaben nicht. Da es jedoch damals in Georgia an Baumaterial und Arbeitern fehlte und man daran dachte, diese mit großen Kosten von Philadelphia aus dorthin zu schicken, so glaubte ich, es wäre besser gewesen, das Haus hier zu bauen und die Kinder hierher zu bringen. Ich riet hierzu, allein er beharrte auf seinem ersten Plan und verwarf meinen Rat, und ich verweigerte deshalb meine Beisteuer. Zufälligerweise wohnte ich bald darauf einer seiner Predigten bei und bemerkte im Verlauf derselben seine Absicht, sie mit einer Sammlung zu beschließen; ich nahm mir daher im stillen vor, er solle nichts von mir bekommen. Ich hatte eine Handvoll Kupfergeld, drei oder vier Silberdollar und fünf Pistolen in Gold in der Tasche. Als er weiter predigte, begann ich weich zu werden und beschloß, ihm das Kupfer zu geben. Ein weiteres Meisterstück seiner Redekunst machte, daß ich mich meines Entschlusses schämte und ihm das Silber zu geben beschloß; sein Schluß aber war so prächtig, daß ich meine ganze Tasche mit Gold und allem in die Schüssel des Sammlers leerte. Derselben Predigt wohnte auch ein Mitglied unseres Klubs bei, der meine Ansichten hinsichtlich des Hauses in Georgia teilte und der in dem Argwohn, es könnte vielleicht eine Sammlung beabsichtigt werden, aus Vorsicht seine Taschen geleert hatte, ehe er von zu Haus hinwegging. Gegen den Schluß der Predigt fühlte er aber ein lebhaftes Verlangen zu geben, wandte sich an einen neben ihm stehenden Nachbar und wollte von demselben einiges Geld zu diesem Zweck borgen. Das Anliegen wurde unglücklicherweise an den vielleicht einzigen Mann in der Versammlung gerichtet, der die Festigkeit hatte, sich nicht von dem Redner rühren zu lassen. Er antwortete daher: »Zu jeder anderen Zeit würde ich dir gern Geld leihen, Freund Hopkinson, nur nicht jetzt, denn du scheinst nicht recht bei Sinnen zu sein.«

Mehrere von Mr. Whitefields Feinden unterstellten ihm, er würde die gesammelten Gelder zu seinem eigenen Privatnutzen verwenden; allein ich war genau mit ihm bekannt (da ich den Druck seiner Reden und Tagebücher usw. besorgte) und hegte darum nicht den mindesten Verdacht gegen seine Rechtschaffenheit, sondern bin noch bis auf den heutigen Tag entschieden der Ansicht, daß er in seinem ganzen Betragen ein vollkommen *ehrlicher Mann* war. Mein Zeugnis zu seinen Gunsten muß meines

Erachtens um so mehr Gewicht haben, als wir in keiner religiösen Verbindung zueinander standen. Er pflegte zwar bisweilen für meine Bekehrung zu beten, hatte aber niemals die Genugtuung, glauben zu dürfen, daß seine Gebete erhört seien. Unsere Freundschaft war rein persönlich und beiderseits aufrichtig, sie währte bis zu seinem Tode.

Folgendes Beispiel mag einigermaßen zeigen, auf welchem Fuß ich mit ihm stand. Als er wieder einmal von England nach Boston zurückgekehrt war, schrieb er mir, er werde bald nach Philadelphia kommen, wisse aber noch nicht, wo er während seines dortigen Aufenthalts wohnen solle, da er gehört habe, daß sein alter Freund und Wirt, Mr. Benezet, nach Germantown übergesiedelt sei. Ich schrieb ihm als Antwort: ›Sie kennen mein Haus; wenn Sie sich mit seinen dürftigen Bequemlichkeiten behelfen wollen, sollen Sie herzlich willkommen sein.‹ Er erwiderte, wenn ich ihm dieses freundliche Anerbieten um Christi willen mache, werde mir der Lohn dafür nicht ausbleiben. Ich entgegnete darauf: ›*Ich wünsche nicht mißverstanden zu werden: Es geschah nicht um Christi willen, sondern um Ihretwillen.*‹ Einer unserer gemeinsamen Bekannten bemerkte scherzend, ich müsse wissen, daß es bei den Heiligen Sitte sei, wenn man ihnen irgendeine Gefälligkeit erwiesen habe, die Last der Verpflichtung dafür von ihren eigenen Schultern abzuwälzen und dem Himmel aufzubürden – weswegen ich mich wohl bemüht hätte, sie der Erde aufzuerlegen.

Meine letzte Begegnung mit Mr. Whitefield war in London, wo er mich wegen der Angelegenheit seines Waisenhauses und seines Vorhabens zu Rate zog, damit die Errichtung einer höheren Lehranstalt zu verbinden.

Er hatte eine laute, klare Stimme und sprach seine Worte und Sätze so vollkommen deutlich aus, daß er in einer großen Entfernung gehört und verstanden werden konnte, namentlich da seine Zuhörer trotz ihrer Menge das peinlichste Stillschweigen wahrten. Er predigte eines Abends von der Vortreppe des Gerichtshauses aus, das in der Mitte von Market Street und auf der Westseite von Second Street steht, die die erstere unter einem rechten Winkel kreuzt. Beide Straßen waren bis zu einer bedeutenden Entfernung hin mit seinen Zuhörern angefüllt. Da ich unter den hintersten in Market Street stand, war ich neugierig zu erfahren, bis zu welcher Entfernung er gehört werden konnte. Ich zog mich also rückwärts die Straße hinunter gegen den Fluß zurück und fand seine Stimme noch deutlich vernehmbar, bis ich in der Nähe von Front Street kam, wo irgendein Lärm in dieser Straße sie dämpfte. Wenn ich mir nun einen Halbkreis vergegenwärtigte, dessen Radius meine Entfernung von ihm sein würde, und mir denselben mit Zuhörern angefüllt dachte, für deren jeden ich zwei Quadratfuß annahm, so berechnete ich, daß er leicht von mehr als dreißigtausend Personen gehört werden konnte. Dies söhnte mich mit den Schilderungen der Zeitungen aus, daß er vor fünfundzwanzigtausend Menschen im Freien gepredigt habe, und mit den alten Geschichten von Feldherren, die ganze Heere ansprachen – woran ich bisweilen gezweifelt hatte.

Dadurch, daß ich ihn oft hörte, gelang es mir schließlich, leicht zwischen neuverfaßten Predigten und solchen zu unterscheiden, die er im Verlauf seiner Reisen öfters gehalten hatte. Sein Vortrag der letzteren war durch häufige Wiederholungen so vervollkommnet, daß jeder Akzent, jeder Nachdruck, jede Modulation der Stimme so vortrefflich ausgebildet und wohl angebracht war, daß man, selbst ohne sich für den Gegenstand zu interessieren, unwillkürlich Gefallen an der Predigt finden mußte, ein Vergnügen von ungefähr derselben Art, wie wir es von einem ausgezeichneten Musikstück empfangen. Dies ist ein Vorteil, den Wanderprediger vor seßhaften voraushaben, weil die letzteren ihren Vortrag einer Predigt nicht gut durch so viele Proben vervollkommnen können.

Seine ungedruckten und gedruckten Schriften lieferten von Zeit zu Zeit seinen Feinden einen großen Vorteil über ihn. Übereilte Ausdrücke und selbst irrige, im mündlichen Kanzelvortrag ausgesprochene Ansichten hätten später durch Anführung anderer, die damit im Zusammenhang standen, erläutert und gemildert oder ganz in Abrede gestellt werden können;

aber litera scripta manet. Kritiker griffen seine Schriften so heftig und mit so vielem Anschein von Berechtigung an, daß die Zahl seiner Anhänger abnahm und sich nicht wieder erhöhen konnte. Ich bin daher der Ansicht, wenn er nie etwas geschrieben hätte, würde er eine weit zahlreichere und bedeutendere Sekte hinterlassen, und sein Ruf würde sich in diesem Falle selbst nach seinem Tode noch erhöht haben, weil nichts von seinen Schriften vorhanden war, worauf sich ein Tadel gründen und was ihm einen geringeren Ruf einbringen konnte. So würde es seinen Anhängern freigestanden haben, ihm eine so große Mannigfaltigkeit von Vorzügen anzudichten, wie sie es in ihrer begeisterten Bewunderung nur wünschen konnten, daß er sie wirklich besessen habe. –

Mein Geschäft vergrößerte sich nun zusehends, und meine Verhältnisse gestalteten sich täglich günstiger, da meine Zeitung sehr einträglich geworden war und eine Zeitlang beinahe die einzige in unserer Provinz und den benachbarten blieb. Ich erlebte also ebenfalls die Wahrheit der Beobachtung: *Hat man einmal die ersten hundert Pfund erlangt, so ist es weit leichter, das zweite Hundert zu verdienen*, weil das Geld selbst von fruchtbarer Natur ist.

Da meine Teilhaberschaft in Carolina erfolgreich war, so wurde ich ermutigt, mich auf andere einzulassen und mehreren meiner Arbeiter, die sich gut aufgeführt hatten, vorwärtszuhelfen, indem ich sie mit Druckereien in verschiedenen Kolonien unter denselben Bedingungen etablierte wie jene in Carolina. Die meisten von ihnen fanden ihr Fortkommen und waren beim Ablauf unserer Vertragszeit, nach sechs Jahren, imstande, mir das Geschäft abzukaufen und auf eigene Rechnung fortzusetzen, wodurch mehrere Familien gegründet und erhalten wurden. Partnerschaften endeten oft in Händeln; allein ich war so glücklich, daß die meinigen alle freundlich fortgeführt wurden und endeten, was ich großenteils der Vorsicht beimessen möchte, daß ich in unseren Verträgen ganz deutlich alles festsetzte, was von jedem Teilhaber zu leisten oder zu erwarten war, so daß über nichts gestritten werden konnte, eine Vorsicht, die ich deshalb allen denen empfehlen möchte, die in einer Teilhaberschaft eintreten. Denn welche Achtung und welches Vertrauen die Geschäftsteilhaber beim Beginn der Vertragszeit auch füreinander haben mögen, es können immer kleine Eifersüchteleien und Ärgernisse sowie Ansichten über Ungleichheit in der Besorgung und der Last des Geschäfts usw. entstehen, die oft den Bruch der Freundschaft und der Verbindung, vielleicht sogar Prozesse und andere unangenehme Folgen nach sich ziehen.

Ich hatte im ganzen überreiche Ursache, damit zufrieden zu sein, daß ich mich in Pennsylvania niedergelassen hatte. Nur zwei Dinge bedauerte ich: daß es weder Vorkehrungen für die Landesverteidigung noch für eine vollständige Erziehung der Jugend, das heißt keine Miliz und keine höheren Lehranstalten, gab. Ich entwarf daher im Jahre 1743 einen Vorschlag zur Errichtung einer Akademie. Da ich damals den Reverend Mr. Peters, der eben ohne Anstellung war, zur Leitung einer derartigen Anstalt für geeignet erachtete, so teilte ich ihm meinen Plan mit. Er hatte jedoch gewinnreichere Aussichten im Dienst der Eigentümer, die sich auch erfüllten, und lehnte daher mein Unternehmen ab. Ich kannte jedoch keine andere für einen derartigen Vertrauensposten geeignete Persönlichkeit und ließ deshalb den Plan eine Zeitlang ruhen. Im folgenden Jahr 1744 hatte ich besseren Erfolg mit dem Vorschlag und der Errichtung einer Philosophischen Gesellschaft. Der Artikel, den ich zu diesem Zweck schrieb, wird unter meinen Schriften gefunden werden, wenn sie einst gesammelt sind.

Hinsichtlich der Landesverteidigung ging ich folgendermaßen zu Werke. Spanien war schon seit mehreren Jahren mit Großbritannien im Kriege und hatte sich schließlich mit Frankreich verbündet, was uns in große Gefahr versetzte. Da nun die eifrigen und lange fortgesetzten Bemühungen unseres Gouverneurs Thomas sich als erfolglos erwiesen und unsere Assembly von Quäkern nicht zum Erlaß eines Milizgesetzes und anderer Maßnahmen für die Sicherheit der Provinz bewegen konnten, so beschloß ich, einen Versuch zu unternehmen, was durch eine freiwillige Zustimmung des Volkes zu machen sei. Zur Förderung dieses Zweckes schrieb und veröffentlichte ich zuerst eine Broschüre unter dem Titel: ›Schlichte Wahrheit‹, worin ich unsere wehrlose Lage in deutlichem Licht schilderte, die Notwendigkeit einer Vereinigung und Disziplinierung für unsere Verteidigung nachwies und versprach, in einigen Tagen eine Verbindung vorzuschlagen, um sie zu diesem Zweck allgemein unterzeichnen zu lassen. Diese Schrift hatte eine plötzliche und überraschende Wirkung. Man verlangte von mir, ich solle den Vertrag über die Assoziierung aufsetzen. Nachdem ich also den Entwurf desselben mit einigen Freunden verfaßt hatte, lud ich zu einer Bürgerversammlung in dem schon mehrfach erwähnten großen Gebäude ein. Das Haus war ziemlich voll. Ich hatte eine Anzahl gedruckter Exemplare der Erklärung vorbereitet und dafür gesorgt, daß Tinte und Federn über den ganzen Saal verteilt waren. Ich hielt eine kurze Ansprache über den Gegenstand, las den Entwurf vor, erläuterte ihn und verteilte dann die gedruckten Exemplare, die begierig unterzeichnet wurden, ohne daß sich der geringste Einwand erhob.

Als die Versammlung auseinanderging und die Formulare eingesammelt wurden, fanden wir über zwölfhundert Unterschriften, und da noch andere Exemplare auf dem Lande verteilt wurden, so belief sich die Zahl der Unterzeichner zuletzt auf zehntausend. Diese versahen sich alle so rasch wie möglich mit Waffen, ordneten sich in Kompanien und Regimenter, wählten ihre eigenen Offiziere und traten jede Woche zusammen, um sich in Handhabung der Waffen und anderen Teilen der militärischen Übung unterrichten zu lassen. Die Frauen veranstalteten Sammlungen unter sich und sorgten für seidene Fahnen, die sie den Kompanien überreichten; die verschiedenen Sinnbilder und Wahlsprüche, die auf die Fahnen gemalt wurden, lieferte ich.

Als die Offiziere der Kompanien, die das Philadelphia-Regiment bildeten, zusammentraten, wählten sie mich zu ihrem Oberst. Da ich mich selbst jedoch hierzu für ungeeignet hielt, lehnte ich diese Stelle ab und empfahl Mr. Lawrence, einen stattlichen Mann von Einfluß und Ansehen, der dann auch gewählt wurde. Ich schlug nun die Veranstaltung einer Lotterie vor, um die Kosten der Errichtung einer Batterie unterhalb der Stadt und ihre Ausrüstung mit Kanonen aufzubringen. Das Unternehmen glückte, und die Batterie wurde bald errichtet, wobei die Brustwehr aus Stämmen verfertigt und mit Erde ausgefüllt wurde. Wir kauften einige alte Geschütze von Boston. Da diese aber nicht hinreichten, so schrieben wir um weitere nach England und baten gleichzeitig unsere Eigentümer um einige Unterstützung, wiewohl ohne sonderliches Vertrauen auf den Erfolg.

Mittlerweile wurden Oberst Lawrence, William Allen, Abraham Taylor und ich von der vereinigten Miliz nach New York mit dem Auftrag geschickt, einige Kanonen vom Gouverneur Clinton zu leihen. Er verweigerte sie uns anfangs kategorisch; allein bei einer Mahlzeit mit seinem Rat, wobei nach damaliger Sitte dort tüchtig Madeira-Wein getrunken wurde, ließ er sich allmählich erweichen und versprach, uns sechs Kanonen zu leihen. Nach einigen weiteren Gläsern ging er bis zu zehn, und endlich gewährte er uns wohlwollend deren achtzehn. Es waren sehr schöne Geschütze, Achtzehnpfünder, mitsamt den Lafetten, die wir bald nach Philadelphia schafften und in unserer Batterie aufstellten, wo die verbündete Miliz während der ganzen Dauer des Kriegs nachts die Wache bezog und ich mit den anderen ebenfalls regelmäßig meinen Wachdienst als gemeiner Soldat tat.

Meine Rührigkeit bei diesen Angelegenheiten gefiel dem Gouverneur und dem Rat; sie zogen mich ins Vertrauen und befragten mich bei jeder Maßnahme um meine Ansicht, bei der ihre Mitwirkung als nützlich für die Verbindung erachtet wurde. Ich machte ihnen den Vorschlag, die Religion zu Hilfe zu nehmen und ein Fasten anzuordnen, um die Sinnesänderung zu fördern und den Segen des Himmels auf unser Unternehmen herabzuflehen. Sie ergriffen den Vorschlag. Da es aber das erste Fasten war, von dem jemals in der Provinz die Rede gewesen war, hatte der Sekretär kein Muster, nach dem er den Erlaß entwerfen konnte. Hier kam mir meine Erziehung in Neuengland, wo jedes Jahr ein Fastenbrief erlassen wird, einigermaßen zugute: ich entwarf das Ausschreiben in dem hergebrachten Stile. Es wurde ins Deutsche übersetzt, in beiden Sprachen gedruckt und durch die ganze Provinz verbreitet. Dies gab der Geistlichkeit der verschiedenen Sekten eine willkommene Gelegenheit, ihre Gemeinden zu beeinflussen, daß sie dem Milizverband beitraten, und dieser würde wahrscheinlich unter allen bis auf die Quäker allgemein geworden sein, wenn nicht der Friede bald dazwischengekommen wäre.

Einige meiner Freunde waren der Ansicht, ich würde durch meine Tätigkeit in diesen Angelegenheiten jene Sekte beleidigen und hierdurch meinen Anhang in der Assembly der Provinz verlieren, in der die Quäker eine große Mehrheit bildeten. Ein junger Mann, der ebenfalls einige Freunde im Hause hatte und gern mein Nachfolger als Schriftführer werden wollte, ließ mich wissen, daß er entschlossen sei, mich bei der nächsten Wahl zu verdrängen, weshalb er mir riet, freiwillig meine Stelle aufzugeben, weil dies meiner Ehre zuträglicher sein würde, als wenn man mich abwählte. Ich erwiderte ihm, ich habe von einem Manne in öffentlicher Stellung gehört oder gelesen, der es sich zur Regel gemacht hatte, sich niemals um ein Amt zu bewerben, aber auch niemals eines auszuschlagen, wenn es ihm angeboten wurde. »Ich pflichte dieser Regel bei und werde sie, nur mit einem kleinen Zusatz, befolgen«, sagte ich; »ich werde mich nie um ein Amt *bewerben*, nie eins *ablehnen*, aber auch nie eins *aufgeben*. Wenn man über mein Amt als Schriftführer zugunsten eines anderen verfügen will, so soll man es mir abnehmen. Ich will durch den Verzicht auf dasselbe nicht mein Recht aufgeben, zu dieser oder jener Zeit Repressalien gegen meine Gegner auszuüben.« Ich hörte übrigens nichts mehr von diesem Konkurrenten und wurde bei der nächsten Wahl wieder wie gewöhnlich einstimmig gewählt. Vielleicht mißbilligte man meine seitherige vertraute Bekanntschaft mit den Mitgliedern des Rats, die sich dem Gouverneur in all den Streitigkeiten wegen der militärischen Vorbereitungen angeschlossen hatten, womit

das Haus solange gequält worden war, und man hätte es vielleicht lieber gesehen, wenn ich mich freiwillig von ihnen losge-
sagt hätte: allein sie wollten mich nicht gerade bloß wegen meines Eifers für den Milizverband meiner Stelle berauben, und sie
vermochten nicht wohl, einen anderen Grund anzugeben.

Ich hatte in der Tat einigen Grund zu der Annahme, daß die
Landesverteidigung keinem von ihnen unangenehm war, vorausgesetzt, daß man von ihnen keine Beteiligung daran forderte. Und ich fand, daß eine weit größere Anzahl von ihnen, als
ich mir hatte träumen lassen, zwar gegen einen Angriffskrieg,
aber offenbar für die Verteidigung war. Es erschienen mehrere
Flugschriften für und wider über diesen Gegenstand, und
einige von guten Quäkern zugunsten der Verteidigung, die
nach meinem Dafürhalten die meisten von ihren jüngeren
Männern überzeugten.

Eine Verhandlung in unserem Feuerlöschverein verschaffte
mir einen Einblick in die darin vorherrschenden Ansichten. Es
war beantragt worden, wir sollten den Plan der Erbauung einer
Batterie dadurch unterstützen, daß wir den dermaligen Kassen-
bestand, ungefähr sechzig Pfund, zum Ankauf von Losen der
betreffenden Lotterie verwendeten. Nach unseren Statuten
konnte über kein Geld eher verfügt werden als in der nächsten
Zusammenkunft nach dem betreffenden Vorschlag. Der Verein
bestand aus dreißig Mitgliedern, von denen zweiundzwanzig
Quäker waren und nur acht zu anderen Konfessionen gehörten.
Wir acht besuchten pünktlich die Versammlung und glaubten
zwar, es würden sich einige von den Quäkern uns anschließen,
waren jedoch keineswegs einer Mehrheit sicher. Nur ein einziger Quäker, Mr. James Morris, erschien, um gegen die Maßnahme aufzutreten. Er äußerte sein Bedauern, daß der Vorschlag überhaupt gemacht worden sei, da nach seiner Ansicht
die ›Freunde‹ sämlich dagegen seien und daß der Vorschlag solche Zwietracht hervorrufen würde, daß er zur Auflösung des
Vereins führen könnte. Wir erklärten ihm, daß wir hierfür keinen Grund sähen; wir seien die Minderheit, und wenn die
›Freunde‹ gegen die Maßnahme wären und uns überstimmten,

D:: Franklin erhält, als Gesandter des
Americanischen Frey Staats, seine
erste Audienz in Frankreich, zu Ver=
sailles. am 20ten Märtz 1778.

Franklin zur Audienz
bei Louis XVI. in Versailles. 1778.
Stich von D. Chodowiecki

so müßten und würden wir uns, dem Brauche aller Vereine gemäß, unterwerfen. Als die Stunde für die Entscheidung herankam, wurde beantragt, zur Abstimmung zu schreiten. Er räumte
ein, wir dürften es den Statuten gemäß nun tun; da er uns jedoch versichern könne, daß eine Anzahl von Mitgliedern anwesend zu sein beabsichtige, um sich dem Vorschlag zu widersetzen, so würde es nur billig sein, ihnen zu ihrem Erscheinen noch
einige Zeit zu lassen.

Während wir uns noch darüber besprachen, kam ein Kellner
und meldete mir, es seien zwei Herren unten, die mich zu sprechen wünschten. Ich ging hinunter und fand, daß es zwei Quäker, Mitglieder unseres Vereins, waren. Sie teilten mir mit, sie
seien ihrer acht in einem benachbarten Wirtshaus versammelt
und entschlossen, nötigenfalls zu kommen und mit uns zu stimmen, hofften jedoch, dies werde nicht nötig werden. Sie wünschten, daß wir sie nicht zur Unterstützung aufbieten möchten,
wenn wir sie entbehren könnten, da ihre Abstimmung zugunsten einer derartigen Maßnahme sie mit ihren Kirchenältesten
und Freunden überwerfen könnte. Da wir auf diese Weise einer
Mehrheit sicher waren, so ging ich wieder hinauf und willigte
nach einigem anscheinenden Zaudern in einen Aufschub von
einer Stunde. Mr. Morris gab zu, daß dies höchst billig und redlich sei. Keiner seiner opponierenden Freunde erschien jedoch,
worüber er großes Erstaunen ausdrückte, und nach Ablauf der
Stunde nahmen wir den Vorschlag mit acht Stimmen gegen
eine an. Da nun von den zweiundzwanzig Quäkern acht mit uns
zu stimmen bereit waren und dreizehn durch ihr Ausbleiben
kundgaben, daß sie nicht geneigt waren, sich der Maßnahme zu
widersetzen, schätzte ich später das Verhältnis der aufrichtig gegen die Verteidigung eingestellten Quäker als nur einer gegen
einundzwanzig, denn diese waren alle reguläre Mitglieder des
Vereins und in gutem Ansehen in demselben sowie genau von
dem unterrichtet, was in jener Versammlung vorgeschlagen
wurde.

Der ehrenwerte und gelehrte Mr. Logan, der stets jener Sekte
angehört hatte, schrieb unter anderem einen Aufruf an sie,

worin er seine Billigung des Verteidigungskriegs erklärte und seine Ansicht mit vielen starken Beweisgründen unterstützte. Er händigte mir sechzig Pfund ein, um sie in Lotterielosen für die Batterie anzulegen, und wies mich an, die etwa auf diese Lose fallenden Preise ganz zu diesem Zwecke zu verwenden. Er erzählte mir folgende Anekdote von seinem früheren Gebieter William Penn über die Verteidigung. Er kam, noch ein junger Mann, mit jenem Eigentümer und als dessen Sekretär aus England herüber. Es war Kriegszeit, und ihr Schiff wurde von einem bewaffneten Fahrzeug verfolgt, das man für ein feindliches hielt. Ihr Kapitän machte sich zur Verteidigung fertig, äußerte aber gegenüber William Penn und seiner Gesellschaft von Quäkern, daß er nicht auf ihre Unterstützung rechne und daß sie sich in die Kajüte zurückziehen möchten, was sie denn alle taten, bis auf James Logan, der auf dem Deck bleiben wollte und zur Bedienung einer Kanone kommandiert wurde. Es erwies sich, daß der vermeintliche Feind ein Freund war, so daß es nicht zum Gefecht kam. Allein als der Sekretär hinunterging, um diese Kunde mitzuteilen, tadelte ihn William Penn streng darüber, daß er, den Grundsätzen der ›Freunde‹ zuwider, auf dem Verdeck geblieben sei und sich zur Mithilfe bei der Verteidigung des Schiffes hergegeben habe, zumal dies nicht von dem Kapitän verlangt worden war. Dieser vor der ganzen Gesellschaft erteilte Verweis ärgerte den Sekretär, und er erwiderte: »Da ich dein Diener bin, warum hast du mir nicht befohlen, unter Deck zu gehen? Aber du warst ganz damit einverstanden, daß ich oben bleiben und das Schiff verteidigen helfen sollte, als du glaubtest, daß Gefahr vorhanden war.«

Da ich lange Jahre Mitglied der Assembly gewesen war, die in der Mehrheit fortwährend aus Quäkern bestand, hatte ich häufig Gelegenheit, die Verlegenheit mit anzusehen, in die ihre grundsätzliche Ablehnung des Krieges sie jedesmal brachte, wenn sie auf Befehl der Krone angegangen wurden, Unterstützungen für militärische Zwecke zu gewähren. Einerseits wollten sie die Regierung nicht durch eine direkte Verweigerung, und andererseits ihre Freunde, die Gemeinschaft der Quäker, nicht durch eine Gewährung beleidigen, die ihren Grundsätzen zuwiderlief. Hieraus entsprang eine Mannigfaltigkeit von Ausflüchten, um der Bewilligung auszuweichen, oder von Kunstgriffen, um die Bewilligung zu bemänteln, wenn diese unvermeidlich war. Der gewöhnliche Modus war endlich, das Geld unter der Formel zu bewilligen, daß es ›für den Gebrauch des Königs‹ bestimmt sei, und niemals zu fragen, wie es verwendet wurde.

Wenn jedoch das Verlangen nicht direkt von der Krone kam, wurde jene Formulierung nicht für so geeignet gehalten, und es mußte irgendeine andere erdacht werden. So zum Beispiel, als es einmal an Pulver fehlte (ich glaube, es war für die Garnison in Louisburg), und als die Regierung von Neuengland Pennsylvania anging, einiges zu bewilligen, was dem Hause vom Gouverneur Thomas dringend empfohlen wurde, vermochten sie kein Geld zum Ankauf von Pulver zu gewähren, weil dies Kriegsbedarf war. Sie bewilligten jedoch Neuengland eine Unterstützung von dreitausend Pfund, die dem Gouverneur ausgehändigt werden sollten, und bestimmten sie für den Ankauf von *Brot, Mehl, Weizen und anderem Korn*. Einige Mitglieder des Rats wollten dem Hause noch weitere Verlegenheiten bereiten und rieten dem Gouverneur, keinen Proviant anzunehmen, weil es nicht das war, was das Haus angefordert hatte; allein er erwiderte: »Ich werde das Geld annehmen, denn ich verstehe sehr gut, wie sie es meinen; anderes Korn ist *Schießpulver*.« Er kaufte dieses demgemäß, und sie erhoben nie Einspruch dagegen.*

Auf diese Tatsache spielte ich an, als wir in unserem Feuerlöschverein für den Erfolg unseres Vorschlags zugunsten der Lotterie fürchteten und ich gegen eines unserer Mitglieder, meinen Freund Mr. Syng, äußerte: »Wenn wir mit unserem Vorschlag durchfallen, so laßt uns den Ankauf einer Feuerspritze mit dem Geld beantragen; die Quäker können keinen Einwand dagegen erheben; und wenn dann Ihr mich und ich Euch zum Ausschuß für diesen Zweck ernennt, so wollen wir eine große Kanone kaufen, die doch gewiß auch eine *Feuerspritze* ist!«, worauf er mir erwiderte: »Ich sehe, Sie haben sich

* Vergleiche das Abstimmungsergebnis.

durch den langen Aufenthalt in der Assembly sehr vervollkommnet; Ihr zweideutiger Vorschlag würde just ein Seiten-
stück zu deren *Weizen oder anderem Korn* sein.«

Diese Verlegenheiten, in die die Quäker gerieten, weil sie es
als einen ihrer Grundsätze aufgestellt und öffentlich verkündigt
hatten, daß keine Art von Krieg recht und gesetzmäßig sei –
einen Grundsatz, den sie, nachdem er einmal verkündigt war,
später nicht so leicht wieder aufgeben konnten, auch wenn sie
zu anderen Ansichten gekommen sein mochten –, erinnern
mich an das nach meiner Ansicht klügere Benehmen einer
Sekte unter uns, nämlich der Tunker. Ich machte die Bekanntschaft eines ihrer Gründer, Michael Welfare, bald nach dem
Auftreten derselben. Er beklagte sich mir gegenüber, daß sie
von den Eiferern anderer Glaubensrichtungen schändlich ver-
leumdet und ganz abscheulicher Grundsätze und Bräuche be-
zichtigt würden, die ihnen ganz fremd seien. Ich sagte ihm, dies
sei stets mit neuen Sekten der Fall gewesen, und um einem derartigen Mißbrauch zu begegnen, dürfte es meines Erachtens geraten sein, die Glaubensartikel und die Regeln der geistlichen
Zucht ihrer Sekte zu veröffentlichen. Er erwiderte mir, dieser
Vorschlag sei in ihrer Mitte schon gemacht, aber noch nicht angenommen worden, und zwar aus folgendem Grunde. »Als wir
uns zuerst als Religionsgemeinschaft zusammentaten«, sagte er,
»da hatte es Gott beliebt, unseren Geist so weit zu erleuchten,
um uns einsehen zu lassen, daß einige Lehren, die wir früher für
Wahrheit gehalten hatten, Irrtümer, und daß andere, die wir für
Irrtümer angesehen hatten, wirkliche Wahrheiten waren. Von
Zeit zu Zeit hat es dem Herrn beliebt, uns weitere Erleuchtung
zu gewähren; unsere Grundsätze vervollkommneten und unsere
Irrtümer verminderten sich. Nun sind wir aber nicht gewiß, daß
wir schon am Ende dieses Voranschreitens und an der Vollkommenheit geistlichen oder theologischen Wissens angekommen
sind. Wir fürchten vielmehr, daß, wenn wir unser Glaubensbe-
kenntnis drucken ließen, wir uns dadurch gleichsam gebunden
und eingeschränkt fühlen und vielleicht abgeneigt werden würden, eine weitere Vervollkommnung anzunehmen, und daß es

unseren Nachkommen in noch weit stärkerem Maße so gehen würde, weil sie annehmen würden, daß, was wir Ältesten und Gründer getan haben, etwas Geheiligtes sei, wovon niemals abgewichen werden dürfe.«

Diese Bescheidenheit einer Sekte ist vielleicht ein einzigartiges Beispiel in der Geschichte der Menschheit, da jede andere Sekte sich selbst im Besitz aller Wahrheit und die Andersdenkenden als die in der Irre Wandelnden ansieht; wie ein bei nebligem Wetter Reisender die Leute in einiger Entfernung auf dem Wege vor sich, hinter sich und auch zu beiden Seiten auf den Feldern in Nebel gehüllt erblickt, während ihm seine nächste Umgebung ganz klar erscheint, obwohl er selbst in Wahrheit ebensosehr im Nebel ist wie irgendeiner von den anderen. Um derartigen Schwierigkeiten auszuweichen, haben die Quäker in den jüngsten Jahren allmählich den Dienst in der Assembly und in der Verwaltung abgelehnt und lieber auf ihren Einfluß als auf ihre Grundsätze verzichtet.

Der Zeitfolge wegen hätte ich schon vorher erwähnen sollen, daß ich im Jahr 1742 einen offenen Ofen zu verbesserter Zimmerheizung und gleichzeitiger Ersparnis an Brennstoffen, weil die zutretende frische Luft in ihrem Eintreten erwärmt wurde, erfunden, und das Modell davon Mr. Robert Grace, einem meiner Jugendfreunde, geschenkt hatte und daß dieser, als Besitzer eines Hochofens, mit dem Guß der Eisenplatten für diese Öfen ein sehr einträgliches Geschäft machte, da eine steigende Nachfrage nach denselben sich ergab. Zur Förderung dieser Nachfrage verfaßte und veröffentlichte ich eine Flugschrift unter dem Titel: ›*Eine Beschreibung der neuerfundenen Pennsylvanischen Feuerherde, worin ihre Einrichtung und die Art ihrer Behandlung besonders erklärt, ihre Vorzüge vor jeder anderen Art der Zimmerheizung nachgewiesen und alle gegen den Gebrauch derselben erhobenen Einwendungen beantwortet und widerlegt werden.*‹ Diese Flugschrift hatte eine günstige Wirkung. Gouverneur Thomas war von der darin geschilderten Bauart so sehr befriedigt, daß er sich erbot, mir ein Patent für den alleinigen Verkauf derselben auf eine Reihe von Jahren zu geben. Ich lehnte dies jedoch ab aus einem

Grundsatz, der in derartigen Fällen bei mir stets von Gewicht gewesen ist, nämlich, *da wir auch aus den Erfindungen anderer große Vorteile ziehen, sollten wir uns über eine Gelegenheit, anderen durch irgendeine Erfindung von uns zu dienen, freuen und ihnen diese freiwillig und großmütig zugute kommen lassen.*

Ein Londoner Eisenhändler bemächtigte sich jedoch eines Teils meiner Flugschrift, arbeitete sie in eine eigene um, machte einige kleine Veränderungen an der Maschine, die ihrer Wirksamkeit eher schadeten, nahm dafür in England ein Patent und soll damit, wie ich höre, ein kleines Vermögen erworben haben. Dies ist nicht der einzige Fall, daß Patente für meine Erfindungen durch andere genommen wurden, obwohl nicht immer mit demselben Erfolg, wogegen ich niemals Einspruch erhob, da ich nicht selber Nutzen aus Patenten ziehen wollte und Zänkereien haßte. Die Verwendung dieser Öfen in sehr vielen Häusern in dieser und in den benachbarten Kolonien gewährte und gewährt übrigens noch der Bevölkerung eine große Holzeinsparung.

Da nun der Friede geschlossen und die Aufgaben des Wehrverbandes zu Ende geführt waren, wandte ich meine Gedanken wieder dem Vorhaben der Errichtung einer Akademie zu. Mein erster Schritt hierin war, mich in dieser Absicht mit einer Anzahl rühriger Freunde zu verbünden, zu der der ›Junto‹ eine ziemliche Anzahl lieferte; der nächste war die Abfassung und Veröffentlichung einer Flugschrift unter dem Titel: ›*Vorschläge zur Erziehung der Jugend in Pennsylvania*‹. Diese verteilte ich unentgeltlich unter die angesehensten Einwohner und brachte dann, sobald ich ihre Ansichten durch die Lektüre derselben als einigermaßen vorbereitet annehmen konnte, eine Subskription für Eröffnung und Unterhaltung einer Akademie in Gang. Die Beträge sollten in fünf jährlichen Raten eingezahlt werden, denn durch eine derartige Teilung mußten nach meinem Dafürhalten die Zeichnungen reichlicher ausfallen, was meines Wissens auch der Fall war, da sie, wenn ich mich recht erinnere, sich auf nicht weniger als fünftausend Pfund beliefen.

In der Einleitung zu diesen Vorschlägen bezeichnete ich

deren Veröffentlichung nicht als mein Werk, sondern als das- jenige einiger *für das Gemeinwohl interessierter Herren* und vermied es, meiner gewohnten Regel gemäß, soviel wie möglich, mich dem Publikum als Urheber irgendeines auf sein Wohl abzielen- den Planes vorzustellen.

Die Unterzeichner wählten zur unverzüglichen Verwirkli- chung des Projekts aus ihrer Mitte vierundzwanzig Vertrauens- männer und beauftragten den damaligen Kronanwalt Mr. Francis und mich mit dem Entwurf von Statuten über die Leitung der Akademie. Als diese ausgefertigt und unterzeichnet waren, wurde ein Haus gemietet, Lehrer wurden angestellt und die Schule, soviel ich mich entsinne, noch im selben Jahr 1749 eröffnet.

Da sich die Zahl der Schüler rasch steigerte, so erwies sich das Haus bald als zu klein. Wir waren gerade im Begriff, uns nach einem geeigneten Grundstück umzusehen, in der Absicht, darauf zu bauen, als uns die Vorsehung ein großes schon fertig- gebautes Haus in den Weg führte, das mit wenigen Abänderun- gen unserem Zweck entsprechen konnte. Dies war das schon mehrfach erwähnte, von den Zuhörern des Mr. Whitefield er- richtete Gebäude, das wir auf folgende Weise für uns erwar- ben.

Ich muß hier bemerken, daß, weil die Beiträge zu diesem Ge- bäude von Leuten verschiedener Sekten geleistet worden waren, man Sorge getragen hatte, bei der Ernennung der Kuratoren, auf die Gebäude und Grundstück eingetragen werden sollten, nicht einer einzelnen Sekte den Vorrang zu geben, damit dieses Übergewicht nicht dazu führen könne, gegen die ursprüngliche Absicht das Ganze der Nutznießung einer derartigen Sekte zu überlassen. Aus diesem Grunde wurde aus jeder Sekte *ein* Ver- treter gewählt, nämlich einer von der englischen Hochkirche, ein Presbyterianer, ein Wiedertäufer, ein Herrnhuter usw. Es wurde bestimmt, daß im Falle der Erledigung durch Tod die Stelle durch Wahl unter den Beitragenden wieder besetzt wer- den solle. Zufällig behagte der Herrnhuter seinen Kollegen nicht, und sie beschlossen bei seinem Tode, keinen anderen aus dieser Sekte mehr zu benennen. Nun aber ergab sich die Schwierigkeit, wie man es vermeiden sollte, mittels einer neuen Wahl zwei von irgendeiner anderen Sekte zu bekommen.

Mehrere Personen wurden vorgeschlagen und fanden aus jenem Grunde keine Zustimmung. Endlich nannte jemand mich mit der Bemerkung, daß ich einfach ein rechtschaffener Mann sei und gar keiner Sekte angehöre, und dies bestimmte die anderen, mich zu wählen. Die Begeisterung von damals, wo das Haus gebaut wurde, hatte sich schon längst gelegt, und seine Kuratoren waren nicht imstande gewesen, neue Beiträge zur Bezahlung des Grundzinses und zur Tilgung einiger anderer, durch das Gebäude veranlaßten Schulden aufzubringen, was sie sehr in Verlegenheit brachte. Da ich nun Mitglied beider Verwaltungsräte, desjenigen für das Gebäude und desjenigen für die Akademie, war, hatte ich eine günstige Gelegenheit, mit beiden zu unterhandeln, und brachte sie schließlich zu einem Abkommen, kraft dessen die Kuratoren für das Gebäude dieses den Kuratoren der Akademie abtreten sollten, wogegen diese sich verpflichteten, die Schuld abzutragen, in dem Gebäude immer einen großen Saal für gelegentliche Prediger, der ursprünglichen Absicht gemäß, bereitzuhalten und eine Freischule für den Unterricht armer Kinder zu errichten. Hierüber wurden schriftliche Verträge aufgesetzt und nach Bezahlung der Schulden die Kuratoren der Akademie in den Besitz des Anwesens eingewiesen. Man teilte die große hohe Halle in Stockwerke, richtete verschiedene Räume oben und unten für die einzelnen Schulen ein, kaufte noch etwas Grund und Boden dazu und machte so das Ganze bald für unsere Zwecke tauglich, worauf die Schüler in das Gebäude übersiedelten. Die Sorge und Mühe der Verträge mit den Handwerkern, der Ankauf der Baumaterialien und die Überwachung der Arbeit fiel mir zu. Ich unterzog mich dieser Aufgabe jedoch um so lieber, als dies mich damals nicht in meinem eigenen Geschäft hinderte, da ich das Jahr zuvor einen sehr geschickten, fleißigen und rechtschaffenen Teilhaber, Mr. David Hall, angenommen hatte, dessen Charakter ich genau kannte, da er vier Jahre lang bei mir gearbeitet hatte. Er enthob mich aller Sorge für die Buchdruckerei und bezahlte mir pünktlich meinen Anteil am Gewinn. Diese Teilhaberschaft währte mit großem Erfolg für uns beide volle achtzehn Jahre.

Die Kuratoren der Akademie wurden nach einiger Zeit durch einen Freibrief von seiten des Gouverneurs zu einer juristischen Person erhoben, ihre Mittel durch Beiträge aus England und durch Abtretungen von Land seitens der Eigentümer vermehrt, zu welchen die Assembly seither noch bedeutende Schenkungen hinzufügte, und so wurde die gegenwärtige Universität von Philadelphia errichtet. Ich bin von ihrem Beginn an, nun beinahe vierzig Jahre lang, einer ihrer Kuratoren gewesen und habe das sehr große Vergnügen gehabt, eine Anzahl der jungen Leute, die ihre Erziehung an derselben erhalten haben, sich durch ihre vervollkommneten Fähigkeiten auszeichnen, in öffentlichen Stellungen sich nützlich machen und als Zierden ihres Vaterlandes dastehen zu sehen.

Als ich mich, wie oben erwähnt, vom Privatgeschäft zurückzog, schmeichelte ich mir, durch das hinreichende, obwohl bescheidene Vermögen, das ich mir erworben hatte, mir für den Rest meines Lebens Muße zu naturwissenschaftlichen Studien und Unterhaltungen erworben zu haben. Ich kaufte alle Gerätschaften des Dr. Spence, der aus England herübergekommen war, um hier Vorlesungen zu halten, und setzte meine elektrischen Versuche mit großem Eifer fort; allein das Publikum betrachtete mich jetzt als einen Menschen ohne Beschäftigung und nahm mich für seine Zwecke in Beschlag, indem jeder Zweig unserer Zivilverwaltung, und zwar beinahe gleichzeitig, mir irgendeine Pflicht auferlegte. Der Gouverneur brachte mich in die Friedenskommission; die Stadtkorporation wählte mich zum Gemeinderat und bald darauf zum Alderman; und die Bürgerschaft erwählte mich in corpore zum Abgeordneten, um sie in der Assembly zu vertreten. Letzterer Posten war mir um so angenehmer, als ich es allmählich müde war, dort zu sitzen und Debatten anzuhören, an denen ich als Schriftführer keinen Anteil nehmen konnte und die oft so wenig unterhaltend

waren, daß ich mich veranlaßt sah, zu meinem Vergnügen magi-
sche Vierecke oder Kreise zu zeichnen oder irgend etwas zu tun,
um die Ermüdung zu vermeiden. Ich redete mir ferner ein,
meine Ernennung zum Mitglied würde meine Fähigkeit, Gutes
zu tun, erweitern. Ich möchte jedoch nicht den Anschein erwek-
ken, als ob mein Ehrgeiz sich durch alle diese Beförderungen
nicht auch geschmeichelt gefühlt habe. Dies war in der Tat der
Fall, denn jene Beförderungen waren in Anbetracht meines
niedrigen Ursprungs große Dinge für mich und dadurch noch
viel angenehmer, daß sie ebenso viele freiwillige Zeugnisse der
öffentlichen Achtung und von mir ganz unerbeten und unauf-
gesucht waren.

Mit dem Amt eines Friedensrichters machte ich einen kleinen Versuch, indem ich einigen Gerichtstagen beiwohnte und
auf der Richterbank saß, um Rechtsfälle anzuhören. Da ich jedoch fand, daß mehr Kenntnis des gemeinen Rechts, als ich sie
besaß, dazugehörte, um in dieser Stellung mit Ehre zu dienen,
so zog ich mich allmählich davon zurück mit der Entschuldigung, daß ich den höheren Pflichten eines Gesetzgebers in der
Assembly nachkommen müsse. Meine Wahl zu diesem Vertrauensposten wurde zehn Jahre lang alljährlich wiederholt,
ohne daß ich jemals irgendeinen Wähler um seine Stimme anging noch auch direkt oder indirekt irgendeinen Wunsch
äußerte, gewählt zu werden. Als ich meinen Sitz im Hause
einnahm, wurde mein Sohn zu seinem Schriftführer bestellt.

Als im darauffolgenden Jahre ein Vertrag mit den Indianern
in Carlisle abgeschlossen werden sollte, schickte der Gouverneur eine Botschaft an das Haus und schlug vor, es solle einige
seiner Mitglieder benennen, die sich einigen Mitgliedern des Rates als Kommissäre zu diesem Zweck anschließen sollten.* Das
Haus ernannte den Sprecher (Mr. Norris) und mich. Wir rei-
sten, nachdem wir unsere Bestallungen erhalten hatten, nach
Carlisle ab und trafen demgemäß mit den Indianern zusammen.

Da diese Menschen stark zum Trunke geneigt und in diesem
Zustande sehr streitsüchtig und unanständig sind, verboten wir

* Vergleiche das Abstimmungsergebnis, um dies genauer zu fassen.

den Verkauf von Branntwein an sie streng. Als sie sich dann über diese Beschränkung beschwerten, erklärten wir ihnen, falls sie während der Unterhandlungen nüchtern bleiben würden, wollten wir ihnen nach Erledigung des Geschäfts Rum genug geben. Sie versprachen dies und hielten ihr Versprechen, weil sie keinen Branntwein bekommen konnten; die Unterhandlungen wurden daher ganz ordnungsgemäß geführt und endeten zu gegenseitiger Zufriedenheit. Jetzt verlangten und erhielten sie den Rum. Es war am Nachmittag. Sie waren zusammen beinahe hundert Männer, Frauen und Kinder und wohnten in Behelfshütten, die sie außerhalb der Stadt in Gestalt eines Vierecks errichtet hatten. Am Abend hörten wir einen furchtbaren Lärm unter ihnen, und die Kommissäre gingen hinaus um zu sehen, was es denn gebe. Wir fanden, daß sie ein großes Freudenfeuer in der Mitte des Vierecks angezündet hatten; sie waren alle betrunken, Männer wie Frauen, und zankten und rauften untereinander. Ihre halbnackten dunklen Körper, die man nur beim düstern Schein des Feuers sah, wie sie hintereinander herrannten und sich unter schrecklichem gellendem Geschrei mit Feuerbränden prügelten, bildeten einen Auftritt, wie er unseren Vorstellungen von der Hölle nicht treffender entsprechen konnte. An eine Dämpfung des Aufruhrs war nicht zu denken, so daß wir uns in unsere Wohnung zurückzogen. Um Mitternacht kam ein Haufe von ihnen vor unsere Tür, pochte stürmisch an und verlangte noch mehr Rum, wovon wir aber keine Notiz nahmen.

Am anderen Tage mochten sie fühlen, daß sie sich schlecht benommen hatten, indem sie uns diese Störung bereitet hatten, und so sandten sie drei von ihren alten Räten, um sich zu entschuldigen. Der Sprecher gestand den Fehler ein, maß ihn aber dem Rum bei und bemühte sich dann, den Rum zu entschuldigen, indem er sagte: »Der Große Geist, der alle Dinge schuf, machte jedes Ding für irgend einen Gebrauch, und zu demjenigen Gebrauch, den er für irgendeinen Gegenstand bestimmte, sollte derselbe auch immer verwendet werden. Als er nun den Rum schuf, sagte er: ›Das ist für die Indianer, um davon betrunken zu werden!‹ Daher muß es so sein.« Und in der Tat, wenn es die Absicht der Vorsehung ist, diese Wilden auszurotten, um für die Bebauung des Bodens Raum zu schaffen, so ist es mir nicht unwahrscheinlich, daß hierzu der Rum das geeignete und hierfür bestimmte Mittel sein mag. Er hat beinahe alle diejenigen Stämme aufgerieben, die früher die Meeresküste bewohnten.

Im Jahr 1751 kam Dr. Thomas Bond, ein besonderer Freund von mir, auf den Gedanken, ein Hospital in Philadelphia für die Aufnahme und Kur armer kranker Personen, sowohl Einwohner der Provinz als auch Fremder, zu errichten (ein sehr wohltätiges Vorhaben, das mir zugeschrieben worden ist, aber ursprünglich von ihm herrührt). Er entfaltete die eifrigste und rührigste Tätigkeit, um Unterschriften dafür aufzutreiben, allein da der Vorschlag für Amerika noch etwas ganz Neues war und anfangs nicht richtig verstanden wurde, so hatte er nur geringen Erfolg.

Endlich kam er zu mir mit dem Kompliment, er finde, daß sich kein gemeinnütziges Unternehmen ohne meine Beteiligung durchführen lasse, »denn«, sagte er, »ich werde oft von denjenigen, die ich um ihre Unterschriften angehe, gefragt: ›Haben Sie schon Franklin über den Gegenstand zu Rate gezogen? Und was hält er davon?‹ Und wenn ich den Leuten dann sage, daß ich noch nicht mit Ihnen darüber gesprochen habe (weil es meines Erachtens nicht in Ihr Fach schlägt), so wollen sie nicht unterschreiben, sondern sagen: ›Wir wollen uns die Sache überlegen.‹« Ich erkundigte mich nun nach der Natur und dem wahrscheinlichen Nutzen des Plans und erhielt von ihm eine sehr befriedigende Erläuterung, so daß ich nicht nur selbst unterzeichnete, sondern mich mit ganzer Kraft dabei beteiligte, Unterschriften von anderen zu beschaffen. Vor der Bewerbung um dieselben bemühte ich mich jedoch, die Stimmung der Leute dadurch vorzubereiten, daß ich über diesen Gegenstand in den Zeitungen schrieb, wie dies in derartigen Fällen mein gewöhnlicher Brauch war, was er jedoch unterlassen hatte.

Die Subskriptionssummen flossen später weit reichlicher

und freigebiger; als sie jedoch nachzulassen begannen, sah ich ein, daß sie ohne irgendwelche Unterstützung von seiten der Assembly nicht zureichen würden, und machte daher den Vorschlag, eine dahingehende Petition einzubringen, was auch geschah. Die Mitglieder vom Lande fanden anfangs keinen Gefallen an dem Projekt; sie wandten ein, dieses könne nur für die Stadt von Nutzen sein und die Bürger sollten daher allein die Kosten davon tragen; ja sie zweifelten, daß die Bürger selbst im allgemeinen damit einverstanden seien. Sie betrachteten meine gegenteilige Versicherung, der Vorschlag erfreue sich solcher Billigung, daß wir ohne Zweifel imstande seien, zweitausend Pfund von freiwilligen Schenkungen aufzubringen, für eine ganz übertriebene Annahme und für ganz unmöglich.

Hierauf gründete ich meinen Plan. Ich bat um die Erlaubnis, eine Gesetzesvorlage einzubringen, daß man den Beisteuernden der in ihrer Petition ausgesprochenen Bitte gemäß Körperschaftsrechte verleihe und ihnen eine Summe baren Geldes gewähre, welche Erlaubnis mir hauptsächlich auf die Erwägung hin erteilt wurde, daß das Haus die Gesetzesvorlage verwerfen könne, wenn sie ihm nicht gefalle. Ich entwarf sie so, daß die wichtige Klausel zu einer bedingungsweisen gemacht wurde, nämlich: ›Und es soll von der vorerwähnten Behörde beschlossen werden, daß, wenn die besagten Beisteurer zusammengetreten sind und ihre Direktoren und Schatzmeister gewählt und *durch ihre Beiträge ein Kapitalvermögen von − − − beigebracht haben werden* (dessen jährliche Zinsen zur Verpflegung der kranken Armen im genannten Spital, frei von allen Kosten für Nahrung, Pflege, Beratung und Arzneien, verwendet werden sollen), und wenn sie dies zur Befriedigung des jeweiligen Sprechers der Assembly klar nachgewiesen haben werden, daß es erst dann besagtem Sprecher gesetzlich erlaubt sein soll und darf und er hierdurch dazu aufgefordert wird, eine Anweisung auf den Provinzialschatzmeister auszustellen für die Bezahlung von zweitausend Pfund in zwei Jahresraten an den Schatzmeister des besagten Hospitals, die zur Gründung, Erbauung und Vollendung desselben angewendet werden sollen.‹

Diese Bedingung brachte die Vorlage durch, denn die Mitglieder, die sich der Bewilligung widersetzt hatten und nun einsahen, sie könnten das Verdienst erwerben, wohltätig zu sein ohne den Geldaufwand, stimmten der Gesetzesvorlage zu. Und als wir nun das Volk zu Beiträgen aufforderten, machten wir die bedingungsweise Zusage des Gesetzes als weiteren Grund zum Geben geltend, weil die Schenkung jedes einzelnen verdoppelt werden würde; und so wirkte die Klausel nach beiden Seiten. Die Subskriptionsbeträge überschritten daher bald die erforderliche Summe, und wir beanspruchten und erhielten die öffentliche Beisteuer, die uns in den Stand setzte, den Plan zur Verwirklichung zu bringen. Ein hübsches und passendes Gebäude wurde bald errichtet; die Einrichtung hat sich nach andauernder Erfahrung als nützlich erwiesen und blüht noch bis auf den heutigen Tag, und ich entsinne mich nicht eines einzigen meiner politischen Kunstgriffe, dessen Gelingen mir seinerzeit mehr Freude gemacht und wobei ich mich, bei reiferer Erwägung, leichter über die Anwendung einiger List selbst entschuldigt hätte.

Etwa um dieselbe Zeit kam ein anderer Projektant, der Reverend Gilbert Tennent, zu mir mit der Bitte um meine Beihilfe, eine Unterschriftensammlung für Errichtung eines neuen Betsaals auf die Beine zu bringen. Dieser sollte für den Gebrauch einer Gemeinde dienen, die er unter den Presbyterianern zusammengebracht hatte und die ursprünglich Jünger des Mr. Whitefield gewesen waren. Da ich mich jedoch bei meinen Mitbürgern nicht durch allzu häufiges Nachsuchen von Beiträgen unbeliebt machen wollte, schlug ich es ihm rundweg ab. Er bat mich dann, ihm eine Liste von Namen derjenigen Personen zu liefern, die ich aus Erfahrung als freigebig und gemeinsinnig kenne. Ich hielt es aber für unpassend von meiner Seite, sie nach ihrem freundlichen Eingehen auf meine Bitte gewissermaßen zu bezeichnen, damit sie von anderen Bettlern belästigt werden könnten, und verweigerte daher auch die Anfertigung einer derartigen Liste. Er verlangte dann, ich solle ihm wenigstens meinen Rat erteilen. »Das will ich gern tun«, erwiderte ich; »zuerst rate ich Ihnen, sich an alle diejenigen zu wenden, von denen Sie wissen, daß sie etwas geben; sodann an diejenigen, über die Sie im ungewissen sind, ob sie etwas geben werden oder nicht, und ihnen die Liste derjenigen zu zeigen, die gegeben haben; und endlich vernachlässigen Sie ja diejenigen nicht, von denen Sie überzeugt sind, daß sie nichts geben werden, denn in einigen von ihnen dürften Sie sich noch irren!« Er lachte, bedankte sich und sagte, er wolle meinen Rat befolgen. Und er befolgte ihn, denn er bat *jedermann* und erlangte eine weit größere Summe, als er erwartet hatte, womit er das geräumige und sehr elegante Versammlungshaus errichtete, das in Arch Street steht.

Unsere Stadt war zwar mit schöner Regelmäßigkeit angelegt und hatte breite, gerade Straßen, die sich im rechten Winkel kreuzten, aber mit dem Nachteil, daß jene Straßen lange ungepflastert blieben und bei schlechtem Wetter von den Rädern schwerer Fuhrwerke zu einem Schlammpfuhl gepflügt wurden, so daß man sie nur mit Mühe überschreiten konnte; bei trockenem Wetter aber war wiederum der Staub höchst lästig. Ich hatte neben dem sogenannten Jersey Market gewohnt und sah mit Schmerzen die Einwohner im Schlamm waten, während sie ihre Lebensmittel einkauften. Endlich wurde ein Streifen Boden über die Mitte jenes Marktes herab mit Backsteinen gepflastert, so daß sie, wenn sie einmal auf dem Markt waren, festen Fuß fassen konnten, aber oft bis über die Schuhe im Schmutz staken, um dahin zu gelangen. Durch mündliche und schriftliche Erörterung dieses Gegenstands brachte ich es endlich dahin, daß die aus Backsteinen gefertigte Straße zwischen dem Markt und Bürgersteig, die auf jeder Seite an den Häusern hinlief, gepflastert wurde. Dies verschaffte eine Zeitlang einen leichten Zugang zu der gepflasterten Stelle des Marktes; da aber der Rest der Straße nicht gepflastert war, so schüttelte jedes Fuhrwerk, wenn es aus dem Morast auf dieses Pflaster kam, den Schmutz ab und ließ ihn darauf liegen, so daß es bald mit Schlamm bedeckt war, der nicht beseitigt wurde, denn die Stadt hatte damals noch keine Straßenkehrer.

Nach einiger Erkundigung fand ich einen armen fleißigen Mann, der sich erbot, das Pflaster rein zu halten, indem er es zweimal wöchentlich kehrte und den Schmutz vor allen Türen der Nachbarn wegräumte gegen eine monatliche Vergütung von sechs Pence, die jedes Haus zu bezahlen hatte. Ich schrieb und veröffentlichte dann im Druck einen Aufsatz, worin ich der Nachbarschaft alle die Vorteile auseinandersetzte, die durch diese kleine Ausgabe erzielt werden würden: die günstigere Möglichkeit, unsere Häuser rein zu erhalten, weil die Leute nicht mehr so viel Schmutz an den Füßen hereinschleppten; den Vorteil für die Läden durch größere Kundschaft usw., da die Käufer dann leichter zu ihnen gelangen könnten, sowie daß der Staub bei windigem Wetter nicht mehr auf ihre Waren hereingeblasen werde usw. Ich schickte in jedes Haus einen Abdruck von diesem Aufsatz und ging dann in einigen Tagen herum, um zu sehen, wer eine Verpflichtung zur Bezahlung jener sechs Pence unterzeichnen würde; sie wurde einmütig unterschrieben und eine Zeitlang genau erfüllt. Alle Einwohner der Stadt freuten sich über die Reinlichkeit des Pflasters, das den Markt umgab, da es für alle angenehm war, und dies rief ein allgemeines Verlangen hervor, sämtliche Straßen gepflastert zu sehen, und machte die Leute mehr geneigt, sich einer Steuer zu diesem Zweck zu unterwerfen.

Nach einiger Zeit entwarf ich einen Antrag zur Pflasterung der Stadt und brachte ihn in der Assembly ein. Es war gerade, ehe ich nach England ging, im Jahr 1757. Er ging erst durch, als ich schon fort war,* und dann mit einer Änderung in der Art der Besteuerung, die ich für keine Verbesserung hielt, allein mit einer weiteren Vorkehrung nicht nur für die Pflasterung, sondern auch für die Beleuchtung der Straßen, was eine bedeutende Vervollkommnung war. Ein Privatmann, Mr. John Clifton, gab zuerst einen Beweis von der Nützlichkeit der Straßenlaternen, indem er eine solche an seiner Haustür anbrachte, und führte so die Leute zuerst auf den Gedanken, die ganze Stadt zu beleuchten. Das Verdienst dieser öffentlichen Wohltat ist eben-

* Vergleiche das Abstimmungsergebnis.

Franklin stellt Voltaire seinen Enkel vor
und bittet ihn, ihn zu segnen. Voltaire hält seine Hand über
den Kopf des Kindes und sagt: »Gott und die Freiheit«

falls mir zugeschrieben worden, allein es gebührt der Wahrheit gemäß jenem Herrn. Ich folgte nur seinem Beispiel und dürfte nur einiges Verdienst hinsichtlich der Form unserer Laternen beanspruchen, weil sie sich von den kugelförmigen unterscheiden, die wir zuerst aus England geliefert bekamen. Ich fand diese in mancher Hinsicht ungünstig: sie gestatteten der Luft keinen Zutritt von unten, und der Rauch zog deshalb oben nicht gut ab, sondern kreiste in der Kugel, setzte sich an der Innenseite ab und verdunkelte bald das Licht, das die Laternen gewähren sollten; sie machten außerdem die tägliche Mühe, sie zu reinigen, und ein gelegentlicher Stoß oder Schlag auf sie mußte sie zerstören und gänzlich unbrauchbar machen. Ich riet daher, sie aus vier flachen Scheiben zusammenzusetzen und oben mit einem langen Schlot zur Abführung des Rauchs sowie mit Öffnung unten zum Lufteintritt zu versehen, um die Entfernung des Rauchs zu erleichtern. Auf diese Weise wurden sie saubergehalten und waren nicht binnen weniger Stunden vor Ruß dunkel wie die Londoner Laternen, sondern brannten hell bis zum Morgen fort, und ein zufälliger Stoß zertrümmerte gewöhnlich nur eine einzige Scheibe, die leicht ergänzt wurde.

Ich habe mich oft gewundert, warum die Londoner – infolge der Wirkung, die die Öffnungen im Boden der kugelförmigen in Vauxhall gebrauchten Laternen auf die Reinhaltung derselben hatten – nicht lernten, ebenfalls solche Löcher in ihren Straßenlaternen anzubringen. Da aber jene Löcher zu einem andern Zweck angebracht waren, nämlich um mittels eines durch diese herabhängenden Flachsfadens den Docht schneller anzuzünden, so scheint man an den anderen Zweck, den Zutritt der Luft, nicht gedacht zu haben. Deshalb sind die Londoner Straßen sehr dürftig beleuchtet, schon einige Stunden nachdem die Lampen angezündet worden sind.

Die Erwähnung dieser Verbesserungen erinnert mich noch an eine andere, die ich während meines Aufenthalts in London Dr. Fothergill verschlug, einem der trefflichsten Männer, die ich je gekannt habe, und einen eifrigen Förderer gemeinnütziger Pläne. Ich hatte beobachtet, daß bei trockenem Wetter die

Straßen niemals gekehrt und der leichte Staub weggebracht wurde, sondern daß man ihn sich anhäufen ließ, bis ihn nasse Witterung in Schlamm verwandelte, worauf er dann nach einigen Tagen so tief auf dem Pflaster lag, daß man die Straßen nur auf Pfaden überschreiten konnte, die von armen Leuten mit Besen rein gehalten wurden. Er wurde dann mit großer Mühe zusammengeharkt und in Karren geworfen, die oben offen waren und deren Seiten bei jeder Erschütterung auf dem Pflaster etwas von dem weichen Schlamm herausschüttelten und fallen ließen, oft zur Belästigung der Vorübergehenden. Als Grund für das Nichtkehren der staubigen Straßen wurde angegeben, daß der Staub in die Fenster der Läden und Häuser fliegen würde.

Ein zufälliges Ereignis hatte mich darüber belehrt, wieviel Kehrarbeit in einer kurzen Zeit geleistet werden konnte. Ich fand eines Morgens an meiner Tür in Craven Street eine arme Frau, die mein Pflaster mit einem Besen aus Birkenreisern kehrte; sie war von blassem, schwächlichem Aussehen, denn sie war eben erst von einem Krankheitsanfall aufgestanden. Ich fragte, wer sie angestellt habe, hier zu kehren. »Niemand«, erwiderte sie; »aber ich bin sehr arm und in Not, und ich kehre vor den Türen der reichen Leute, in der Hoffnung, daß sie mir etwas schenken werden.« Ich hieß sie die ganze Straße rein kehren, wofür ich ihr einen Shilling geben wolle; dies geschah um neun Uhr, und um zwölf Uhr kam sie schon, um ihren Shilling zu holen. Nach der Langsamkeit, mit der ich sie zuerst hatte arbeiten sehen, konnte ich kaum glauben, daß die Arbeit so bald getan sei, und sandte meinen Diener fort, um es zu überprüfen, aber dieser berichtete, daß die ganze Straße vollkommen rein gekehrt und aller Staub in den in der Mitte gelegenen Rinnstein gebracht sei. Der nächste Regen spülte denselben ganz weg, so daß das Pflaster und sogar der Rinnstein vollkommen rein waren.

Ich schloß nun, daß, wenn jenes schwächliche Weib eine solche Straße in drei Stunden kehren konnte, ein starker rühriger Mann dies in der halben Zeit getan haben würde. Bei dieser Gelegenheit sei es mir erlaubt, auf die Zweckmäßigkeit aufmerksam zu machen, in einer derartigen engen Straße nur eine einzige, der Mitte entlang verlaufende Gosse zu haben, anstatt deren zwei, die je an den Bürgersteigen hinlaufen; denn wenn aller Regen, der auf eine Straße fällt, von den Seiten abläuft und sich in der Mitte sammelt, so bildet er dort eine Strömung von hinreichender Stärke, um allen Schmutz und Unrat wegzuspülen, den er findet; verteilt sich der Regen aber in zwei Kanäle, so ist er häufig zu schwach, um auch nur einen einzigen von ihnen zu reinigen, und macht nur den vorhandenen Schlamm flüssiger, so daß die Räder der Fuhrwerke und die Hufe der Pferde ihn auf den gepflasterten Fußsteig schleudern, diesen dadurch schmutzig und schlüpfrig machen und häufig sogar die Vorübergehenden bespritzen. Mein Vorschlag, den ich dem guten Doktor mitteilte, war daher folgender:

›Um die Straßen von London und Westminster wirksamer zu säubern und rein zu halten, wird beantragt, daß mit verschiedenen Wachmännern abgesprochen werden soll, daß sie, jeder in den verschiedenen Straßen und Gäßchen seines Bezirks, bei trockenem Wetter den Staub zusammenkehren und zu anderen Zeiten den Schlamm zusammenharken; daß sie zu diesem Zweck mit Besen und anderen geeigneten Gerätschaften versehen werden, die an ihren betreffenden Standorten aufzubewahren und bereitzuhalten wären, um diejenigen armen Leute, die sie zu diesem Dienste etwa verwenden, damit zu versehen.

In den trockenen Sommermonaten muß aller Staub in geeigneten Entfernungen voneinander in Haufen zusammengekehrt werden, ehe noch die Läden und Fenster der Häuser gewöhnlich geöffnet werden, worauf dann die Straßenkehrer ihn ebenfalls in dichtverschlossenen Karren wegschaffen sollen.

Wenn der Schlamm einmal zusammengeharkt ist, darf er nicht in Haufen liegengelassen werden, um wieder durch die Räder der Fuhrwerke und das Getrappel der Pferde verbreitet zu werden, sondern die Straßenkehrer sind mit Karren zu versehen, die nicht hoch auf Räder, sondern niedrig auf Läufer gesetzt sind und Böden von Latten haben, die, mit Stroh bedeckt, den darauf geworfenen Schlamm zurückhalten und das Wasser abziehen lassen werden, wodurch der Schlamm um so leichter wird, da ja das Wasser den größten Teil seines Gewichts ausmacht. Diese Karren sind in geeigneten Entfernungen voneinander aufzustellen, und der Unrat ist in Schubkarren zu ihnen hinzuschaffen; sie haben an ihrem Aufstellungsort stehenzubleiben, bis der Schlamm seinen Wassergehalt abgegeben hat, und sind dann mit Pferdegespannen wegzubringen.‹

Ich habe seither Zweifel ob der Ausführbarkeit des letzten Teils meines Vorschlags gehegt, wegen der Enge mancher Straßen und der Schwierigkeit, die Drainierkarren so aufzustellen, daß sie den Straßenverkehr nicht allzusehr hindern; allein ich bin noch immer der Ansicht, daß der erste Teil des Vorschlags, der das Zusammenkehren und die Abfuhr des Staubes am frühen Morgen vor der Öffnung der Läden verlangt, im Sommer bei den langen Tagen sehr gut ausführbar ist. Als ich nämlich eines Morgens um sieben Uhr den Strand und Fleet Street entlangging, bemerkte ich, daß noch kein einziger Laden offen war, obwohl es schon seit drei Stunden heller Tag und die Sonne am Himmel war; denn die Einwohner von London ziehen aus eigener Wahl vor, viel bei Kerzenlicht zu leben und bei Sonnenschein zu schlafen, und beschweren sich doch oft in ziemlich törichter Weise über die Steuer auf die Kerzen und den hohen Preis des Talgs.

Manche mögen diese Kleinigkeiten nicht des Erwähnens oder Erzählens wert erachten; allein wenn sie erwägen, daß zwar der Staub, der an einem windigen Tag einer einzelnen Person in die Augen oder in einen einzelnen Laden hineingeweht wird, nur von geringer Bedeutung ist, daß aber doch die große Menge derartiger Vorfälle in einer dicht bevölkerten Stadt und ihre häufigen Wiederholungen ihnen Gewicht und Folgen geben, so werden sie vielleicht nicht allzu streng diejenigen tadeln, die Dingen von anscheinend so unbedeutender Natur einige Aufmerksamkeit angedeihen lassen. Das menschliche Glück wird nicht so sehr durch die nur selten vorkommenden großen Fälle von günstigen Schicksalsfügungen als durch die täglich vorkommenden kleinen Vorteile hervorgebracht. Wenn man zum Beispiel einen armen jungen Mann lehrt, sich selbst zu barbieren und sein Rasiermesser in Ordnung zu halten, so kann man mehr zum Glück seines Lebens beitragen, als wenn man ihm tausend Guineen schenkt. Das Geld kann bald verbraucht sein, und dann wird nur Ärger und Reue zurückbleiben, daß man es sinnlos vergeudet hat; im anderen Falle aber vermeidet der junge Mann den häufigen Ärger, den ihm das Warten auf die Barbiere oder deren bisweilen schmutzige Finger, übelriechender Atem und stumpfe Rasiermesser verursachen; er rasiert sich, wenn es ihm am bequemsten ist, und genießt täglich das Vergnügen, daß dies mit einem guten Instrument geschieht. Von diesem Gesichtspunkt aus habe ich die paar obigen Seiten zu schreiben gewagt, in der Hoffnung, daß sie Winke liefern mögen, die einmal der Stadt, die ich liebe, weil ich viele Jahre glücklich in ihr gelebt habe, und vielleicht auch mancher anderen unserer Städte in Amerika zugute kommen können.

Nachdem ich einige Zeit von dem Generalpostmeister in Amerika als sein Kontrolleur mit der Beaufsichtigung mehrerer Postämter und der Abrechnung mit den Postbeamten beauftragt gewesen war, wurde ich bei seinem Tode 1753 zusammen mit Mr. William Hunter durch eine Bestallung von seiten des Generalpostmeisters in England zu seinem Nachfolger ernannt. Die amerikanische Postanstalt hatte bisher niemals irgend etwas an diejenige von Großbritannien bezahlt. Wir sollten zusammen ein jährliches Einkommen von sechshundert Pfund erhalten, wenn wir diese Summe aus dem Gewinn des Postwesens aufbringen konnten. Um das zu erzielen, waren vielfältige Verbesserungen notwendig, von denen einige unvermeidlich anfangs kostspielig waren, so daß in den ersten vier Jahren die Postverwaltung uns mehr als neunhundert Pfund schuldig wurde. Allein bald darauf begann sie, uns zurückzubezahlen, und ehe ich noch durch eine Laune der Minister, auf die ich später zu sprechen kommen werde, abgesetzt wurde, hatten wir es so weit gebracht, daß sie der Krone einen *dreifach größeren Reinertrag* einbrachte als die Postverwaltung in Irland. Seit jener unklugen Maßregel aber habe sie von ihr nicht einen roten Heller mehr erhalten!

Die Geschäfte des Postwesens veranlaßten mich, in jenem Jahr eine Reise nach Neuengland zu unternehmen, wo die Universität Cambridge mir aus freiem Antrieb den Grad eines Magisters der freien Künste verlieh. Die Yale-Universität in Connecticut hatte mir früher schon eine ähnliche Auszeichnug erwiesen. So wurde ich, ohne an einer dieser Universitäten studiert zu haben, ihrer Ehren teilhaftig. Diese akademischen Ehrenbezeigungen wurden mir in Anerkennung meiner Verbesserungen und Entdeckungen in dem elektrischen Zweig der Naturwissenschaften erwiesen.

Da im Jahr 1754 wieder ein Krieg mit Frankreich zu befürchten war, sollte auf einen Befehl des Handelsministeriums ein Kongreß von Abgesandten aus den verschiedenen Kolonien zu Albany zusammentreten, um sich dort mit den Häuptlingen der sechs Nationen über die Mittel zur Verteidigung ihres und unseres Landes zu beraten. Gouverneur Hamilton, der diesen Befehl erhalten hatte, teilte ihn dem Hause mit und bat, dieses möge passende Geschenke für die Indianer bereitstellen, um sie bei dieser Gelegenheit zu verteilen; er ernannte den Sprecher (Mr. Norris) und mich, um gemeinschaftlich mit Mr. Thomas Penn und Sekretär Peters als Bevollmächtigte für Pennsylvania zu handeln. Das Haus billigte die Ernennung und lieferte die erforderlichen Waren für die Geschenke, obschon es keine große Geneigtheit zeigte, außerhalb der Provinzen zu unterhandeln. Wir trafen erst ungefähr in der Mitte des Juni mit den anderen Kommissären in Albany zusammen.

Auf unserer Reise dorthin sann und arbeitete ich einen Plan aus zur Vereinigung aller Kolonien unter einer Regierung, soweit dies für die Verteidigung und sonstige wichtige allgemeine Zwecke notwendig sein würde. Als wir New York passierten, ließ ich dort mein Projekt Mr. James Alexander und Mr. Kennedy zeigen, zwei Männern von großer Erfahrung und Kenntnis in öffentlichen Angelegenheiten, und wagte dann, durch ihren Beifall bestärkt, es dem Kongreß vorzulegen. Es stellte sich nun heraus, daß mehrere der Bevollmächtigten ähnliche Pläne ausgearbeitet hatten. Zuerst wurde die Vorfrage erhoben, ob überhaupt eine Vereinigung hergestellt werden sollte, was einmütig bejaht wurde. Hierauf wurde ein Ausschuß, zu dem jede Provinz ein Mitglied abordnete, beauftragt, die einzelnen Pläne zu prüfen und darüber zu berichten. Dem meinigen ward zufällig der Vorzug gegeben, und er wurde daher mit wenigen Ergänzungen vorgetragen.

Nach diesem Plan sollte die gemeinsame Regierung durch einen von der Krone ernannten und unterhaltenen Generalpräsidenten ausgeübt und ein Großer Rat durch Vertreter der Bevölkerung der einzelnen Kolonien in ihren betreffenden Provinzialversammlungen gewählt werden. Die Debatten hierüber wurden im Kongreß täglich fortgesetzt und gingen Hand in Hand mit den Indianerverhandlungen. Viele Einwendungen und Schwierigkeiten wurden erhoben, aber endlich waren alle überwunden, worauf der Plan einstimmig gutgeheißen und die Weisung gegeben wurde, Abschriften davon an das Handelsministerium und an die Gesetzgebenden Versammlungen der einzelnen Provinzen abzuschicken. Der Plan hatte ein eigentümliches Schicksal: die Assemblies nahmen ihn nicht an, weil nach ihrer Ansicht zuviel *Vorrechte für die Krone* darin lagen, und in England erachtete man ihn für allzu *demokratisch*. Das Handelsministerium gab ihm daher weder seine Zustimmung, noch empfahl es ihn Seiner Majestät zur Zustimmung. Dagegen wurde ein anderer Entwurf vorgelegt, von dem man annahm, daß er demselben Zweck besser entspräche, wonach die Gouverneure der Provinzen mit einigen Mitgliedern ihrer entsprechenden Provinzialräte zusammentreten, die Aushebung von Truppen, den Bau von Forts usw. anordnen und die Kosten dafür aus dem Staatsschatz von Großbritannien einziehen sollten. Die Ausgaben hierfür sollten später mittels einer Parlamentsakte, die eine Steuer auf Amerika legte, wieder ersetzt werden. Mein Plan mit den dafür sprechenden Gründen ist unter meinen im Druck erschienenen politischen Aufsätzen zu finden.

Als ich im darauffolgenden Winter in Boston war, unterhielt

ich mich vielfach mit dem Statthalter Shirley über beide Pläne. Ein Teil dessen, was bei dieser Gelegenheit zwischen uns verhandelt wurde, ist ebenfalls unter obigen Abhandlungen zu finden. Die verschiedenen und entgegengesetzten Gründe der Abneigung gegen meinen Plan lassen mich mutmaßen, daß dieser in der Tat das richtige Mittel gewesen wäre, und ich bin immer noch der Ansicht, es wäre ein Glück für beide Seiten diesseits und jenseits des Ozeans gewesen, wenn man ihn angenommen hätte. Auf diese Weise vereinigt, wären die Kolonien stark genug gewesen, sich selbst zu verteidigen, und hätten dann keine Truppen aus England nötig gehabt, und so würde selbstverständlich der nachfolgende Vorwand zur Besteuerung Amerikas und der dadurch veranlaßte blutige Kampf vermieden worden sein. Allein derartige Mißgriffe sind nichts Neues: die Geschichte wimmelt von den Irrtümern der Staaten und Fürsten.

>Betrachte rings dir die bewohnte Welt, wie wenige
Verstehn ihr eignes Wohl noch folgen ihm, wenn
sie's verstehn!<

Die Regierenden haben meist viel zu tun und machen sich im allgemeinen nicht gern die Mühe, neue Projekte zu überlegen und zu verwirklichen. Die besten öffentlichen Maßnahmen werden daher selten *aus vorheriger Weisheit angenommen, sondern von der Situation aufgezwungen.*

Der Gouverneur von Pennsylvania sandte den Entwurf an die Assembly mit seinem ausdrücklichen Beifall, >da derselbe ihm mit großer Klarheit und Schärfe des Urteils ausgedacht scheine, weshalb er ihn als ihrer genauesten und ernstesten Beachtung würdig empfehle.< Auf das Betreiben eines gewissen Mitgliedes aber setzte das Haus ihn auf die Tagesordnung, als ich zufällig abwesend war, was ich für ein nicht gerade billiges Verfahren hielt, und verwarf ihn zu meiner nicht geringen Demütigung, ohne ihn auch nur der geringsten Beachtung zu würdigen.

Auf meiner Reise nach Boston in diesem Jahr traf ich in New York unseren neuen Gouverneur, Mr. Morris, der soeben aus

England angekommen und mit dem ich zuvor schon gut bekannt gewesen war. Er brachte eine Ernennung zum Nachfolger des Mr. Hamilton mit, der, der Zänkereien müde, denen ihn seine von den Eigentümern erhaltenen Instruktionen aussetzten, sein Amt niedergelegt hatte. Mr. Morris fragte mich, ob ich glaube, daß er sich auf eine ebenso unangenehme Amtsperiode gefaßt machen müsse. Ich erwiderte: »Aber nein; Sie können es im Gegenteil sehr angenehm haben, wenn Sie nur Sorge tragen wollen, sich auf keinen Streit mit der Assembly einzulassen!« – »Mein lieber Freund«, sagte er scherzend, »wie können Sie mir raten, Streitereien auszuweichen? Sie wissen, ich bin ein Freund des Disputierens; es ist eines meiner liebsten Vergnügen; um Ihnen jedoch die Hochschätzung zu zeigen, die ich für Ihren Rat hege, verspreche ich Ihnen, allen Disputen nach Möglichkeit auszuweichen.« Er hatte allerdings einigen Grund, das Disputieren zu lieben, da er ein guter Redner, ein spitzfindiger Sophist und daher meistens erfolgreich war, wenn es bei einem Gespräch auf Gründe und Beweise ankam. Er war hierzu von Jugend auf erzogen worden, denn soviel ich hörte, hatte sein Vater seine Kinder daran gewöhnt, zu seiner Unterhaltung miteinander zu streiten, wenn sie nach dem Essen am Tische saßen. Dies war jedoch meines Erachtens kein weises Verfahren, denn nach meinen Beobachtungen sind solche streitsüchtigen, stets widersprechenden und widerlegenden Leute gewöhnlich unglücklich in ihren eigenen Angelegenheiten. Sie tragen zwar zuweilen den Sieg davon, ernten aber niemals Dankbarkeit, die ihnen von größerem Nutzen sein würde. Wir trennten uns, denn er ging nach Philadelphia und ich nach Boston.

Bei meiner Rückkehr fand ich in New York die Abstimmungen der Assembly, aus denen hervorging, daß er trotz seines mir gegebenen Versprechens bereits mit dem Hause in heftigem Streit stand. Es fand zwischen beiden ein fortwährender Krieg statt, solange er Gouverneur war. Ich bekam ebenfalls meinen Anteil daran ab, denn sobald ich wieder auf meinen Sitz in der Assembly zurückgekehrt war, wurde ich in jeden Ausschuß gewählt, um seine Reden und Botschaften zu beantworten, und von den Ausschüssen meist mit der Abfassung der betreffenden Entwürfe betraut. Unsere Antworten waren, geradeso wie seine Botschaften, oft scharf und manchmal recht unanständig grob. Da er wußte, daß ich für die Versammlung die Feder führte, so hätte man vermuten können, wir müßten uns eigentlich gegenseitig die Kehle abschneiden, wenn wir uns begegneten. Er war jedoch ein solch gutmütiger Mensch, daß jener Streit keine persönliche Feindschaft zwischen ihm und mir veranlaßte und wir oft miteinander speisten.

Auf dem Gipfelpunkt dieses öffentlichen Haders begegneten wir uns eines Nachmittags auf der Straße. »Franklin«, sagte er, »Sie müssen mit mir nach Hause gehen und den Abend bei mir verbringen; ich werde einige Gesellschaft haben, die Ihnen gefallen wird.« Dabei nahm er mich am Arm und führte mich nach seinem Hause. In heiterer Unterhaltung bei unserem Wein nach Tisch äußerte er im Scherz, er bewundere sehr den Einfall Sancho Pansas, der, als man ihm einen Gouverneursposten anbot, die Bitte stellte, es möchte ein Gouverneursposten über *Schwarze* sein, da er dann seine Untertanen doch verkaufen könnte, falls er sich mit diesen nicht zu vertragen wüßte. Einer seiner Freunde, der neben mir saß, sagte: »Franklin, warum fahren Sie fort, es mit diesen verwünschten Quäkern zu halten? Würden Sie nicht besser tun, diese zu verkaufen? Der Eigentümer würde Ihnen einen guten Preis bezahlen.« – »Der Gouverneur hat sie noch nicht genug *angeschwärzt*«, gab ich zur Antwort. Er hatte sich nämlich sehr bemüht, die Assembly in allen seinen Botschaften tüchtig anzuschwärzen, allein diese wischte seine Farbe so rasch ab, als er sie auflegte, und malte sie dafür dick auf sein eigenes Gesicht, so daß er fand, er werde am Ende selbst zum Neger werden, wie er denn endlich wie Mr. Hamilton des Streits müde wurde und von seinem Gouverneursposten zurücktrat.

Diese öffentlichen Händel* rührten im Grunde alle von den Eigentümern her, unseren erblichen Gouverneuren, die, wenn irgendeine Ausgabe für die Verteidigung ihrer Provinz bestrit-

* Mein Vorgehen zur Zeit von Morris, Militär etc.

ten werden sollte, mit unglaublicher Gemeinheit ihren Bevollmächtigten die Weisung gaben, kein Gesetz für die Erhebung der erforderlichen Steuern durchgehen zu lassen, falls ihre ungeheueren Ländereien in demselben Gesetz nicht ausdrücklich für steuerfrei erklärt würden; ja, sie hatten sogar ihre Sachwalter förmlich in die Pflicht genommen, solche Instruktionen einzuhalten. Die Assemblies wehrten sich drei Jahre lang gegen diese Ungerechtigkeit, wurden aber zuletzt zum Nachgeben gezwungen. Endlich erkühnte sich Kapitän Denny, der Nachfolger von Gouverneur Morris, jenen Weisungen nicht zu gehorchen; wie dies zustande kam, werde ich später erzählen.

Allein ich bin meiner Geschichte zu weit vorausgeeilt und habe hier noch einige Angelegenheiten zu erwähnen, die während der Verwaltung des Gouverneurs Morris vorfielen.

Da der Krieg mit Frankreich gewissermaßen begonnen hatte, beabsichtigte die Regierung von Massachusetts Bay einen Angriff auf Crown Point und schickte Mr. Quincy nach Pennsylvania und Mr. Pownall, den nachmaligen Gouverneur, nach New York, um Hilfe anzufordern. Da ich in der Assembly saß, deren Stimmung kannte und Mr. Quincys Landsmann war, so wandte er sich an mich, um meinen Einfluß und meine Unterstützung zu erhalten. Ich diktierte ihm eine Adresse an die Versammlung; diese nahm sie gut auf und bewilligte eine Unterstützung von zehntausend Pfund, die in Proviant angelegt werden sollten. Da jedoch der Gouverneur seine Zustimmung zu ihrer Gesetzesvorlage verweigerte (die diese mit anderen für den Gebrauch der Krone bewilligten Summen umfaßte), wenn nicht eine Klausel darin aufgenommen würde, die den Landbesitz der Eigentümer von jedem Beitrag zu der erforderlich werdenden Steuer befreie, so wußte die Assembly trotz ihres Wunsches, ihre Bewilligung an Neuengland wirksam zu machen, doch nicht, wie sie dies bewerkstelligen solle. Mr. Quincy versuchte sein Möglichstes bei dem Gouverneur, um seine Zustimmung zu erlangen, aber dieser war hartnäckig.

Ich riet nun zu einem Verfahren, um dieses Problem ohne den Gouverneur zu klären durch Weisungen an die Kuratoren der Leihbank, bei denen die Assembly Anleihen zu machen gesetzlich befugt war. Es war allerdings damals wenig oder gar kein Geld in der Bank, und ich machte daher den Vorschlag, man solle die Anweisungen binnen Jahresfrist zahlbar und mit fünf Prozent verzinslich machen. Ich hoffte, daß man mit diesen Anweisungen die Lebensmittel leicht kaufen könne. Die Assembly nahm den Vorschlag ohne vieles Zögern an. Die Anweisungen wurden sogleich gedruckt, und ich gehörte zu dem Komitee, das die Weisung hatte, diese zu unterzeichnen und auszugeben. Der zur Einlösung derselben bestimmte Fonds waren die Zinsen von dem gesamten Papiergeld, das damals von seiten der Leihbank in der Provinz existierte, nebst dem Ertrag aus der Akzise, die als mehr als zureichend bekannt war. Die Papiere erlangten deshalb augenblicklich Kredit und wurden nicht allein als Zahlung für den Proviant angenommen, sondern manche wohlhabende Leute, die bares Geld liegen hatten, legten es in diesen Hilfskassenscheinen an, weil sie diese für vorteilhaft ansahen, da sie einstweilen dem Besitzer Zins trugen und bei jeder Gelegenheit als Geld verwendet werden konnten. Diese wurden daher alle begierig aufgekauft, und binnen weniger Wochen waren gar keine mehr zu sehen. So wurde dieses wichtige Geschäft durch meine Vermittlung ausgeführt. Mr. Quincy erstattete der Assembly seinen Dank in einem hübschen Schreiben, kehrte hochbefriedigt von dem Erfolg seiner Sendung nach Hause zurück und erwies mir stets danach die herzlichste und wärmste Freundschaft.

Da die britische Regierung der Vereinigung der Kolonien, wie sie in Albany vorgeschlagen worden war, ihre Zustimmung nicht erteilen und diese Union nicht mit ihrer eigenen Verteidigung betrauen wollte, damit die Provinzen dadurch nicht zu kriegerisch und sich ihrer eigenen Stärke bewußt werden sollten, und da man damals allerlei Argwohn und Eifersucht ihnen gegenüber hegte, so sandte sie den General Braddock mit zwei Regimentern regulärer englischer Truppen zu diesem Zweck herüber. Er landete zu Alexandria in Virginia und marschierte von da nach Frederictown in Maryland, wo er haltmachte und auf Fuhrwerke wartete. Weil unsere Assembly auf irgendeinen Wink hin fürchtete, der General trage sich mit heftigen Vorurteilen gegen sie, als sei sie nicht zur Unterstützung bereit, so wünschte sie, daß ich ihm meine Aufwartung mache, aber nicht als von ihr gesandt, sondern als Generalpostmeister, unter dem Vorwand, ihm Vorschläge zu machen und ein Übereinkommen mit ihm zu treffen über die Art und Weise, wie die Depeschen zwischen ihm und den Gouverneuren der einzelnen Provinzen, mit denen er notwendig in fortwährendem Briefwechsel stehen müßte, mit der möglichsten Schnelligkeit und Sicherheit sowie auf Kosten der Assembly zu besorgen seien. Mein Sohn begleitete mich auf dieser Reise.

Wir trafen den General zu Frederictown, wo er ungeduldig auf die Rückkehr derjenigen wartete, die er in die entlegeneren Bezirke von Maryland und Virginia gesandt hatte, um Fuhrwerke aufzutreiben. Ich blieb mehrere Tage bei ihm, speiste täglich mit ihm und hatte reichlich Gelegenheit, alle seine Vorurteile durch die Nachricht von dem zu beseitigen, was die Assembly schon vor seiner Ankunft wirklich getan hatte und noch zu tun gewillt war, um seine Unternehmungen zu erleichtern. Als ich schon im Begriff war abzureisen, wurden die besorgten Wagen gebracht, wobei sich ergab, daß sie sich nur auf fünfundzwanzig beliefen und daß selbst diese nicht alle in diensttauglichem Zustand waren. Der General und seine Offiziere waren überrascht und erklärten, die Expedition sei nun zu Ende und unmöglich, und schimpften auf die Minister, weil diese sie aus Unwissenheit in einer Gegend hatten landen lassen, wo alle Mittel zur Fortschaffung ihrer Vorräte, Bagage usw. fehlten, wozu man nicht weniger als hundertundfünfzig Wagen benötigte.

Ich äußerte nebenbei die Ansicht, es sei schade, daß sie nicht lieber in Pennsylvania gelandet seien, weil in diesem Lande beinahe jeder Bauer seinen Wagen hatte. Der General hielt sich begierig an meine Worte und sagte: »Dann können Sie, Sir, der Sie dort soviel Ansehen genießen, uns wahrscheinlich welche verschaffen, und ich bitte Sie, es wenigstens zu versuchen.« Ich erkundigte mich nach den Bedingungen, die den Eigentümern der Wagen geboten würden, und wurde gebeten, diejenigen Bedingungen zu Papier zu bringen, die mir notwendig erschienen. Dies tat ich. Sie wurden angenommen, und sogleich wurde eine Vollmacht mit den nötigen Instruktionen aufgesetzt. Von welcher Art jene Bedingungen waren, wird aus der Anzeige hervorgehen, die ich unmittelbar nach meiner Ankunft in Lancaster veröffentlichte. Da diese wegen der großen und augenblicklichen Wirkung, die sie hervorbrachte, ein bemerkenswertes Dokument geworden ist, so werde ich sie nachstehend in ihrem ganzen Wortlaut einfügen:

Bekanntmachung

Lancaster, 26. April 1755

Da für den Dienst der königlichen Truppen, die im Begriff stehen, sich in Wills Creek zu sammeln, einhundertundfünfzig vierspännige Wagen und fünfzehnhundert Reit- oder Packpferde erforderlich sind und Seine Exzellenz General Braddock geruht hat, mich zum Abschluß von Mietverträgen dafür zu ermächtigen, gebe ich hiermit Nachricht, daß ich von heute bis zum künftigen Mittwochabend in Lancaster und vom nächsten Donnerstagmorgen bis zum Freitagabend in York verweilen und bereit sein werde, für Wagen und Gespann oder einzelne Pferde unter den folgenden Bedingungen Verträge abzuschließen, nämlich: 1. Für jeden Wagen mit vier guten Pferden und einem Fuhrmann werden fünfzehn Shilling täglich, für jedes tüchtige Pferd mit einem Packsattel oder anderem Sattel und Zaumzeug zwei Shilling täglich und für jedes tüchtige Pferd ohne Sattel achtzehn Pence pro Tag bezahlt werden. – 2. Die Bezahlung beginnt von der Zeit an, wo diese bei den Streitkräften in Wills Creek eintreffen, was am oder vor dem kommenden 20. Mai geschehen muß, und außerdem wird eine angemessene Vergütung für die nach Wills Creek nötige Reise und für die Heimreise nach der Entlassung geleistet werden. – 3. Jeder Wagen, jedes Gespann und jedes Reit- oder Packpferd soll von unbeteiligten Personen, die von mir und den Eigentümern zu wählen sind, geschätzt werden; im Fall des Verlustes irgendeines Wagens, Gespanns oder Pferdes im Dienste soll aber der Preis nach dieser Schätzung vergütet und bezahlt werden. – 4. Dem Eigentümer eines jeden Wagens und Gespanns oder Pferdes soll von mir auf Verlangen bei Abschluß des Vertrags eine siebentägige Löhnung im voraus auf die Hand bezahlt und der Rest von General Braddock oder dem Zahlmeister der Armee bei der Entlassung oder auch von Zeit zu Zeit ausbezahlt werden, je nachdem es verlangt wird. – 5. Kein Fuhrmann bei den Wagen und keine anderen mit der Pflege der gemieteten Pferde betrauten Personen werden unter irgendeinem Vorwand aufgefordert werden, den Dienst von Soldaten zu tun oder andere Pflichten zu übernehmen als die Führung und Besorgung ihrer Fuhrwerke und Pferde. – 6. Aller Hafer, Mais oder sonstige Fourage, die die Wagen oder Pferde über den nötigen Bedarf für den Unterhalt der Pferde hinaus mit ins Lager bringen, soll für den Gebrauch der Armee angenommen und mit einem anständigen Preis bezahlt werden.

Bemerkung: Mein Sohn William Franklin ist ermächtigt, mit jedermann in Cumberland County denselben Vertrag einzugehen.

B. Franklin

An die Einwohner der Grafschaften
Lancaster, York und Cumberland
Freunde und Landsleute!

Als ich vor einigen Tagen zufällig im Lager zu Frederic war, fand ich den General und die Offiziere äußerst erbittert darüber, daß ihnen nicht die Pferde und Fuhrwerke geliefert wurden, die sie von dieser Provinz erwartet hatten, zumal diese am besten imstande war, sie zu liefern; allein infolge von Meinungsverschiedenheiten zwischen unserem Gouverneur und der Assembly war nicht für Geld gesorgt noch irgendeine Vorkehrung zu diesem Zwecke getroffen worden.

Man beabsichtigte, sofort Streitkräfte in diese Grafschaften zu schicken und so viele von den besten Wagen und Pferden zu beschlagnahmen, wie man benötigte, und ebenso viele Personen, wie zur Führung und Versorgung derselben erforderlich sein würden, zum Dienste zu zwingen.

Ich fürchtete, daß das Vordringen britischer Soldaten in diese Grafschaften bei einer derartigen Gelegenheit, besonders in ihrer gegenwärtigen Stimmung und der Erbitterung gegen uns, viele und große Unannehmlichkeiten für die Einwohner herbeigeführt haben würde. Ich unterzog mich daher um so bereitwilliger der Mühe, zuerst zu versuchen, was mit ehrlichen und billigen Mitteln zu erreichen wäre. Die Bewohner dieser entlegenen Grafschaften haben sich neuerdings bei der Assembly über das Fehlen einer genügenden Menge baren Geldes beschwert. Ihr habt nun eine Gelegenheit, eine sehr bedeutende Summe einzunehmen und unter Euch zu verteilen; denn wenn der Dienst dieser Expedition, wie höchstwahrscheinlich der Fall sein wird, einhundertundzwanzig Tage andauern sollte, so wird die Miete jener Pferde und Wagen sich auf mehr als dreißigtausend Pfund belaufen, die Euch in barem Silber und Gold königlicher Prägung ausgezahlt werden.

Der Dienst wird leicht und angenehm sein, denn die Armee wird kaum über zwölf Meilen weit pro Tag marschieren, und die Wagen und Packpferde, da sie nur solche Dinge fortzuschaffen haben, die für die Wohlfahrt der Armee absolut notwendig sind, müssen mit dieser marschieren und nicht schneller, und sie werden daher um der Armee selbst willen immer nur dahin gestellt, wo sie am sichersten sein können, sei es auf einem Marsch oder in einem Lager.

Wenn Ihr also wirklich gute und getreue Untertanen Seiner Majestät seid, wofür ich Euch halte, so könnt Ihr nun einen höchst dankenswerten Dienst leisten und es Euch selbst angenehm machen, denn drei oder vier von denjenigen, die nicht für sich einen Wagen mit vier Pferden und einem Fuhrmann bei den Geschäften ihrer Pflanzungen entbehren können, mögen es miteinander tun, indem der eine einen Wagen, ein anderer eines oder zwei Pferde und ein dritter den Fuhrmann stellt und Ihr die Bezahlung in angemessenem Verhältnis unter Euch teilt. Wenn Ihr jedoch diesen Dienst Eurem König und Lande nicht freiwillig leistet, wenn Euch eine solch gute Bezahlung und anständige Bedingungen angeboten werden, so wird man Eure Treue stark anzweifeln. Des Königs Auftrag muß erfüllt werden; so viele tapfere Truppen, die zu Eurer Verteidigung so weit hergekommen sind, dürfen nicht müßig liegen durch Eure Saumseligkeit, das zu tun, was man vernünftigerweise von Euch erwarten kann; Wagen und Pferde müssen beschafft werden, gewaltsame Maßregeln werden sonst vielleicht gebraucht werden, und Ihr werdet dann eine Entschädigung suchen müssen, wo Ihr sie finden könnt, und Eure Lage wird vielleicht wenig bedauert oder beachtet werden.

Ich habe kein besonderes Interesse an dieser Angelegenheit, da ich – außer dem Bewußtsein, mich für einen guten Zweck bemüht zu haben – nur Arbeit für meine Bemühungen haben werde. Sollte aber möglicherweise diese Methode, Pferde und Wagen zu bekommen, nicht gelingen, so bin ich genötigt, in vierzehn Tagen den General davon zu benachrichten, und wahrscheinlich wird dann Sir John St. Clair, der Husar, mit einer Abteilung Soldaten sofort zu jenem Zweck in die Provinz einrücken, was zu vernehmen mir sehr leid tun wird, weil ich ganz aufrichtig und wahrhaftig bin Euer wohlmeinender Freund und Gönner

B. Franklin

Ich empfing von dem General ungefähr achthundert Pfund, um die Vorschüsse an die Wagenbesitzer usw. zu leisten. Da aber die Summe nicht ausreichte, streckte ich noch über zweihundert Pfund aus meiner Tasche vor, und in zwei Wochen waren die hundertundfünfzig Wagen nebst zweihundertundneunundfünfzig Packpferden auf ihrem Marsch nach dem Lager. Die Bekanntmachung versprach Vergütung je nach der Schätzung, falls irgendeiner der Wagen oder eines der Pferde verlorengehen sollte. Da die Besitzer aber vorschützten, daß sie den General Braddock weder kannten noch wüßten, inwieweit seiner Zusage zu trauen sei, so bestanden sie auf meiner Bürgschaft für deren Erfüllung, die ich ihnen denn auch gab.

Während ich im Lager war und eines Abends mit den Offizieren von Oberst Dunbars Regiment speiste, äußerte dieser mir seine Besorgnisse für die niederen Offizierschargen, die, wie er sagte, im allgemeinen nicht im Überfluß lebten und kaum imstande seien, in diesem teuren Lande sich die Vorräte anzuschaffen, die für einen solch langen Marsch durch die Wildnis nötig waren, wo man nichts kaufen konnte. Ich bemitleidete ihre Lage und nahm mir vor, durch meine Bemühungen ihnen einige Abhilfe zu schaffen. Ich äußerte jedoch gegen den Obersten nichts von meiner Absicht, sondern schrieb am anderen Morgen an den Ausschuß der Assembly, der einige öffentliche Gelder zu seiner Verfügung hatte, empfahl die Sache jener Offiziere warm ihrer Erwägung und machte den Vorschlag, denselben ein Geschenk an den notwendigen Lebensmitteln und Erfrischungen zu senden. Mein Sohn, der mit dem Lagerleben und seinen Bedürfnissen einigermaßen vertraut war, setzte eine Liste für mich auf, die ich meinem Brief beilegte. Der Ausschuß billigte sie und legte solchen Eifer an den Tag, daß jene Vorräte unter der Führung meines Sohnes gleichzeitig mit den Wagen im Lager eintrafen. Sie bestanden aus zwanzig Paketen, wovon jedes enthielt:

6 Pfund Hutzucker,
6 Pfund guten Farinzucker,
1 Pfund guten grünen Tee,
1 Pfund guten schwarzen Tee,
6 Pfund gemahlenen Kaffee,
6 Pfund Schokolade,
½ Kiste besten weißen Zwieback,
½ Pfund Pfeffer,
1 Quart besten weißen Weinessig,
1 Gloucester-Käse,
1 Tönnchen mit 20 Pfd. guter Butter,
2 Dutzend Flaschen alten Madeira,

2 Gallonen Jamaica-Rum,
1 Flasche Senfmehl,
2 gutgeräucherte Schinken,
½ Dutzend geräucherte Zungen,
6 Pfund Reis,
6 Pfund Rosinen.

Diese zwanzig Pakete wurden gut verpackt, auf ebenso viele Pferde geladen und jedes Paket samt dem Pferde zu einem Geschenk für einen Offizier bestimmt. Sie wurden sehr dankbar angenommen und die erwiesene Freundlichkeit in Briefen an mich von den Obersten der beiden Regimenter in den dankbarsten Ausdrücken anerkannt. Auch der General war äußerst befriedigt von meiner Bemühung, ihm die Wagen usw. zu verschaffen, bezahlte bereitwillig die Rechnung für meine Auslagen, dankte mir wiederholt und bat mich dringend um meine weitere Mithilfe bei der Nachsendung von Lebensmitteln an ihn. Ich unterzog mich auch diesem Auftrag und war höchst eifrig damit beschäftigt, bis wir von seiner Niederlage hörten. Ich hatte für die Dienstleistungen über tausend Pfund von meinem eigenen Geld ausgelegt, worüber ich ihm eine Abrechnung schickte. Sie gelangte zu meinem Glück einige Tage vor der Schlacht in seine Hände, und er schickte mir unverzüglich eine Anweisung an den Zahlmeister für die runde Summe von eintausend Pfund und ließ den Rest bis zur nächsten Abrechnung offen. Ich betrachte diese Zahlung als ein großes Glück, da ich später niemals imstande gewesen bin, jenen Rest zu erlangen, wovon später die Rede sein wird.

Dieser General war meines Erachtens ein tapferer Mann und würde wahrscheinlich als guter Offizier in irgendeinem europäischen Krieg eine Rolle gespielt haben. Allein er hatte zuviel Selbstvertrauen, eine zu hohe Meinung von der Tüchtigkeit der regulären Truppen und eine zu niedrige von den Amerikanern wie von den Indianern. George Croghan, unser indianischer Dolmetscher, stieß auf dem Marsch zu ihm, mit hundert Indianern, die als Führer, Kundschafter und dergleichen seinem

Heer von großem Nutzen hätten sein können, wenn er sie freundlich aufgenommen hätte; allein er behandelte sie geringschätzig und vernachlässigte sie, und so liefen sie ihm allmählich davon.

Eines Tages unterhielt ich mich mit ihm, und er wollte mir einigen Begriff von seinem beabsichtigten Vorrücken geben. »Nach der Einnahme des Fort Duquesne«, sagte er, »werde ich mich nach Niagara wenden, nach dessen Einnahme nach Frontenac, wenn die Jahreszeit es noch gestatten sollte, was meines Erachtens der Fall sein wird, denn Duquesne kann mich kaum länger als drei oder vier Tage aufhalten, und dann sehe ich nichts mehr, was meinen Marsch nach Niagara behindern könnte.« Da ich mir zuvor meine Gedanken über die lange Kolonne gemacht hatte, die sein Heer auf dem Marsch auf einem sehr schmalen Wege bilden mußte, der erst durch Wald und Gebüsch zu hauen war, und nach dem, was ich von einer früheren Niederlage von fünfzehnhundert Franzosen bei einem Einfall in das Land der Irokesen gehört, hatte ich einige Zweifel und Befürchtungen hinsichtlich des Erfolgs dieses Feldzugs bekommen. Aber ich wagte nur zu bemerken: »Allerdings, Sir, wenn Sie mit diesen schönen und so gut mit Artillerie versehenen Truppen wohlbehalten vor Duquesne ankommen, so kann dieses Fort, das noch nicht vollständig befestigt und, soviel ich höre, nur mit einer schwachen Garnison besetzt ist, wahrscheinlich nur kurze Zeit Widerstand leisten. Die einzige Gefahr, die ich für Ihren Marsch sehe, sind die Hinterhalte von Indianern, die durch fortwährende Übung im Legen und Ausführen derselben sehr geschickt sind. Die schmale, beinahe vier Meilen lange Kolonne, die Ihre Armee bilden muß, dürfte sie Überfällen und Überrumpelungen in ihren Flanken und der Gefahr aussetzen, wie ein Faden in mehrere Stücke geschnitten zu werden, die wegen ihrer Entfernung voneinander nicht zeitig genug aufrücken können, um einander zu unterstützen.«

Er lächelte über meine Unwissenheit und erwiderte: »Diese Wilden mögen allerdings für eure rohe amerikanische Miliz ein furchtbarer Feind sein, allein auf des Königs reguläre und wohl-

Franklin kündigt dem royalistischen Abgeordneten Strahan
die Freundschaft auf

Philadelphia, 5. Juli 1775

Mr. Strahan,

Sie sind Parlamentsmitglied und gehören zu jener Mehrheit, die mein Land
zur Zerstörung verurteilt hat. – Sie haben begonnen, unsere Städte zu verbrennen und unser Volk zu töten. Betrachten Sie Ihre Hände! – Sie sind be-
fleckt mit dem Blut Ihrer Verwandten! – Sie und ich waren lange Zeit
Freunde: – Sie sind jetzt mein Feind ...

disziplinierte Truppen, Sir, werden sie unmöglich irgendeinen Eindruck machen.« Ich war mir bewußt, daß es unpassend für mich sein würde, mit einem Militär über Gegenstände seines Berufs zu streiten, und ich sagte nichts weiter. Der Feind machte sich übrigens den Vorteil nicht zunutze, den, wie ich befürchtet hatte, die lange Marschlinie der Armee des Generals dem Gegner geboten hätte, sondern ließ diese ungehemmt bis auf ungefähr neun Meilen an jenen Platz vordringen; dann aber, als die Briten in einer Masse (denn sie hatten soeben einen Fluß passiert, wo der Vortrab haltgemacht hatte, bis alle herübergekommen waren) und an dem offensten Punkt der Wälder, den sie noch passiert hatten, beieinander waren, griff der Feind ihre Vorhut mit einem mächtigen Feuer hinter Bäumen und Gebüsch hervor an. Das war die erste Nachricht, die der General von der Nähe des Feindes erhielt. Als die Vorhut in Unordnung geriet, führte Braddock die Truppen ihr eiligst zu Hilfe, was in großer Verwirrung, durch Wagen, Bagage und Vieh hindurch geschah. Plötzlich erhielten diese Feuer in ihrer Flanke; die Offiziere zu Pferde waren leichter zu unterscheiden, wurden zu Zielscheiben auserlesen und fielen sehr schnell; die Soldaten wurden auf einen wirren Haufen zusammengetrieben, bekamen oder hörten kein Kommando mehr und mußten dem Feuer standhalten, bis zwei Drittel von ihnen gefallen waren; dann wurden sie von panischem Schreck ergriffen und wandten sich alle zu jäher Flucht.

Die Fuhrleute nahmen jeder ein Pferd aus seinem Gespann und rissen aus; ihrem Beispiel folgten andere, und so wurden die Wagen, der Proviant, die Geschütze, die Munitionsvorräte dem Feinde überlassen. Der General wurde verwundet und nur mit Mühe fortgeschafft, sein Sekretär, Mr. Shirley, an seiner Seite erschossen; von sechsundachtzig Offizieren waren dreiundsechzig gefallen oder verwundet, und von elfhundert Soldaten siebenhundertundvierzehn getötet. Diese elfhundert waren sämtlich aus der ganzen Armee auserlesene Mannschaften gewesen; die übrigen waren mit Oberst Dunbar zurückgeblieben, der mit dem schweren Teil der Kriegsausrüstung, des

Proviants und der Bagage folgen sollte. Die Flüchtlinge gelangten ohne Verfolgung in Dunbars Lager, und der panische Schrecken, der sie erfaßt hatte, ergriff augenblicklich ihn und seine ganze Mannschaft. Obwohl der Oberst nun über tausend Mann bei sich hatte und der Feind, der Braddock geschlagen hatte, höchstens aus vierhundert Indianern und Franzosen im ganzen bestand, befahl er dennoch, anstatt vorzurücken und wenigstens den Versuch zu machen, etwas von der verlorenen Ehre wiederzugewinnen, die Vernichtung aller Vorräte, Munition usw., nur um desto mehr Pferde zur Sicherung seiner Flucht nach den Ansiedlungen und weniger Ballast zum Mitnehmen zu haben. In den Niederlassungen fand er Bitten von seiten der Gouverneure von Virginia, Maryland und Pennsylvania vor, er möge seine Truppen an der Grenze aufstellen, um den Einwohnern einigen Schutz zu gewähren; allein er setzte seinen eiligen Marsch durch das ganze Land fort und glaubte sich nicht eher sicher, als bis er Philadelphia erreichte, wo die Einwohner ihn beschützen konnten. Dieser Vorfall weckte in uns Amerikanern den ersten Argwohn, daß unsere hohe Meinung von der Tapferkeit der britischen Regulären nicht sehr begründet gewesen war.

Schon auf ihrem ersten Ausmarsch von der Landung und bei ihrem Vordringen durch die Ansiedlungen hatten diese britischen Regulären die Einwohner ausgeplündert und beraubt, manche arme Familien ganz ruiniert und außerdem die Leute beleidigt, mißhandelt und eingesperrt, wenn sie protestierten. Dies war genug, um uns über den Nutzen derartiger Verteidiger aufzuklären, wenn wir je welcher bedurft hätten. Wie verschieden davon war die Aufführung unserer französischen Freunde im Jahr 1781, die auf dem Marsch durch den am dichtesten besiedelten Teil unseres Landes, von Rhode Island bis nach Virginia, beinahe siebenhundert Meilen weit nicht zu der geringsten Klage über den Verlust eines Schweins, eines Huhns oder auch nur eines Apfels Anlaß gaben!

Kapitän Orme, einer von den Adjutanten des Generals und ebenfalls schwer verwundet, wurde mit diesem fortgeschafft und blieb bei ihm bis an dessen Tod, der nach einigen Tagen eintrat. Der Kapitän erzählte mir, der General sei den ganzen ersten Tag gänzlich still geblieben und habe bei Nacht nur geäußert: »Wer hätte das gedacht?«, habe den folgenden Tag abermals tiefes Schweigen bewahrt und schließlich gesagt: »Wir werden ein andermal besser wissen, wie man mit ihnen umspringen muß«, und sei dann wenige Minuten darauf verschieden.

Da die Papiere des Sekretärs samt all den Befehlen, Instruktionen und dem Briefwechsel des Generals in die Hände des Feindes gefallen waren, wählte dieser eine Anzahl derselben aus und ließ sie ins Französische übersetzen und als Zeitungsartikel veröffentlichen, um die feindseligen Absichten des britischen Hofes vor der Kriegserklärung nachzuweisen. Unter diesen sah ich auch einige Briefe des Generals an das Ministerium, die voll Anerkennung der Dienste gedachten, die ich der Armee erwiesen habe, und mich dem Ministerium zur Berücksichtigung empfahlen. Auch David Hume, einige Jahre später Sekretär bei Lord Hertford, solange dieser Gesandter in Frankreich war, und dann bei General Conway, dem damaligen Staatssekretär, erzählte mir, er habe unter den Papieren in des letzteren Büro Briefe von General Braddock gesehen, die mich demselben sehr warm empfahlen. Weil aber die Expedition unglücklich gewesen war, scheinen meine Dienste für nicht sonderlich wertvoll erachtet worden zu sein, denn jene Empfehlungen brachten mir niemals den mindesten Vorteil.

Als Lohn für meine Bemühungen verlangte ich von dem General selbst nur eine einzige Gefälligkeit, nämlich daß er an seine Offiziere einen Befehl erlasse, keine von unseren gekauften Knechten mehr einzureihen und diejenigen freizugeben, die bereits eingereiht worden seien. Dies gewährte er gern, und es wurden demgemäß mehrere auf meine Verwendung ihren Herren zurückgegeben. Als der Oberbefehl an Dunbar überging, war dieser nicht so großmütig. Während er auf seinem Rückzug oder vielmehr seiner Flucht in Philadelphia verweilte, wandte ich mich an ihn wegen der Freigebung der Knechte von drei armen Bauern in der Grafschaft Lancaster, die er eingereiht hatte, und erinnerte ihn an die Befehle des verstorbenen Generals in dieser Hinsicht. Er versprach mir, falls die Eigentümer zu ihm nach Trenton kommen sollten, wo er in einigen Tagen auf seinem Marsch nach New York eintreffen würde, ihnen dort ihre Leute herauszugeben. Sie machten sich deshalb die Mühe und Kosten, nach Trenton zu reisen, wo er sich dann zu ihrem großen Schaden und ihrer Enttäuschung weigerte, sein Versprechen zu halten.

Sobald der Verlust der Wagen und Pferde allgemein bekannt wurde, drangen die sämtlichen Eigentümer wegen der Entschädigung auf mich ein, deren Bezahlung ich ihnen verbürgt hatte. Ihre Forderungen machten mir sehr viel Mühe und Unannehmlichkeit, denn wenn ich ihnen auch sagte, daß das Geld bar in den Händen des Zahlmeisters sei, aber der Zahlungsbefehl dafür erst von General Shirley eingeholt werden müsse, und wenn ich ihnen auch versicherte, daß ich mich bereits brieflich an den General gewandt habe, daß aber bei der Entfernung seines Standorts eine Antwort noch nicht so rasch eintreffen könne und daß sie Geduld haben müßten, so reichte dies alles nicht, sie zufriedenzustellen, und einige begannen mich zu verklagen. General Shirley erlöste mich endlich aus dieser peinlichen Lage, indem er Beauftragte zur Prüfung der Ansprüche aufstellte und die Auszahlung der Entschädigungen anordnete. Diese beliefen sich auf nahezu zwanzigtausend Pfund, deren Deckung mich ruiniert haben würde.

Ehe wir noch Kunde von dieser Niederlage erhalten hatten, kamen die beiden Doktoren Bond mit einer Subskriptionsliste zu mir und wollten das Geld zur Deckung der Kosten für ein großes Feuerwerk aufbringen, das man als Freudenfest bei dem Empfang der Nachricht von unserer Einnahme des Forts Duquesne zu veranstalten beabsichtigte. Ich schaute sehr ernst drein und äußerte, es würde meiner Ansicht nach noch Zeit genug sein, ein Freudenfest vorzubereiten, wenn wir wüßten, daß wir Veranlassung zur Freude hätten. Die Herren schienen überrascht, daß ich nicht sogleich auf ihren Vorschlag einging. »Ei, zum Teufel!« rief der eine von ihnen, »Sie werden doch nicht annehmen, daß das Fort nicht eingenommen werden wird?« – »Ich weiß nicht, ob es nicht genommen wird, aber ich weiß, daß kriegerische Ereignisse einer großen Ungewißheit unterworfen sind«, gab ich zur Antwort. Ich setzte ihnen die Gründe meines Zweifels auseinander. Man ließ also die Geldsammlung fallen, und die Veranstalter entgingen dadurch der Demütigung, der sie sich ausgesetzt hätten, wenn das Feuerwerk vorbereitet worden wäre. Dr. Bond äußerte bei irgendeiner späteren Veranlassung, er sei kein Freund von Franklins Prophezeiungen.

Gouverneur Morris hatte vor General Braddocks Niederlage die Assembly immer mit einer Botschaft nach der anderen bestürmt, um sie zu Gesetzen für die Aufbringung von Geldern zur Verteidigung der Provinz anzuspornen, ohne daß jedoch unter anderem die Güter der Eigentümer besteuert würden; er hatte alle Gesetzesvorlagen der Assembly verworfen, weil sie keine derartige Ausnahmebestimmung enthielten, und er verdoppelte nun seine Angriffe mit gesteigerter Hoffnung auf Erfolg, weil die Gefahr und Not immer größer wurden. Die Assembly blieb jedoch fortwährend fest, in dem Glauben, daß sie das Recht auf ihrer Seite habe und daß es ein wesentliches Recht aufgeben heiße, wenn sie duldete, daß der Gouverneur ihre Geldbewilligungen korrigierte. In einer der letzten Vorlagen, worin es um die Bewilligung von fünfzigtausend Pfund ging, bestand in der Tat seine beabsichtigte Verbesserung nur in einem einzigen Wort. Die Gesetzesvorlage bestimmte, daß alle Besitztümer, unbewegliche und persönliche, besteuert werden sollten, diejenigen der Eigentümer ›nicht ausgenommen‹. Seine Verbesserung war, anstatt ›nicht‹ zu setzen: ›allein‹ – eine kleine, aber sehr inhaltsreiche Änderung. Als jedoch die Kunde von jenem militärischen Mißgeschick nach England gelangte, erhoben unsere dortigen Freunde, denen wir fürsorglich alle Antworten der Assembly auf die Botschaften des Gouverneurs mitgeteilt hatten, ihre Stimme gegen die Eigentümer wegen ihrer Gemeinheit und Ungerechtigkeit, dem Gouverneur derartige Weisungen zu erteilen; einige von unseren Freunden gingen sogar so weit, zu sagen: die Eigentümer büßten dadurch, daß sie die Verteidigung ihrer Provinz behinderten, ihr Anrecht auf diese ein. Die Eigentümer wurden hierdurch eingeschüchtert und sandten ihrem Generaleinnehmer die Weisung, fünftausend Pfund von ihrem eigenen Gelde derjenigen Summe hinzuzufügen, die von der Assembly zu einem derartigen Zweck gegeben werden würde.

Als dies dem Hause bekannt wurde, nahm man es als ihren Anteil an einer allgemeinen Steuer an und erließ ein neues Gesetz mit einer Ausnahmebestimmung, das demgemäß durchging. Durch diese Urkunde wurde ich zu einem der Kommissäre ernannt, die über das Geld, 60.000 Pfund, zu verfügen hatten. Ich hatte mich aktiv für die Formulierung der Vorlage und ihre Annahme verwendet und hatte gleichzeitig eine Gesetzesvorlage zur Aufstellung und Ausbildung einer freiwilligen Miliz entworfen, die ich ohne viele Schwierigkeiten im Hause durchbrachte, da in ihr die Vorkehrung getroffen war, den Quäkern ihre freie Wahl zu lassen. Um den Zusammenschluß zu fördern, der zur Bildung einer Miliz nötig war, schrieb ich ein Zwiegespräch,* worin ich alle Einwendungen, die ich mir nur gegen eine derartige Miliz denken konnte, anführte und widerlegte; es wurde gedruckt und hatte, wie ich glaube, große Wirkung.

Während die einzelnen Kompanien in Stadt und Land sich bildeten und ihre Ausbildung abhielten, drang der Gouverneur in mich, für unsere nordwestliche Grenze zu sorgen, die vom Feinde verheert wurde, und Vorkehrungen für die Verteidigung der Einwohner durch die Aufstellung von Truppen und den Bau einer Reihe von Forts zu treffen. Ich übernahm diese militärische Aufgabe, obwohl ich mich dafür nicht sehr befähigt fühlte. Er gab mir eine Bestallung mit Vollmachten und ein Paket Blankoformulare für Offizierspatente, die ich allen mir geeignet erscheinenden Personen erteilen durfte. Es machte mir nur wenig Schwierigkeiten, die Mannschaften zu sammeln, und bald hatte ich 560 unter meinem Befehl. Mein Sohn, der im vo-

---

* Dieses Gespräch und das Milizgesetz stehen im ›Gentleman's Magazine‹ vom Februar und März 1756.

rigen Krieg als Offizier in der gegen Kanada aufgebotenen Armee gedient hatte, war mein Adjutant und von großem Nutzen für mich. Die Indianer hatten Gnadenhütten, ein von Herrnhutern besiedeltes Dorf, verbrannt und die Einwohner niedergemetzelt, aber der Ort galt als gut gelegen für eines der Forts.

Um nun dorthin zu marschieren, versammelte ich die Kompanien zu Bethlehem, der Hauptniederlassung der Herrnhuter. Ich war überrascht, diese in so gutem Verteidigungszustand zu finden. Die Zerstörung von Gnadenhütten hatte sie die Gefahr erkennen lassen. Die wichtigsten Gebäude wurden durch eine Verpfählung geschützt. Die Bürger hatten eine Anzahl Waffen und Munition von New York bezogen und sogar Massen kleiner Pflastersteine zwischen den Fenstern ihrer hohen steinernen Häuser aufgehäuft, damit ihre Frauen sie auf die Köpfe des ersten besten Indianers herunterschleudern könnten, der in die Häuser einzudringen versuchte. Die bewaffneten Brüder hielten außerdem Wache und lösten sich so regelmäßig ab wie in irgendeiner Garnisonsstadt. Ich äußerte im Gespräch mit ihrem Bischof Spangenberg mein Erstaunen hierüber, denn ich wußte, daß sie ein Parlamentsgesetz erwirkt hatten, das sie vom Militärdienst in den Kolonien befreite, und hatte daher angenommen, sie hegten Gewissensbedenken gegen das Waffentragen. Er erwiderte mir, es sei zwar keiner ihrer Glaubensgrundsätze, aber zu der Zeit, als jenes Parlamentsgesetz erlassen wurde, war es von vielen ihrer Leute für einen Grundsatz gehalten worden. Bei dieser Gelegenheit ergab sich übrigens zu ihrem Erstaunen, daß nur sehr wenige sich dazu bekannten. Es scheint, sie täuschten entweder sich selbst oder das Parlament; aber gesunder Menschenverstand, herausgefordert durch vorhandene Gefahr, wird zuweilen über launenhafte Ansichten doch den Sieg davontragen.

Es war Anfang Januar, als wir uns an die Erbauung der Forts machten. Ich schickte eine Abteilung an den Minisink mit Weisungen, dort eines für die Sicherheit jenes oberen Teils des Landes zu errichten, und eine andere Abteilung mit ähnlichen Weisungen nach dem unteren Teil; ich selbst aber wollte mit dem

Rest meiner Streitkräfte nach Gnadenhütten gehen, wo ein Fort für dringend nötig erachtet wurde. Die Herrnhuter verschafften uns fünf Wagen für unsere Werkzeuge, Vorräte, Gepäck usw.

Unmittelbar ehe wir Bethlehem verließen, kamen elf Farmer, die durch die Indianer von ihren Pflanzungen vertrieben worden waren, zu mir und baten mich um Ausrüstung mit Gewehren, damit sie zurückgehen und ihr Vieh abholen könnten. Ich gab jedem von ihnen eine Flinte mit entsprechender Munition. Wir waren noch nicht viele Meilen weit marschiert, so begann es zu regnen und regnete den ganzen Tag lang fort. Es waren keine Wohnstätten am Wege, um uns ein Obdach zu gewähren, bis wir gegen Einbruch der Nacht zu einem Deutschen kamen, in dessen Haus und Scheune wir uns zusammendrängten, alle so naß, wie uns Wasser nur machen konnte. Es war gut, daß wir auf unserem Marsch nicht angegriffen wurden, denn unsere Waffen waren von der gewöhnlichsten Art, und unsere Leute konnten ihre Flintenschlösser nicht trocken halten. Die Indianer sind in Vorkehrungen für diesen Zweck sehr geschickt, wir aber hatten keine solchen. Sie begegneten an diesem Tage den elf obenerwähnten Farmern und töteten zehn von ihnen; und der eine, der entkam, erzählte uns, daß ihm und seinen Gefährten die Gewehre nicht hatten losgehen wollen, weil das Zündkraut vom Regen naß geworden war.

Da wir am folgenden Tag schönes Wetter hatten, setzten wir unseren Marsch fort und erreichten das verödete Gnadenhütten. Es war eine Sägemühle in der Nähe, um die herum noch mehrere Haufen Bretter aufgeschichtet waren, aus denen wir uns bald Hütten bauten – eine Arbeit, die bei der ungünstigen Jahreszeit um so nötiger war, als wir keine Zelte hatten. Unser erstes war nun, die Toten, die wir hier fanden, sorgfältiger zu beerdigen, weil sie von den Landleuten nur halb eingescharrt worden waren.

Am anderen Morgen wurde unser Fort entworfen und abgesteckt, das einen Umfang von 455 Fuß hatte und also ebenso viele Palisaden erforderte, die aus Bäumen von durchschnittlich je einem Fuß Durchmesser hergestellt werden mußten. Wir hatten siebzig Äxte, die sogleich in Gebrauch genommen wurden, um die Bäume zu fällen. Da unsere Leute in der Handhabung derselben sehr geübt waren, so ging es bald tüchtig voran. Als ich die Bäume so rasch fallen sah, blickte ich neugierig auf meine Uhr, als zwei Männer eine Kiefer zu fällen begannen; binnen sechs Minuten hatten sie diese zu Boden gestreckt, und ich fand, daß sie vierzehn Zoll im Durchmesser hatte. Jede Fichte gab drei Palisaden von achtzehn Fuß Länge, an einem Ende zugespitzt. Während die einen die Palisaden zurichteten, warf unsere übrige Mannschaft rundherum einen drei Fuß tiefen Graben auf, in den die Schanzpfähle eingepflanzt werden sollten. Wir nahmen von unseren Wagen die Kästen ab, trennten die vorderen und hinteren Räderpaare durch Herausnehmen des Zapfens, der die beiden Teile des Langbaums vereinigte, und hatten nun zehn Fuhrwerke, jedes mit zwei Pferden, um die Pfähle aus den Wäldern an Ort und Stelle zu schaffen. Als die Verpfählung aufgerichtet war, erbauten unsere Zimmerleute an ihrer Innenseite ein etwa sechs Fuß hohes Gerüst aus Brettern, damit die Männer darauf stehen konnten, wenn sie durch die Schießscharten feuerten. Wir hatten eine drehbare Kanone, die wir an einer der Ecken aufstellten und abfeuerten, sobald sie fertig war, um die Indianer, falls etwa solche in Hörweite waren, wissen zu lassen, daß wir solche Geschütze hatten. Und so wurde unser Fort, wenn man einer solch armseligen Verpfählung einen solch stolzen Namen geben darf, in einer Woche vollendet, obwohl es jeden zweiten Tag so stark regnete, daß die Leute nicht arbeiten konnten.

Dies gab mir Gelegenheit wahrzunehmen, daß die Leute am leichtesten zu befriedigen sind, wenn sie beschäftigt werden, denn an den Tagen, wo sie arbeiteten, waren sie gutmütig und heiter und verbrachten ihren Abend vergnügt, in dem Bewußtsein, ein gutes Tagewerk getan zu haben; an unseren müßigen Tagen dagegen waren sie meuterisch und zanksüchtig, nörgelten an ihrem Schweinefleisch, Brot usw. herum und zeigten beständige Mißstimmung, was mich an jenen Schiffskapitän erinnerte, der die Gewohnheit hatte, seine Mannschaft fortwährend bei der Arbeit zu halten, und der, als ihm sein Maat eines Tags meldete, es sei alles geschehen und keine weitere Arbeit mehr vorhanden, um sie damit zu beschäftigen, ausrief: »Oh, dann laßt sie den Anker putzen!«

Diese Art von Fort, wie unbedeutend auch an sich, ist doch ein hinreichender Schutz gegenüber den Indianern, die keine Kanonen haben. Da wir uns nun sicher postiert fühlten und einen Ort hatten, auf den wir uns gelegentlich zurückziehen konnten, wagten wir in Gruppen auch Streifzüge in die Umgegend. Wir stießen auf keine Indianer, fanden dagegen auf den umliegenden Höhen die Stellen, wo sie gelegen hatten, um unser Unternehmen zu beobachten. Die Anlage einer derartigen Stelle verriet eine Kunst, die mir erwähnenswert erscheint. Da es Winter war, bedurften sie eines Feuers; allein ein gewöhnliches Feuer an der Erdoberfläche würde durch seinen Lichtschein ihre Stellung auf eine größere Entfernung hin verraten haben. Sie gruben daher Löcher von drei Fuß Durchmesser und etwas tiefer in den Boden; wir fanden die Stellen, wo sie mit ihren Äxten die Kohle von der Seite angebrannter und in den Wäldern liegender Klötze weggehauen hatten. Mit diesen Kohlen hatten sie an der Sohle der Löcher kleine Feuer angemacht, und wir erkannten im Gras und Gestrüpp die Abdrücke ihrer Körper, wie sie dieselben durch ihr Herumliegen um die Löcher gemacht hatten, wobei sie ihre Beine in die Löcher hinunter hängen ließen, um ihre Füße zu wärmen, was ihnen sehr wichtig ist. Die so hergestellte Art von Feuer konnte sie weder durch seinen Lichtschein oder seine Flamme noch durch Funken oder selbst Rauch verraten. Allem Anschein nach war aber ihre Zahl nicht groß, und sie sahen ein, daß wir unser zu viele waren, um von ihnen mit Aussicht auf Erfolg angegriffen zu werden.

Wir hatten als unseren Feldkaplan einen eifrigen presbyterianischen Geistlichen namens Beatty, der sich bei mir beschwerte, daß die Leute nicht allgemein seinen Gebeten und Ermahnungen beiwohnten. Als die Leute sich anwerben ließen, wurde ihnen neben Löhnung und Verpflegung auch eine Viertelpinte Rum täglich versprochen, die ihnen pünktlich gereicht wurde, und zwar die eine Hälfte morgens, die andere abends. Da ich nun bemerkte, daß sich die Leute pünktlich einstellten, um diese in Empfang zu nehmen, äußerte ich zu Mr. Beatty: »Es ist vielleicht unter der Würde Ihres Standes, den Proviantmeister bei der Austeilung des Rums abzugeben; allein, wenn Sie sich dazu verstehen wollten, ihn auszuteilen, und zwar gerade nach dem Gebet, so würden Sie alle Leute um sich haben.« Der Einfall gefiel ihm, er übernahm das Amt und versah es mit Unterstützung einiger Leute, die den Rum ausschenkten, zu allgemeiner Zufriedenheit. Nunmehr wurden die Betstunden niemals allgemeiner und pünktlicher besucht, so daß meines Erachtens diese Methode besser und empfehlenswerter ist als die Strafe, die manche Militärgesetze auf den Nichtbesuch des Gottesdienstes setzen.

Ich hatte kaum diese Angelegenheit geklärt und mein Fort gut mit Proviant und Kriegsbedarf versehen, als ich einen Brief vom Gouverneur mit der Nachricht erhielt, daß er die Assembly einberufen habe und meine Anwesenheit in dieser wünsche, wenn der Stand der Dinge an den Grenzen so sei, daß mein Verweilen daselbst nicht länger notwendig erscheine. Weil nun auch meine Freunde in der Versammlung brieflich in mich drangen, wenn möglich deren Sitzungen beizuwohnen, da ferner meine vorgesehenen drei Forts nun vollendet und die Landleute bereit waren, unter diesem Schutz auf ihren Gehöften zu bleiben, so beschloß ich wieder nach Hause zu gehen, und zwar um so lieber, als ein im Indianerkriege erfahrener Offizier aus Neuengland, Oberst Clapham, soeben auf Besuch in unserer Niederlassung war und deren Kommando übernehmen wollte. Ich gab ihm ein Patent, ließ die Garnison zur Parade ausrücken, das Ernennungsdekret vorlesen und stellte ihn der Mannschaft als einen Offizier vor, der vermöge seiner Geschicklichkeit in militärischen Angelegenheiten weit mehr zu ihrem Oberbefehlshaber geeignet sei als ich; dann gab ich ihnen noch einige Ermahnungen und verabschiedete mich. Ich erhielt noch ein Geleit bis Bethlehem, wo ich mich einige Tage aufhielt, um mich von den bestandenen Strapazen zu erholen. Als ich in der ersten Nacht wieder in einem guten Bett lag, konnte ich kaum schlafen, so verschieden war es von meinem harten Lager auf dem Fußboden unserer Hütte in Gnadenhütten, wo ich nur in eine oder zwei Decken eingehüllt gelegen hatte.

Während meines Aufenthalts in Bethlehem erkundigte ich mich ein wenig nach dem häuslichen und religiösen Leben der Herrnhuter, von denen einige mich begleitet hatten und die alle sehr freundlich gegen mich waren. Ich erfuhr, daß sie für ein gemeinsames Vermögen arbeiteten, in großer Anzahl zusammen an einem gemeinsamen Tisch speisten und in gemeinsamen Schlafsälen schliefen. In den Schlafsälen bemerkte ich einige Schießscharten, der ganzen Länge nach in gewissen Entfernungen gerade unter der Zimmerdecke angebracht, die ich für sehr geeignet zur Lufterneuerung hielt. Ich ging auch in ihre Kirche, wo ich gute Musik hörte, denn das Orgelspiel war von Violinen, Oboen, Flöten, Klarinetten usw. begleitet. Man sagte mir, daß ihre Predigten gewöhnlich nicht vor gemischten Versammlungen von Männern, Frauen und Kindern gehalten werden, wie es bei uns der Brauch ist, sondern daß sie das eine Mal die verheirateten Männer, zu anderen Zeiten deren Frauen, dann die jungen Männer, die jungen Frauenzimmer und die kleinen Kinder, jede Abteilung für sich, versammelten. Die Predigt, die ich anhörte, galt den letzteren, die hereinkamen und reihenweise auf Bänken Platz nahmen, die Knaben unter der Führung eines jungen Mannes, ihres Lehrers, die Mädchen unter der Aufsicht einer jungen Frau. Die Predigt schien der Fassungskraft der jugendlichen Zuhörer gut angepaßt und wurde in einer gewinnenden vertraulichen Weise vorgetragen, um ihnen gleichsam schmeichelnd beizubringen, daß sie gut und tugendhaft sein sollten. Sie betrugen sich sehr anständig, sahen aber bleich und ungesund aus, was mich vermuten ließ, daß sie zuviel im Zimmer gehalten oder daß ihnen keine genügende körperliche Bewegung gegönnt wurde.

Ich erkundigte mich auch nach den Heiraten der Herrnhuter, namentlich, ob das Gerücht wahr sei, daß diese durchs Los zustande kämen. Man sagte mir, das Losen komme nur in be-

sonderen Fällen zur Anwendung, in der Regel aber benachrich-
tige ein junger Mann, wenn er sich zum Heiraten geneigt finde,
die Ältesten seiner Gemeinschaft, die darüber die Ältesten der
Frauen, die die jungen Mädchen beaufsichtigen, zu Rate zögen.
Da diese Ältesten der verschiedenen Geschlechter genau mit
dem Temperament, der Gemütsart und den Anlagen ihrer betreffenden Zöglinge bekannt seien, so vermögen sie am besten
zu beurteilen, welche Ehen passend seien, und man füge sich
gewöhnlich ihrem Urteil; wenn es sich dagegen zum Beispiel zufällig ergeben sollte, daß zwei oder drei junge Frauenzimmer als
gleich geeignet für den jungen Mann befunden würden, dann
nähme man seine Zuflucht zum Los. Ich wandte ein, daß manche dieser Ehen sehr unglücklich ausfallen dürften, weil sie
nicht durch die gegenseitige Wahl der Partner zustande kämen.
Mein Gewährsmann entgegnete mir: »Das kann aber auch der
Fall sein, wenn man die Betreffenden selber wählen läßt«, was
ich allerdings nicht in Abrede stellen konnte.

Nach Philadelphia zurückgekehrt, fand ich, daß der Wehr-
verband gut gedieh, daß diejenigen Einwohner, die nicht zu den
Quäkern gehörten, demselben ziemlich alle beigetreten waren,
daß sie sich in Kompanien gliederten und nach Maßgabe des
neuen Gesetzes ihre Hauptleute, Lieutenants, Fähnriche usw.
selbst wählten. Dr. Bond besuchte mich und schilderte mir die
Mühe, die er sich gegeben habe, um das Gesetz beliebt zu machen, und schrieb diesen Bemühungen einen großen Teil des
Erfolgs zu. Ich hatte die Eigenliebe gehabt, alles meinem ›Gespräch‹ beizumessen. Weil ich aber nicht wußte, inwieweit er im
Recht sein konnte, ließ ich ihn sich seiner Ansicht freuen, was
ich in solchen Dingen überhaupt für den besten Weg erachte.
Als die Offiziere zusammentraten, erwählten sie mich zum
Obersten ihres Regiments, was ich diesmal annahm. Ich weiß
nicht mehr, wieviel Kompanien wir hatten, aber wir musterten
ungefähr zwölfhundert Männer, die sich sehen lassen konnten,
nebst einer Kompanie Artillerie, die mit sechs bronzenen Feld-
geschützen ausgerüstet und in deren Bedienung so geübt worden war, daß sie zwölfmal in der Minute feuern konnten. Als ich

das erste Mal Musterung über mein Regiment hielt, begleitete mich dieses nach meinem Haus und salutierte mit einigen vor meinem Hause abgegebenen Salven, wodurch mehrere Gläser an meinem elektrischen Apparat durch die Erschütterung herunterfielen und zerbrachen. Aber auch meine neue Ehrenstellung erwies sich als nicht weniger zerbrechlich, denn alle unsere Bestallungen wurden bald darauf durch die Abschaffung des Gesetzes in England aufgehoben.

Als ich während dieser kurzen Dienstzeit als Oberst einmal im Begriff war, eine Reise nach Virginia anzutreten, setzten es sich die Offiziere meines Regiments in den Kopf, es zieme sich für sie, mir zur Stadt hinaus und bis zur unteren Fähre das Geleit zu geben. Gerade als ich zu Pferde steigen wollte, langten sie, zwischen dreißig und vierzig an der Zahl, alle beritten und in ihren Uniformen, vor meiner Tür an. Ich war nicht vorher von ihrer Absicht in Kenntnis gesetzt gewesen, sonst würde ich die Ausführung verhindert haben, da ich von Natur aus gegen jede Demonstration von Pomp bei irgendeiner Gelegenheit bin. Ich war über ihr Erscheinen ziemlich verärgert, konnte aber ihrer Begleitung nicht ausweichen. Was aber die Sache noch schlimmer machte, das war, daß sie, als wir uns in Bewegung setzten, ihre Degen zogen und mit blanker Waffe den ganzen Weg entlang ritten. Der Eigentümer erhielt von irgend jemand eine schriftliche Schilderung des Vorfalls zugesandt, die ihn sehr verärgerte, denn eine solche Ehre war weder ihm bei seinem Aufenthalt in der Provinz noch irgendeinem seiner Gouverneure erwiesen worden. Er sagte, diese komme eigentlich nur Prinzen von königlichem Geblüt zu, was meinethalben und meines Wissens richtig sein mag, denn ich kümmerte mich niemals und kümmere mich noch heute nicht um die Etikette in derartigen Fällen.

Diese törichte Angelegenheit steigerte übrigens noch bedeutend den Groll des Eigentümers auf mich, der zuvor schon nicht gering war wegen meines Verhaltens in der Assembly über die Befreiung seines Grundbesitzes von der Besteuerung. Ich hatte diese stets sehr nachhaltig und nicht ohne herbe Reflexionen

über die Niedrigkeit und Ungerechtigkeit seines Sträubens bekämpft. Er verklagte mich beim Ministerium, daß ich das große
Hindernis für den Dienst des Königs sei und durch meinen Einfluß im Hause die geeignete Form der Gesetzesvorlagen für die
Geldbewilligung verhindere. Er machte das Beispiel jener Parade mit meinen Offizieren als einen Beweis dafür geltend, daß
ich mich mit dem Gedanken trage, die Regierung der Provinz
seinen Händen zu entreißen. Er wandte sich auch an Sir Everard Fawkener, den Generalpostmeister, daß er mich meines
Amtes enthebe; dies hatte aber keine andere Folge, als daß es
mir von Sir Everard eine leichte Rüge verschaffte.

Den fortwährenden Händeln zwischen dem Gouverneur und
dem Hause zum Trotz, an denen ich als Mitglied einen so nam-
haften Anteil hatte, bestand jedoch noch immer ein höflicher
Privatverkehr zwischen jenem Herrn und mir, und wir hatten
niemals einen persönlichen Streit. Ich habe seither manchmal
geglaubt, sein geringer oder auch gar nicht vorhandener Groll
gegen mich wegen der Antworten, die ich bekanntermaßen auf
seine Botschaften zu verfassen hatte, dürfte die Folge seiner
Standesgewohnheit sein, da er, zum Advokaten erzogen, in uns
beiden nur die Anwälte zweier sich bekämpfender Parteien in
einem Prozeß sah, worin er die Eigentümer und ich die Assembly vertrat. Er pflegte mich daher bisweilen zu besuchen, um
sich mit mir über schwierige Punkte zu beraten und sogar zuweilen, obwohl nicht oft, meinen Rat zu befolgen.

Wir handelten gemeinsam, um Braddocks Armee zu verpro-
viantieren, und als daher die erschütternde Nachricht von dessen Niederlage eintraf, schickte der Gouverneur eiligst zu mir,
damit ich mit ihm über Maßnahmen mich beratschlage, um den
Verlust der westlichen Grafschaften zu verhindern. Ich weiß
nun nicht mehr, wozu ich riet; aber ich glaube, es war, daß an
Dunbar geschrieben und darauf bestanden werde, er solle sich,
wenn möglich, mit seinen Truppen an den Grenzen postieren
und diese beschützen, bis er durch Verstärkungen aus den Kolonien imstande sein würde, seine Expedition fortzusetzen.
Nach meiner Rückkehr von der Grenze verlangte der Gouver-

neur sogar von mir, ich solle die Führung einer solchen Expedition mit Provinzialtruppen übernehmen und Fort Duquesne erobern, da Dunbar und seine Truppen anderweitig in Anspruch genommen seien. Er bot mir sogar an, mich als General abzusenden. Ich hatte keine so hohe Meinung von meinen militärischen Fähigkeiten, wie er sie zu haben vorgab, und seine Beteuerungen müssen meines Erachtens weit über seine wirklichen Ansichten hinausgegangen sein. Allein er mochte wahrscheinlich glauben, meine Popularität würde die Aushebung der Truppen und mein Einfluß in der Assembly die Bewilligung des Geldes zu deren Bezahlung erleichtern, und zwar vielleicht ohne den Grund und Boden der Eigentümer zu besteuern. Da er mich aber nicht so geneigt fand, hierauf einzugehen, wie er erwartet hatte, ließ er den Vorschlag fallen, legte bald darauf seine Stelle als Gouverneur nieder und wurde durch Kapitän Denny ersetzt.

Bevor ich mit der Schilderung meines Anteils an den öffentlichen Angelegenheiten unter der Verwaltung dieses neuen Gouverneurs fortfahre, dürfte es am Platze sein, hier auch eine Darstellung von der Entstehung und Entwicklung meines Rufes als Naturwissenschaftler zu geben. Während meines Aufenthalts in Boston im Jahre 1746 traf ich dort einen Dr. Spence, der kurz vorher aus Schottland angekommen war und mir einige elektrische Experimente zeigte. Sie wurden unvollkommen ausgeführt, da er nicht sehr gewandt war; da sie aber einen mir noch ganz neuen Gegenstand betrafen, so überraschten und ergötzten sie mich in gleicher Weise. Bald nach meiner Heimkehr nach Philadelphia erhielt unsere Bibliotheksgesellschaft von Mr. P. Collinson, Mitglied der ›Königlichen Gesellschaft‹ in London, eine Glasröhre zum Geschenk mit einer Gebrauchsanweisung zur Durchführung derartiger Experimente. Ich ergriff begierig die Gelegenheit, das zu wiederholen, was ich in Boston gesehen hatte, und erlangte durch viel praktische Übung eine große Fertigkeit in der Durchführung jener Experimente sowie derjenigen, von denen wir eine Schilderung aus England erhalten hatten und denen ich noch einige neue hinzufügte. Ich sage ausdrücklich: durch viel praktische Übung, denn mein Haus wimmelte eine Zeitlang von Leuten, die diese neuen Wunder zu besichtigen kamen.

Um diese Last einigermaßen unter meine Freunde zu verteilen, ließ ich in unserer Glashütte eine Anzahl ähnlicher Röhren blasen und versah meine Freunde mit denselben, so daß wir endlich mehrere hatten, die Vorstellungen gaben. Der bedeutendste unter diesen war Mr. Kinnersley, ein Nachbar von mir, geschickt, aber ohne Arbeit; ich ermutigte ihn daher, die Experimente für Geld sehen zu lassen, und entwarf für ihn zwei Vorlesungen, worin die Experimente in solcher Reihenfolge angeordnet und mit entsprechenden Erläuterungen methodisch so begleitet waren, daß das vorangehende immer dazu beitragen konnte, das folgende verständlich zu machen. Mr. Kinnersley verschaffte sich zu diesem Zweck ein elegantes Gerät, wofür all die kleinen Maschinen, die ich mir selber grob verfertigt hatte, sauber von Mechanikern hergestellt waren. Seine Vorlesungen wurden zahlreich besucht und fanden viel Beifall; nach einiger Zeit machte er daher eine Reise durch die einzelnen Kolonien, gab in der Hauptstadt einer jeden seine Vorstellungen und verdiente sich einiges Geld. Auf den westindischen Inseln jedoch konnten die Experimente infolge der allgemeinen Feuchtigkeit der Luft nur mit Mühe gemacht werden.

Da wir Mr. Collinson für sein Geschenk der Glasröhre usw. zu Dank verpflichtet waren, so erachtete ich es für billig, ihn auch von unserem Erfolg in ihrem Gebrauch zu benachrichtigen, und schilderte ihm in mehreren Briefen unsere Experimente. Er veranlaßte, daß sie in der ›Königlichen Gesellschaft‹ vorgelesen wurden, wo man sie anfangs nicht für bedeutend genug hielt, um sie in ihren Sitzungsberichten abzudrucken. Einen Aufsatz, den ich für Mr. Kinnersley schrieb, über die Identität des Blitzes mit der Elektrizität, schickte ich an Dr. Mitchel, einen meiner Bekannten und ebenfalls Mitglied jener Gesellschaft, der mir darüber berichtete, der Aufsatz sei vorgelesen, aber von den Sachverständigen verlacht worden. Als man jedoch die Aufsätze Dr. Fothergill zeigte, hielt er sie für zu wertvoll, um totgeschwiegen zu werden, und riet, sie drucken zu lassen. Mr. Collinson gab sie nun Mr. Cave zur Veröffentlichung in seinem ›Gentleman's Magazine‹, dieser zog jedoch vor, sie selbständig als Broschüre zu drucken, und Dr. Fothergill schrieb das Vorwort dazu. Mr. Cave hat sich, wie es scheint, hinsichtlich seines Vorteils nicht verrechnet, denn durch die nachträglich angefügten Zusätze schwoll sie auf einen Quartband an, der fünf Auflagen erlebte und ihn kein Honorar kostete.

Es dauerte jedoch einige Zeit, bis diese Aufsätze in England größere Beachtung fanden. Als aber ein Exemplar davon zufällig in die Hände des Grafen von Buffon, eines in Frankreich und sogar in ganz Europa mit Recht berühmten Gelehrten und Naturforschers, fiel, veranlaßte er M. Dalibard, sie ins Französische zu übersetzen, so daß sie in Paris gedruckt wurden. Ihr Erscheinen verletzte den Abbé Nollet, den Lehrer für Naturwissenschaften der königlichen Familie und einen gewandten Experimentator, der eine damals in allgemeiner Geltung stehende Theorie der Elektrizität aufgestellt und veröffentlicht hatte. Er wollte anfangs gar nicht daran glauben, daß ein derartiges Werk aus Amerika komme, und meinte, es müsse von seinen Feinden in Paris fabriziert worden sein, um sein System in Verruf zu bringen. Als man ihm später versichert hatte, daß ein Mann namens Franklin wirklich in Philadelphia existiere, woran er zweifelte, schrieb und veröffentlichte er einen Band Briefe, die hauptsächlich an mich gerichtet waren, worin er seine Theorie verteidigte und die Wahrheit meiner Experimente sowie der aus ihnen hergeleiteten Behauptungen in Abrede stellte.

Ich hegte einmal die Absicht, dem Abbé zu antworten, und begann wirklich die Erwiderung; allein in Anbetracht dessen, daß meine Schriften eine Schilderung von Experimenten enthielten, die jedermann wiederholen und deren Richtigkeit er auch prüfen konnte und die, wenn nicht geprüft, auch nicht angefochten werden konnten, oder ferner von Beobachtungen, die ich nur als Vermutungen dargeboten und nicht als Lehrsätze aufgestellt hatte und zu deren Verteidigung mir daher gar keine Verpflichtung zugeschoben werden konnte; sowie in Erwägung,

1. *General Washington.* 2. *General Gates.*
3. Dr Franklin. 4. Präsid. Laurens. 5. Paul Jones.

D. Berger Sculps. 1783.

Stich von D. Berger. 1783

daß ein Streit zwischen zwei Personen, die in verschiedenen Sprachen schreiben, durch verkehrte Übersetzungen und daraus entstehende Mißverständnisse bedeutend in die Länge gezogen werden könne, beschloß ich meine Aufsätze für sich selbst sprechen zu lassen. Einer der Briefe des Abbé gründete sich schon auf einen Irrtum in der Übersetzung. Auch war ich der Ansicht, es sei besser, diejenige Zeit, die ich den öffentlichen Angelegenheiten absparen könne, zur Durchführung neuer Experimente, statt auf den Hader um die bereits gemachten zu verwenden. Ich erteilte daher M. Nollet nie eine Antwort, und der Erfolg gab mir keine Ursache, mein Stillschweigen zu bereuen, denn mein Freund M. Le Roy, Mitglied der Königlichen Akademie der Wissenschaften, nahm sich meiner Sache an und widerlegte ihn. Mein Buch wurde ins Italienische, Deutsche und Lateinische übersetzt und die darin aufgestellte Lehre allmählich von allen Physikern in Europa angenommen und ihr der Vorzug vor derjenigen des Abbé gegeben, so daß dieser es erleben mußte, sich selbst als den letzten seiner Schule zu sehen, außer Monsieur B. in Paris, seinem Zögling und unmittelbaren Schüler.

Was meinem Buch zu um so schnellerer und allgemeinerer Berühmtheit verhalf, das war der Erfolg eines der darin vorgeschlagenen Experimente, das von den Messieurs Dalibard und de Lor in Marly angestellt wurde, nämlich: den Blitz aus den Wolken zu ziehen. Dies erregte überall öffentliche Beachtung. M. de Lor, der einen physikalischen Apparat besaß und Vorträge über diesen Zweig der Naturwissenschaft hielt, unternahm es, das zu wiederholen, was er *die Experimente von Philadelphia* nannte, und nachdem diese vor dem König und dem Hofe ausgeführt worden waren, strömten alle Neugierigen von Paris dorthin, um sie ebenfalls anzusehen. Ich will diese Erzählung nicht durch eine Schilderung jenes Hauptexperiments oder der ungemeinen Befriedigung, die ich bei dem Gelingen eines bald darauf mit einem Papierdrachen in Philadelphia angestellten erhielt, anschwellen lassen, da beide in den Geschichten der Elektrizität zu finden sind.

Dr. Wright, ein englischer Arzt, schrieb während seines Aufenthalts in Paris an einen Freund, der der Königlichen Gesellschaft angehörte, eine Schilderung der hohen Achtung, die meine Experimente bei den Gelehrten im Ausland erworben hatten, und von ihrer Verwunderung darüber, daß meine Schriften in England sowenig Beachtung fänden. Die Gesellschaft zog darauf die Briefe, die ihr schon einmal vorgelesen worden waren, erneut in ihre Beratung ein, und der berühmte Dr. Watson entwarf eine zusammenfassende Darstellung derselben und von allem, was ich über diesen Gegenstand danach noch nach England geschickt hatte, und begleitete alles mit einigem Lob für den Verfasser. Dieser Auszug wurde dann in den Sitzungsberichten der Königlichen Gesellschaft abgedruckt. Als einige Mitglieder der Gesellschaft in London, namentlich der sehr geistvolle Mr. Canton, die Wahrheit des Experiments, daß man mittels einer zugespitzten Eisenstange sich Blitze aus den Wolken verschaffen könne, festgestellt und die Gesellschaft davon in Kenntnis gesetzt hatten, suchte diese bald mehr als reichlich die Geringschätzung, womit sie mich vorher behandelt hatte, wiedergutzumachen. Ohne daß ich mich irgendwie um diese Ehre beworben hatte, wählte mich die Gesellschaft zu ihrem Mitglied, bestimmte, daß mir die gewöhnliche Aufnahmegebühr, die sich auf fünfundzwanzig Guineen belaufen haben würde, erlassen werde, und hat mir seither immer ihre Sitzungsberichte unentgeltlich zugeschickt. Sie überreichten mir ferner die goldene Medaille von Sir Godfrey Copley für das Jahr 1753, deren Übergabe von einer sehr schönen, mir große Ehre erweisenden Rede des Präsidenten, Lord Macclesfield, begleitet war.

Unser neuer Gouverneur, Kapitän Denny, brachte für mich die vorerwähnte Medaille von der Königlichen Gesellschaft mit und überreichte sie mir bei einem Bankett, das ihm die Stadt gab. Er begleitete sie mit äußerst höflichen Kundgebungen seiner Hochachtung für mich, da er, wie er sagte, längst schon mit meinem Charakter bekannt gewesen sei. Nach Tisch, als die Gesellschaft nach damaliger Sitte sich mit Trinken gütlich tat, nahm er mich beiseite in ein anderes Zimmer und teilte mir mit, es sei ihm von seinen Freunden in England empfohlen worden, sich mit mir freundschaftlich zu stellen, da ich imstande sei, ihm den besten Rat zu geben und am wirksamsten dazu beizutragen, daß ihm seine Verwaltung leichtgemacht werde. Er wünsche daher vor allen Dingen ein gutes Einverständnis mit mir und bitte mich, seiner Bereitwilligkeit sicher zu sein, mir bei jeder Gelegenheit jeglichen Dienst zu erweisen, der nur in seiner Macht stehen würde. Er äußerte gegen mich auch viel von der Wohlgeneigtheit der Eigentümer gegen die Provinz und von dem Vorteil, den es für uns alle und insbesondere für mich darbieten würde, wenn der Widerstand, der so lange gegen seine Maßregeln fortgesetzt worden sei, endlich aufhören und die Harmonie zwischen ihm und dem Volke wieder hergestellt werde. Hierzu könne nach seiner Ansicht niemand behilflicher sein als ich, und ich dürfe daher auf angemessene Anerkennungen und Belohnungen mich verlassen usw. usw. Als die Gäste fanden, daß wir nicht sogleich wieder an die Tafel zurückkehrten, sandten sie uns eine geschliffene Flasche voll Madeira, von dem der Gouverneur so reichlichen Gebrauch machte, daß er infolge davon allmählich immer freigebiger mit seinen Bewerbungen und Versprechungen wurde.

Meine Antworten gingen dahin: meine Verhältnisse seien Gott sei Dank derartig, daß sie mir die Gewogenheit des Eigentümers unnötig machten; ich sei außerdem Mitglied der Assembly und könne daher unmöglich Belohnungen annehmen. Ich verspüre übrigens keine persönliche Feindseligkeit gegen den Eigentümer, und sollten mir irgendeinmal die von ihm vorgeschlagenen Maßnahmen zum Besten des Volkes dienend erscheinen, so werde niemand diese eifriger annehmen und fördern als ich, denn meine frühere Opposition habe sich nur auf den Umstand gegründet, daß die angeregten Maßnahmen offenbar nur auf Förderung der Interessen des Eigentümers zum großen Schaden des Volks gerichtet waren. Ich erklärte mich ihm (dem Gouverneur) für seine mir kundgegebene schmeichelhafte Gesinnung sehr verbunden und bat ihn, er möge sich darauf verlassen, daß ich alles tun werde, um seine Verwaltung so leicht wie möglich zu machen, wobei ich zu gleicher Zeit hoffe, er habe nicht dieselbe unglückselige Weisung mitgebracht, durch die sein Vorgänger gefesselt gewesen sei.

Hierzu erklärte er sich damals nicht deutlicher, allein als er später in geschäftliche Unterhandlungen mit der Assembly treten sollte, kamen jene Instruktionen wieder zum Vorschein. Die Streitigkeiten begannen von neuem. Ich war so rührig als jemals zuvor in der Opposition und führte die Feder, erst bei dem Gesuch um eine Mitteilung der Instruktionen und dann bei den Bemerkungen über dieselben, die in den Abstimmungen und Beschlüssen aus jener Zeit und in der später von mir veröffentlichten ›Geschichtlichen Übersicht‹ zu finden sind. Allein zwischen uns persönlich entstand keine Spannung. Wir waren oft beisammen, denn er war ein hochgebildeter Mann, hatte die Welt gesehen und war im Gespräch sehr unterhaltend und angenehm. Von ihm erfuhr ich zum ersten Mal, daß mein alter Freund James Ralph noch am Leben sei und für einen der besten politischen Schriftsteller in England gelte, daß er sich in den Händeln zwischen dem Prinzen Frederic und dem König eingesetzt und eine Pension von dreihundert Pfund erhalten habe; daß sein Ruf als Dichter unbedeutend sei und Pope in der ›Dunciade‹ seine Dichtung verurteilt habe, daß aber seine Prosa derjenigen der besten Schriftsteller an die Seite gestellt werde.

Als die Assembly endlich erkannte, daß der Grundherr hartnäckig darauf bestand, ihren Abgeordneten Handschellen durch Instruktionen anzulegen, die nicht allein mit den Privilegien des Volks, sondern auch mit dem Dienst der Krone unvereinbar waren,* so beschloß sie, eine Bittschrift beim König gegen die Eigentümer einzureichen, und bestimmte mich zu ihrem Vertreter, um nach England hinüber zu reisen und die Bittschrift zu überreichen und zu unterstützen. Das Haus hatte dem Gouverneur eine Gesetzesvorlage zugesandt, die eine Summe von sechzigtausend Pfund für des Königs Gebrauch

* Die vielen einstimmigen Beschlüsse der Assembly – von welchem Datum?

(wovon zehntausend Pfund zur Verfügung des damaligen Generals, Lord Loudoun, überwiesen wurden) bewilligt hatte und deren Genehmigung der Gouverneur, seinen Instruktionen gemäß, absolut verweigerte.

Ich war mit Kapitän Morris vom New Yorker Postschiff wegen meiner Überfahrt einig geworden. Meine Proviantvorräte waren schon an Bord geschafft, als Lord Loudoun in Philadelphia ankam, seiner Versicherung zufolge ausdrücklich in der Absicht, eine Verständigung zwischen dem Gouverneur und der Assembly zu bewerkstelligen, damit der Dienst Seiner Majestät nicht durch diese Meinungsverschiedenheiten gehemmt werden möchte. Er wünschte daher, der Gouverneur und ich möchten ihn besuchen, damit er höre, was von beiden Seiten zu sagen wäre. Wir kamen zusammen und erörterten die Angelegenheiten. Von seiten der Assembly machte ich alle die verschiedenen Beweisgründe geltend, die in den damaligen öffentlichen Urkunden zu finden sind, meist von mir herrührten und mit den Protokollen der Versammlung gedruckt wurden. Der Gouverneur schützte seine Instruktionen vor wie auch die von ihm eingegangene Verpflichtung, diese zu beachten, und seinen Ruin, falls er denselben nicht gehorche, erschien jedoch nicht abgeneigt, sich selbst aufs Spiel zu setzen, wenn Lord Loudoun ihm hierzu raten würde. Dazu konnte sich Seine Lordschaft nicht entschließen, obwohl ich einmal schon glaubte, ihn überzeugt zu haben. Endlich aber entschied er sich dafür, von der Assembly dringend Nachgiebigkeit zu verlangen. Er bat mich inständig, zu diesem Zweck alle meine Bemühungen bei derselben einzusetzen und erklärte, er werde dann für die Verteidigung unserer Grenzen nicht mit des Königs Truppen sparen; wenn wir aber nicht fortführen, für diese Verteidigung selbst zu sorgen, so müßten jene eben den feindlichen Angriffen ausgesetzt bleiben.

Ich berichtete dem Hause über das Vorgefallene und legte ihm eine Anzahl Beschlüsse vor, worin wir die Natur unserer Rechte erklärten und hinzufügten, daß wir unseren Anspruch auf jene Rechte nicht aufgäben, sondern die Ausübung derselben bei dieser Gelegenheit der äußeren *Gewalt* gegenüber, gegen die wir protestierten, nur suspendierten. Die Assembly willigte endlich ein, diese Gesetzesvorlage fallenzulassen und eine andere, den Instruktionen von seiten des Grundherrn angemessene zu entwerfen. Diese ließ der Gouverneur natürlich passieren, und es stand nun dem Antritt meiner Reise nichts mehr im Wege. Mittlerweile war aber das Postschiff mit meinen Reisevorräten abgesegelt, was für mich einigen Schaden brachte. Meine einzige Belohnung bestand im Dank Seiner Lordschaft für meine Dienste, während das ganze Verdienst, die Beilegung des Streits erlangt zu haben, ihm gutgeschrieben wurde.

Lord Loudoun fuhr vor mir nach New York ab. Da der Zeitpunkt der Absendung der Postschiffe von seiner Verfügung abhing und damals deren zwei im Hafen lagen, von denen das eine nach seiner Behauptung demnächst in See gehen sollte, so bat ich ihn, mich den genauen Zeitpunkt wissen zu lassen, damit ich das Schiff nicht durch irgendeinen Verzug von meiner Seite versäume. Seine Antwort war: »Ich habe verfügt, daß es nächsten Sonnabend absegeln soll, allein ich kann Sie unter uns wissen lassen, daß, wenn Sie am Montagmorgen dort sind, Sie noch rechtzeitig kommen werden; aber säumen Sie dann nicht länger!« Durch irgendein zufälliges Hindernis an einer Fähre wurde es Montagmittag, bevor ich in New York ankam. Ich war schon sehr in Sorge, das Schiff könnte abgesegelt sein, da der Wind günstig war; allein ich wurde bald durch die Nachricht erleichtert, daß das Schiff noch im Hafen lag und erst den nächsten Tag unter Segel gehen würde. Man sollte nun denken, ich sei jetzt endlich soweit gewesen, nach Europa abzureisen, und ich war selbst dieser Ansicht; aber ich war damals noch nicht so bekannt mit dem Charakter Seiner Lordschaft, dessen stärkster Grundzug *Unentschlossenheit* war. Ich will hiervon einige Beispiele geben. Ich kam ungefähr Anfang April in New York an, und ich glaube, es war nahezu Ende Juni, ehe wir unter Segel gingen. Es waren damals zwei von den Paketbooten vorhanden, die schon lange im Hafen gewesen waren, aber wegen der Briefe des Generals zurückgehalten wurden, die immer ›morgen‹ fertig werden sollten. Ein weiteres Paketboot traf ein und wurde ebenfalls zurückgehalten, und ehe wir noch absegelten, wurde noch ein viertes erwartet. Das unsrige war das erste, das abgeschickt werden sollte, weil es am längsten dagewesen war. Alle hatten Passagiere angenommen, von denen einige es kaum erwarten konnten, ihre Reise anzutreten. Die Kaufleute wurden ungeduldig wegen ihrer Briefe und der Weisungen, die sie für die Versicherung (da es Kriegszeiten waren) der im Herbst abzusendenden Güter gegeben hatten; allein ihre Angst half nichts. Seiner Lordschaft Briefe waren nicht fertig, und doch traf jedermann, der ihm seine Aufwartung machte, ihn immer mit der Feder in der Hand an seinem Schreibpult und schloß daraus, er müsse jedenfalls sehr viel schreiben.

Als ich eines Morgens hinging, um ihm einen Höflichkeitsbesuch zu machen, traf ich in seinem Vorzimmer einen gewissen Innis, einen Boten aus Philadelphia, der mit einem Paket vom Gouverneur Denny an den General eigens von dort gekommen war. Er übergab mir einige Briefe von meinen dortigen Freunden, die mich zu der Erkundigung veranlaßten, wann er wieder zurückkehre und wo er wohne, damit ich durch ihn einige Briefe absenden könne. Er erklärte mir, er habe die Weisung, morgen um neun Uhr die Antwort des Generals an den Gouverneur abzuholen und dann sofort abzureisen. Ich übergab ihm daher meine Briefe noch an demselben Tage. Vierzehn Tage später traf ich ihn am gleichen Ort. »Ah, Ihr seid ja schnell zurückgekehrt, Innis?« – »Zurückgekehrt? Keineswegs; ich bin noch nicht fortgewesen!« – »Wieso denn?« – »Ich habe auf Befehl schon seit zwei Wochen hier jeden Morgen nach dem Brief Seiner Lordschaft gefragt, und er ist noch nicht fertig.« – »Ist dies möglich, da er doch ein so großer Schreiber ist? Ich sehe ihn doch beständig an seinem Schreibtisch.« – »Ach ja«, meinte Innis, »aber er ist wie der heilige Georg auf den Wirtsschildern: *Er ist immer zu Pferde und reitet doch nie fort.*« Diese Bemerkung des Kuriers war offenbar wohlbegründet, denn während meines Aufenthalts in England hörte ich, daß Mr. Pitt als einen Grund für die Abberufung dieses Generals und die Absendung der Generale Amherst und Wolfe angegeben habe, *daß der Minister nie von ihm gehört habe und nicht erfahren könne, was er treibe.*

Da man täglich erwartete, unter Segel zu gehen, und alle drei Paketschiffe nach Sandy Hook hinunter fuhren, um zu der dortigen Flotte zu stoßen, hielten es die Passagiere für das geratenste, an Bord zu sein, damit die Schiffe nicht auf einen plötzlichen Befehl unter Segel gehen und sie selber zurückgelassen würden. Dort mußten wir, wenn ich mich recht erinnere, sechs Wochen verbringen, verzehrten unsere Seevorräte und sahen uns genötigt, uns mit neuen zu versehen. Endlich ging die Flotte unter Segel, den General mit seiner ganzen Armee an Bord, und steuerte nach Louisburg, in der Absicht, jene kleine Festung zu belagern und zu nehmen. Alle Paketboote zusammen waren beauftragt, das Schiff des Generals zu begleiten und sich zur Empfangnahme seiner Depeschen bereit zu halten, sobald diese fertig sein würden. Wir waren fünf Tage auf See, ehe wir einen Brief mit der Erlaubnis zur Abfahrt erhielten, und dann erst verließ unser Schiff die Flotte und steuerte nach England. Die beiden anderen Paketboote behielt der General noch zurück und nahm sie mit sich nach Halifax, wo er einige Zeit blieb, um seine Truppen in fingierten Angriffen auf fingierte Forts auszubilden; dann änderte er seinen Entschluß hinsichtlich der Belagerung von Louisburg und kehrte mit allen seinen Truppen sowie mit den beiden vorerwähnten Paketbooten und deren sämtlichen Passagieren wieder nach New York zurück! Während seiner Abwesenheit hatten die Franzosen und Wilden das Fort George an der Grenze dieser Provinz eingenommen und die Wilden noch viele von der Garnison nach der Kapitulation niedergemetzelt.

Ich traf später in London den Kapitän Bonnell, der eines jener Paketboote befehligte. Er erzählte mir, nachdem er einen Monat lang zurückgehalten worden sei, habe er Seine Lordschaft benachrichtigt, daß sein Schiff in einem solchen Grade von angehängten Seegewächsen seeuntüchtig geworden sei, daß ihn dies notwendig am raschen Segeln, einem Haupterfordernis für ein Paketboot, hindern müsse, weshalb er um die Erlaubnis bitte, das Schiff umzustürzen und seinen Boden reinigen zu lassen. Er wurde gefragt, wie lange dies erfordern würde. Er antwortete: drei Tage, und der General erwiderte: »Wenn Sie es in einem Tag tun können, will ich Ihnen die Erlaubnis geben, sonst nicht; denn Sie müssen unbedingt übermorgen unter Segel gehen!« So erhielt er denn niemals die Erlaubnis, obwohl er später volle drei Monate lang von Tag zu Tag zurückgehalten wurde.

Ich sprach in London auch einen von Bonnells Passagieren, der gegen den General so sehr aufgebracht war, weil dieser ihn so hintergangen, gezwungenermaßen in New York zurückbehalten, dann mit sich nach Halifax und wieder zurückgeschleppt hatte, daß er schwor, er wolle ihn wegen Schadenersatz belangen. Ob er dies getan oder nicht, habe ich nie erfahren, aber nach der Schilderung, die der Mann von der Schädigung in seinen Geschäften entwarf, muß diese sehr bedeutend gewesen sein.

Überhaupt staunte ich, wie man einem derartigen Mann ein solch wichtiges Geschäft wie die Führung einer großen Armee hatte übertragen können. Da ich aber seitdem mehr von der großen Welt, von den Mitteln, wie solche Stellen erlangt, und von den Gründen, aus denen sie vergeben werden, gesehen habe, so ist meine Verwunderung schon bedeutend gemindert. General Shirley, dem nach dem Tode Braddocks das Kommando der Armee zufiel, würde meines Erachtens, wenn er auf seiner Stelle gelassen worden wäre, einen weit besseren Feldzug geführt haben, als derjenige Loudouns von 1757 es war, der über alle Begriffe leichtsinnig, kostspielig und schmachvoll für unsere Nation war. Shirley war allerdings auch kein Berufssoldat, aber von Hause aus verständig und scharfblickend, für den guten Rat anderer zugänglich, befähigt zur Ersinnung tüchtiger Pläne und rasch und rührig genug, um diese zur Ausführung zu bringen. Loudoun dagegen ließ, anstatt mit seiner großen Armee die Kolonien zu verteidigen, diese ohne jeglichen Schutz, während er in Halifax müßig paradierte. Dadurch ging nicht nur Fort George verloren, sondern er zerrüttete alle unsere kaufmännischen Operationen und schlug unserem Handel die schwersten Wunden durch das lange auf die Lebensmittelausfuhr unter dem Vorwand gelegte Embargo, dem Feind die Erwerbung von Proviant unmöglich zu machen. Der wahre Grund für das Embargo war aber die Absicht, den Preis der Lebensmittel zugunsten der Armeelieferanten herabzudrücken, an deren Gewinn er beteiligt war, wie man ihm, vielleicht nur auf bloßen Verdacht hin, nachsagte. Als endlich das Embargo aufgehoben war, wurde die Flotte von Carolina noch beinahe drei Monate länger in Charlestown zurückgehalten, weil der General versäumt hatte, eine Benachrichtigung dorthin zu schicken; der Boden der Schiffe war hierdurch so sehr vom Bohrwurm beschädigt worden, daß ein großer Teil von ihnen auf der Heimreise sank.

Shirley war, wie ich glaube, aufrichtig froh, als man ihn eines solch lästigen Amtes enthob, wie die Führung einer Armee für einen mit dem Militärwesen nicht vertrauten Mann es sein muß. Ich traf ihn bei dem Bankett, das die Stadt New York dem Lord Loudoun bei der Übernahme seines Kommandos gab. Shirley, obwohl dadurch abgesetzt, wohnte demselben ebenfalls bei. Es war eine große Gesellschaft von Offizieren, Bürgern und Fremden anwesend, so daß man viele Stühle in der Nachbarschaft hatte leihen müssen, darunter auch ein sehr niedriger, der gerade Mr. Shirley zufiel. Da ich neben ihm saß und dies bemerkte, sagte ich: »Sir, man hat Ihnen einen zu niedrigen Platz gegeben.« – »Das macht nichts, Mr. Franklin«, erwiderte er, »ich finde einen *niedrigen Sitz* am angenehmsten.«

Während ich in der obenerwähnten Weise in New York zurückgehalten wurde, bekam ich alle die Rechnungen über die Vorräte an Kriegsbedarf usw., die ich Braddock geliefert hatte, da einige von diesen Rechnungen nicht früher von den Personen, die ich zu meiner Unterstützung in dem Geschäft angestellt, hatten beigebracht werden können. Ich überreichte sie Lord Loudoun mit der Bitte, mir den entfallenden Betrag zahlen zu lassen. Er ließ sie regelrecht von dem entsprechenden Beamten prüfen, der jeden Artikel mit seinem Beleg verglich, die

Rechnung dann für richtig anerkannte und die mir zukommende Summe feststellte, für die mir Seine Lordschaft eine Anweisung an den Zahlmeister zu geben versprach. Dies wurde jedoch von einem Tag zum anderen verschoben, und ich konnte mein Geld nicht erhalten, obwohl ich mich, wie besprochen, deshalb oft meldete. Endlich, gerade vor meiner Abreise, erklärte mir der General, er habe nach genauerer Erwägung beschlossen, seine Abrechnungen nicht mit denjenigen seiner Vorgänger zu vermengen. »Und wenn Sie einmal in England sind«, sagte er, »so brauchen Sie Ihre Rechnungen nur beim Schatzamt vorzuzeigen, und Sie werden unverzüglich bezahlt werden.«

Ich machte, wiewohl ohne Erfolg, die große und unerwartete Ausgabe, zu der ich durch den langen erzwungenen Aufenthalt in New York veranlaßt worden war, als einen Grund geltend, warum ich gleich bezahlt zu werden wünsche, und bemerkte zugleich, daß es nicht recht sei, mir bei Erlangung des von mir vorgeschossenen Geldes weitere Mühe und weiteren Aufschub zu verursachen, da ich für meine Dienste nicht einmal eine Kommissionsgebühr berechnet habe, worauf er mir erwiderte: »Oho, Sir! glauben Sie ja nicht, uns weismachen zu können, daß Sie dabei nichts verdienen! Wir verstehen solche Geschäfte besser und wissen, daß jeder, der sich mit Armeelieferungen befaßt, dabei auch Mittel findet, seine eigenen Taschen zu füllen.« Ich versicherte ihm, daß dies bei mir nicht der Fall sei und daß ich keinen Heller für mich genommen habe; allein er schien mir offenbar nicht zu glauben, und ich habe in der Tat seither erfahren, daß mit solchen Geschäften oft ungeheure Vermögen gemacht werden. Für mein Guthaben aber bin ich bis auf den heutigen Tag noch nicht bezahlt, wovon später die Rede sein wird.

Ehe wir unter Segel gingen, hatte sich der Kapitän unseres Paketbootes viel auf die Geschwindigkeit seines Schiffes zugute getan; als wir aber auf die hohe See kamen, erwies es sich zu seiner nicht geringen Demütigung als das schwerfälligste von sechsundneunzig Segeln. Nach manchen Mutmaßungen über die Ursache davon hieß der Kapitän eines Tages, als wir in der Nähe eines anderen, beinahe ebenso schwerfälligen Schiffs wie das unsrige waren und von demselben noch überholt wurden, alle Leute an Bord nach hinten kommen und so nahe wie möglich am Flaggenstock sich aufstellen. Es waren einschließlich der Passagiere ungefähr vierzig Personen. Während wir noch hier standen, verbesserte das Schiff sichtlich seine Fahrt und ließ seinen Nachbarn bald weit hinter sich, was deutlich bewies, daß, wie auch unser Kapitän vermutete, das Schiff vorn zu stark beladen war. Die Wasserfässer waren, wie sich ergab, sämtlich vorn verstaut worden; diese ließ er daher nach hinten bringen, worauf das Schiff seinen Charakter wieder annahm und sich als der beste Segler in der Flotte bewährte.

Der Kapitän behauptete, sein Schiff sei einmal dreizehn Knoten gesegelt, was dreizehn Meilen pro Stunde entspricht. Wir hatten den Kapitän Kennedy von der Marine als Passagier an Bord, der behauptete, dies sei unmöglich und kein Schiff segle so schnell; es müsse daher irgendein Irrtum in der Einteilung der Logleine oder irgendein Versehen beim Einholen des Logs stattgefunden haben. Hieraus entspann sich zwischen den beiden Kapitänen eine Wette, die bei dem ersten genügend starken Wind entschieden werden sollte. Kennedy untersuchte hierauf genau die Logleine und beschloß, nachdem er über deren Richtigkeit Gewißheit erlangt hatte, das Log selbst auszuwerfen. Und als nun einige Tage später der Wind frisch und günstig wehte und der Kapitän des Paketboots, Lutwidge, seine Ansicht äußerte, daß das Schiff nun mit einer Geschwindigkeit von dreizehn Knoten segle, machte Kennedy das Experiment und gab zu, daß er seine Wette verloren habe.

Ich erwähne die obige Tatsache um der nachstehenden Beobachtung willen. Man hat es für eine Unvollkommenheit in der Kunst des Schiffbaus angesehen, daß man vor einer genauen Probe niemals wissen kann, ob ein neues Schiff ein guter Segler sein wird oder nicht, weil sich herausstellte, daß, wenn man das Modell eines gut segelnden Schiffes bei einem neuen genau kopierte, dieses sich im Gegenteil oft als merkwürdig schwerfällig erwies. Ich fürchte, dies rührt teilweise von den verschiedenen Ansichten her, die unter den Seeleuten über die Methoden des Ladens, Auftakelns und Segelns eines Schiffes im Schwange sind. Jeder hat sein eigenes System, und dasselbe Schiff wird, wenn es nach dem Urteil und der Weisung des einen Kapitäns geladen worden ist, besser oder schlechter segeln, als wenn dies nach der Weisung eines anderen geschehen ist. Überdies kommt es kaum jemals vor, daß ein Schiff von ein und derselben Person entworfen, für die See ausgerüstet und gesegelt wird. Der eine erbaut den Rumpf, der andere betakelt, ein dritter ladet und segelt das Schiff. Keiner von diesen hat den Vorteil, daß er alle die Ideen und Erfahrungen der anderen kennt, und ist daher außerstande, aus einer Kombination des Ganzen die richtigen Schlüsse zu ziehen.

Ich habe selbst bei der einfachen Tätigkeit des Segelns auf hoher See oft verschiedene Ansichten bei den Offizieren beobachtet, die die aufeinanderfolgenden Wachen befehligten, wenn auch der Wind derselbe war. Der eine wollte die Segel schärfer oder flacher zum Winde gebracht haben als der andere, so daß dieselben keine sichere Regel zu haben schienen, um sich danach zu richten. Es sollte daher nach meinem Dafürhalten eine Reihe von Experimenten veranstaltet werden, zunächst um die geeignetste Gestalt des Rumpfes für rasches Segeln zu bestimmen; sodann um die besten Dimensionen und geeignetsten Stellen für die Masten, sowie die Gestalt und Menge der Segel und deren Stellung je nach der Beschaffenheit des Windes, und endlich um die Verteilung der Ladung zu ermitteln. Wir leben in einem Zeitalter der Experimente, und ich meine, eine genau angestellte und gut kombinierte Reihe von solchen würde von großem Nutzen sein. Ich bin daher überzeugt, daß über kurz oder lang irgendein scharfsinniger Physiker dies unternehmen wird, wozu ich ihm den besten Erfolg wünsche.

Wir wurden auf unserer Fahrt mehrfach verfolgt, entgingen jedoch durch unsere überlegene Segelkraft jeder Nachstellung und konnten nach dreißig Tagen schon loten. Wir hatten eine genaue Observation, und der Kapitän glaubte sich unserem

Hafen, Falmouth, so nahe, daß wir nach einer guten Fahrt über Nacht am Morgen schon auf der Höhe der Mündung jenes Hafens sein und durch die nächtliche Fahrt auch der Entdeckung durch feindliche Kaperschiffe entgehen könnten, die oft in der Nähe des Eingangs des britischen Kanals kreuzten. Es wurde daher an Segeln gesetzt, was nur möglich war, und da wir frischen und günstigen Wind hatten, so liefen wir gerade vor demselben und kamen tüchtig vom Fleck. Der Kapitän bestimmte nach seiner Observation den Kurs so, daß wir seines Erachtens die Scilly-Inseln in weiter Entfernung passieren mußten; allein es scheint zuweilen eine starke Strömung von der hohen See den St.-Georgs-Kanal hinauf zu fließen, die die Seeleute täuscht und auch den Untergang von Sir Cloudesley Shovels Geschwader veranlaßte. Diese Strömung war wahrscheinlich auch die Ursache dessen, was uns begegnete.

Wir hatten eine Wache am Bug, der man oft zurief: »Schaut gut da vorn vor euch aus!« und die ebensooft mit »Ay, ay!« antwortete. Aber vielleicht waren dem Burschen die Augen zugefallen und er zu jener Zeit halb im Schlafe, so daß er, wie öfters geschehen soll, nur noch mechanisch antwortete, denn er bemerkte nicht, daß gerade vor uns ein Licht war, das der Mann am Steuerruder und die übrige Wachtmannschaft vor den Leesegeln nicht sehen konnten, bis es bei einem zufälligen Gieren des Schiffs entdeckt wurde. Diese Wahrnehmung verursachte große Bestürzung, da wir dem Licht schon ganz nahe waren und es mir so groß wie ein Wagenrad erschien. Es war Mitternacht, und unser Kapitän lag tief im Schlaf; allein Kapitän Kennedy sprang auf Deck, durchschaute die Gefahr und hieß das Schiff bei gesetzten Segeln ganz umwenden. Dieses Manöver war zwar für die Masten gefährlich, aber es machte uns klar, und wir entgingen dem Schiffbruch, denn wir liefen bereits auf die Klippen zu, auf denen der Leuchtturm errichtet war. Diese Rettung brachte mir eine hohe Meinung von dem Nutzen der Leuchttürme bei und bestärkte mich in dem Entschluß, zum Bau weiterer in Amerika aufzufordern, falls ich noch lebend dorthin zurückkehren sollte.

Franklin mit seiner Familie
und Freunden im Garten seines Hauses in Philadelphia

Am Morgen ergab sich durch die Peilungen usw., daß wir in der Nähe unseres Hafens waren, aber der Anblick des Landes wurde uns durch einen dichten Nebel entzogen. Gegen neun Uhr etwa begann der Nebel sich zu lichten und schien geradezu aus dem Wasser emporgehoben zu werden, wie der Vorhang in einem Theater, daß wir unter ihm die Stadt Falmouth, die Schiffe in deren Hafen und die Felder in deren Umgebung erkannten. Dies war ein höchst erfreulicher Anblick für Menschen, die schon so lange nichts anderes mehr vor Augen gehabt hatten als den einförmigen Anblick eines weiten, öden Ozeans, und bereitete uns um so größeres Vergnügen, weil wir uns nun der Sorgen entledigen konnten, die der Kriegszustand mit sich brachte.

Ich brach mit meinem Sohn sogleich nach London auf. Wir verweilten unterwegs nur eine kurze Zeit, um Stonehenge auf der Ebene von Salisbury und Lord Pembrokes Haus und Garten zu Wilton mit ihren höchst merkwürdigen Altertümern zu besichtigen. Am 27. Juli 1757 langten wir in London an.

Sobald ich mich in einer Wohnung eingerichtet hatte, die mir Mr. Charles besorgt hatte, machte ich einen Besuch bei Dr. Fothergill, dem ich angelegentlich empfohlen war und dessen Rat ich bezüglich meines Vorgehens einholen sollte. Er war gegen eine unmittelbare Beschwerde bei der Regierung und glaubte, man sollte sich erst an die Pennschen Erben persönlich wenden, die möglicherweise durch die Vermittlung und Überredung einiger privaten Freunde veranlaßt werden könnten, die Streitigkeiten auf freundschaftliche Weise beizulegen. Ich machte sodann meinem alten Freund und Korrespondenten, Mr. Peter Collinson, meine Aufwartung. Dieser teilte mir mit, daß John Hanbury, der mit Virginia in Handelsverbindung stehende große Kaufmann, sich erbeten habe, von meiner Ankunft benachrichtigt zu werden, damit er mich zu Lord Granville bringe, der damals Präsident des Geheimen Rats war und mich so bald wie möglich zu sprechen wünschte. Ich erklärte mich bereit, am folgenden Morgen mit ihm dahin zu gehen. Darauf holte mich Mr. Hanbury ab und brachte mich in seinem

Wagen zu jenem vornehmen Herrn, der mich mit großer Höflichkeit empfing. Nach einigen Fragen über den gegenwärtigen Stand der Angelegenheiten in Amerika und einigen Erörterungen hierüber äußerte er sich zu mir: »Ihr Amerikaner hegt falsche Vorstellungen über das Wesen eurer Verfassung; ihr bestreitet, daß die Instruktionen, die der König seinen Statthaltern gibt, Gesetze seien, und haltet euch für befugt, diese nach eurem Gutdünken zu beachten oder zu mißachten. Allein jene Weisungen gleichen durchaus nicht den sogenannten Tascheninstruktionen, die einem ins Ausland gehenden Gesandten mitgegeben werden, um sein Benehmen in gewissen unbedeutenden Punkten des Zeremoniells danach zu richten. Sie werden vielmehr zuerst abgefaßt von Richtern, die in den Gesetzen ganz zu Hause sind; dann werden sie im Geheimen Rat erwogen, debattiert und vielleicht verbessert und hierauf erst vom König unterzeichnet. Sie sind alsdann, insofern sie sich auf euch beziehen, das *Gesetz des Landes*, denn der König ist der *Gesetzgeber der Kolonien.*« Ich erklärte Seiner Lordschaft, dies sei mir eine ganz neue Doktrin. Ich habe nach unseren Verfassungen immer geglaubt, unsere Gesetze müßten von unseren Assemblies gemacht und dem König eigentlich nur zwecks seiner königlichen Zustimmung vorgelegt werden; habe der König aber diese einmal gegeben, so könne er sie nicht wieder aufheben oder abändern. Und wie die Gesetzgebenden Versammlungen keine dauernd gültigen Gesetze ohne seine Zustimmung erlassen könnten, so dürfe er auch kein Gesetz für sie ohne ihre Zustimmung machen. Er versicherte mir, ich sei damit gänzlich im Irrtum. Ich war jedoch hierin nicht seiner Meinung. Da die Unterredung mit Seiner Lordschaft mich einigermaßen in Unruhe versetzt hatte, welcher Art die Ansichten des Hofes in bezug auf unsere Angelegenheiten sein würden, so schrieb ich die ganze Unterhaltung nieder, sobald ich in meine Wohnung zurückgekehrt war. Ich erinnerte mich, daß etwa zwanzig Jahre früher eine Klausel in einer vom Ministerium eingebrachten Gesetzesvorlage den Vorschlag gemacht hatte, den Instruktionen des Königs Gesetzeskraft in den Kolonien zu geben; allein die Klausel war vom Unterhaus verworfen worden, wofür wir die Abgeordneten dieses Hauses als unsere und der Freiheit Freunde verehrten, bis aus ihrem Betragen gegen uns 1765 hervorging, daß sie dem König jenen Punkt der Souveränität nur verweigert hatten, um ihn für sich selbst in Anspruch zu nehmen.

Nachdem Dr. Fothergill mit den Eigentümern gesprochen hatte, verstanden sie sich nach einigen Tagen dazu, mit mir in Mr. T. Penns Haus in Spring Garden zusammenzutreffen. Das Gespräch bestand anfangs aus gegenseitigen Erklärungen der Bereitschaft zu einem vernünftigen Abkommen; allein ich vermute, jede Partei hatte ihre eigenen Ansichten über das, was unter ›vernünftig‹ zu verstehen sei. Wir gingen hierauf zur Erwägung unserer einzelnen Beschwerdepunkte über, die ich aufzählte. Die Grundherren rechtfertigten, so gut sie konnten, ihre eigene Handlungsweise und ich diejenige der Assembly. Es stellte sich nun heraus, daß wir in unseren Ansichten sehr weit auseinandergingen, ja im Grunde so weit voneinander abwichen, daß dadurch alle Hoffnung auf Verständigung zerschlagen wurde. Es wurde jedoch beschlossen, daß ich ihnen die hauptsächlichsten unserer Beschwerdepunkte schriftlich mitteilen sollte, die sie dann in Erwägung zu ziehen versprachen. Ich tat dies bald darauf; allein sie händigten die Schrift ihrem Sachwalter, Ferdinand John Paris aus, der für sie alle ihre rechtlichen Geschäfte in ihrem großen Prozeß mit dem ihnen benachbarten Grundherrn von Maryland, Lord Baltimore, der schon siebzig Jahre währte, besorgte und für sie in ihrem Streit mit der Assembly alle ihre Urkunden und Botschaften verfaßte. Paris war ein stolzer, aufbrausender Mann. Da ich gelegentlich schon in den Antworten der Assembly seine Schreiben mit einiger Schroffheit behandelt hatte, weil sie im Beweispunkt schwach und im Ausdruck hochfahrend waren, so hatte er einen tödlichen Haß gegen mich gefaßt, der bei jeder persönlichen Begegnung zutage trat. Ich lehnte daher den Vorschlag des Grundherren ab, daß Mr. Paris und ich uns über die Hauptsachen unserer Beschwerden unter uns beiden aussprechen sollten, und weigerte mich, mit irgend jemand sonst zu unterhandeln als mit ihnen. Sie übergaben sodann auf seinen Rat meine Schrift den Händen des Generalfiskals und des Kronanwalts, um deren Ansicht und Rat darüber einzuholen; aber es lag bei diesen unbeantwortet ein ganzes Jahr, weniger eine Woche. Ich richtete während dieser Zeit häufige Gesuche um eine Antwort an die Eigentümer, ohne jedoch irgendeine andere zu erlangen, als daß sie die Ansicht des Generalfiskals und des Kronanwalts noch nicht erhalten hätten. Wie diese lautete, als sie sie endlich erhielten, habe ich niemals erfahren, denn sie teilten sie mir nicht mit, sondern überschickten der Assembly eine lange, von Paris verfaßte und unterzeichnete Botschaft, die sich über den Mangel an Form in meiner Schrift beklagte, sie als eine Grobheit von meiner Seite auslegte, eine schwächliche Rechtfertigung ihrer eigenen Handlungsweise zu geben versuchte und schließlich die Bereitschaft zu einem gütlichen Ausgleich erklärte, falls die Assembly *eine redliche Person* herübersenden wollte, um mit ihnen zu diesem Zweck zu unterhandeln, wodurch sie also zu verstehen gaben, daß ich eine solche nicht sei.

Der Vorwurf des Mangels an Form und der Grobheit stützte sich wahrscheinlich darauf, daß ich sie in meiner Schrift nicht mit ihren angemaßten Titeln als Wirkliche und Absolute Eigentümer der Provinz Pennsylvania angeredet, sondern dies unterlassen hatte, weil ich es nicht für notwendig hielt, in einem Aufsatz, dessen Absicht nur dahin ging, schriftlich auf eine zuverlässige Weise alles das zusammenzufassen, was ich gesprächsweise mündlich vorgebracht hatte.

Da aber während dieses Hinhaltens die Assembly den Gouverneur Denny bewogen hatte, ein Gesetz passieren zu lassen, das das Vermögen und die Ländereien der Grundbesitzer gemeinsam mit den Ländereien des Volks zur Besteuerung heranzog, was ja der Hauptpunkt des Streits war, so unterließ die Assembly die Beantwortung jener Botschaft.

Sobald jedoch dieses Gesetz herüberkam, beschlossen die Eigentümer auf den Rat von Paris, sich dem zu widersetzen, daß es die königliche Zustimmung erhielt. Sie richteten daher durch den Geheimen Rat eine Bittschrift an den König, und es wurde eine Audienz anberaumt, bei der zwei Advokaten von ihnen zur Anfechtung des Gesetzes und zwei von mir zur Verteidigung desselben beauftragt waren. Sie erklärten, das Gesetz beabsichtige den Besitz der Grundherren zu belasten und denjenigen des Volks zu verschonen, daß sie aber unausbleiblich ruiniert würden, wenn man das Gesetz in Kraft lasse und die Grundherren, die beim Volke verhaßt seien, der Gnade und Ungnade des letzteren bezüglich Ausmaß und Verteilung der Steuern preisgebe. Wir erwiderten, das Gesetz beabsichtige nichts Derartiges und werde auch eine solche Wirkung nicht haben. Die Steuerschätzer seien rechtschaffene und verständige Männer und eidlich verpflichtet, billig und gerecht zu schätzen, und irgendwelcher Vorteil, den jeder von ihnen für die Erleichterung seiner eigenen Steuer davon erwarten dürfte, daß er diejenige der Großgrundbesitzer erhöhe, sei allzu unbedeutend, um sie zum Meineid zu verführen. Dies ist, soviel ich mich entsinne, der wesentlichste Inhalt dessen, was von beiden Seiten geltend gemacht wurde, ausgenommen, daß wir entschieden die verderblichen Folgen hervorhoben, die eine Aufhebung des Gesetzes mit sich bringen müßte, weil das Geld, hunderttausend Pfund Sterling, zu des Königs Gebrauch gedruckt und gegeben, in seinem Dienste verausgabt worden und nun unter der Bevölkerung verbreitet sei. Eine Ungültigkeitserklärung würde es also in den Händen der derzeitigen Besitzer zum Verderben vieler und zur gänzlichen Entmutigung künftiger Geldbewilligungen wertlos machen. Dabei wurde die Selbstsucht der Grundherren, die eine derartige Katastrophe lediglich aus der unbegründeten Befürchtung heraufbeschwören wollten, daß ihre Besitzungen zu hoch besteuert würden, in den stärksten Ausdrükken hervorgehoben. Daraufhin stand Lord Mansfield, einer der Geheimen Räte, auf, winkte mir und nahm mich mit in das Zimmer des Sekretärs, während die Anwälte noch plädierten, und fragte mich, ob ich wirklich der Ansicht sei, daß dem Vermögen der Eigentümer durch die Durchführung des Gesetzes keine Schädigung widerfahren würde. Ich versicherte ihm das auf das bestimmteste. »Dann werden Sie sich nicht weigern, eine Verpflichtung zur Sicherheit dieses Punktes zu übernehmen«, sagte er. – »Nicht im mindesten«, erwiderte ich. Er rief hierauf Paris herein, und nach einigem Hinundherreden wurde der Vorschlag Seiner Lordschaft beiderseits angenommen und durch den Sekretär des Geheimen Rates zu diesem Behuf eine Urkunde aufgesetzt. Diese unterzeichnete ich mit Mr. Charles, der ebenfalls ein Bevollmächtigter der Provinz für ihre gewöhnlichen Geschäfte war, worauf Lord Mansfield in das Sitzungszimmer des Geheimen Rats zurückkehrte, wo man schließlich das Gesetz durchgehen ließ. Es wurden zwar noch einige Abänderungen anempfohlen, wir machten uns aber erbötig, daß diese in ein späteres Gesetz aufgenommen werden sollten. Die Assembly betrachtete sie jedoch nicht als nötig, denn nachdem eine Jahressteuer auf Grund des Gesetzes erhoben worden war, ehe der Befehl vom Geheimen Rat eintraf, bestellte sie einen Ausschuß, um das Verfahren der Steuerschätzer zu prüfen, und wählte in diesen Ausschuß mehrere besondere Freunde der Pennschen Erben. Nach einer umfassenden Untersuchung unterzeichnete dieser Ausschuß einmütig eine Erklärung, er finde, daß die Steuer mit vollkommener Gerechtigkeit eingeschätzt worden sei.

Die Assembly betrachtete nun mein Eingehen auf den ersten Teil der Verpflichtung als einen wesentlichen der Provinz erwiesenen Dienst, da es den Kredit des damals über die ganze Provinz verbreiteten Papiergelds gesichert hatte, und erstattete mir bei meiner Heimkehr ihren Dank in aller Form. Die Eigentümer aber waren erbost über Gouverneur Denny, weil er das Gesetz hatte durchgehen lassen, und überschütteten ihn mit Drohungen, ihm wegen der Verletzung seiner Instruktionen einen Prozeß anzuhängen. Da er es aber auf Anraten des Generals und im Dienst Seiner Majestät getan hatte und einige einflußreiche Gönner und Fürsprecher bei Hofe besaß, so kümmerte er sich nicht um die Drohungen, die übrigens niemals ausgeführt wurden.

FRANKLINS KONZEPT

Meine Schriftstellerei. Frau Dogoods Briefe. Zwistigkeiten entstehen zwischen meinem Bruder und mir (sein Temperament
und das meinige); Ursache dieser Zwiste im allgemeinen. Seine
Zeitung. Die Verfolgung, der er ausgesetzt war. Mein Verhör.
Verfügung der Assembly. Wie mein Bruder dieselbe umging.
Wodurch ich frei wurde. Mein Versuch, bei anderen Buchdruk-
kern Beschäftigung zu finden. Er hindert mich daran. Unsere
häufigen Klagen bei unserem Vater. Der endliche Bruch. Was
mich veranlaßte, Boston zu verlassen. Auf welche Weise ich zu
einem Entschluß kam. Wie ich ihn verließ und nach New York
ging (Rückkehr zum Fleischgenuß) und von da nach Philadelphia. Die Reise und ihre Ereignisse an der Bucht bei Amboy.
Die Landstraße. Zusammentreffen mit Dr. Brown. Sein Charakter, sein großes Werk. In Burlington. Die gute Frau. Auf
dem Fluß. Meine Ankunft in Philadelphia. Erste Mahlzeit und
erstes Nachtlager. Mein Geldvorrat. Beschäftigung. Wohnung.
Erste Bekanntschaft mit meiner nachmaligen Frau, – mit
J. Ralph – mit Keimer. Deren Charakter. Osborne. Watson.
Der Gouverneur nimmt Notiz von mir. Der Anlaß dazu und die
Art und Weise davon. Sein Charakter. Er bietet mir an, mich zu
etablieren. Meine Rückkehr nach Boston. Reise und Reiseer-
lebnisse. Aufnahme. Meinem Vater mißfällt der Vorschlag. Ich
kehre nach New York und Philadelphia zurück. Gouverneur
Burnet. J. Collins. Das Geld für Vernon. Des Gouverneurs Betrug. Collins findet keine Beschäftigung und geht nach Barbados, nachdem er mir viel Geld schuldig geworden war. Ralph

und ich gehen nach England. Enttäuschung bezüglich der Briefe des Gouverneurs. Oberst French, sein Freund. Cornwallis' Briefe. Cabbin. Denham. Hamilton. Ankunft in England. Ich finde Beschäftigung, Ralph aber nicht. Er fällt mir zur Last. Abenteuer in England. Ich schreibe eine Flugschrift und drucke hundert Exemplare davon. Pläne. Lyons. Dr. Pemberton. Mein Fleiß, und doch arm durch Ralph. Meine Wirtin. Ihr Charakter. Wygate. Wilkes. Cibber. Theaterstücke. Bücher, die ich borgte. Prediger, die ich hörte. Redmayne. Bei Watts. Mäßigkeit. Geist. Benehmen und Einfluß unter den Menschen. Werde von Mr. Denham beredet, mit ihm nach Philadelphia zurückzukehren und sein Gehilfe zu werden. Unsere Reise und Ankunft. Meine schriftlich niedergelegten Entschlüsse. Meine Krankheit. Denhams Tod. Finde D. R. verheiratet. Nehme wieder Arbeit bei Keimer. Bedingungen. Wie er mich ausbeutet. Mein Ärger darüber. Decows Äußerung. Meine Freunde in Burlington. Übereinkunft mit H. Meredith, gemeinsam eine Druckerei zu errichten. Verwirklichung dieses Planes. Erfolg bei der Assembly. Hamiltons Freundschaft. Sewells Geschichte. Zeitung. Papiergeld. Webb. Ich schreibe den ›Busy Body‹. Breintnal. Godfrey; sein Charakter. Prozeß gegen uns. Anerbieten meiner Freunde Coleman und Grace. Ich setze das Geschäft fort, und Meredith geht nach Carolina. Flugschrift über das Papiergeld. Keimers Zeitungsunternehmen. Junto-Kredit; sein Plan. Verheiratung. Gründung der Bibliothek. Art der Ausführung des Projekts; sein Plan und Nutzen. Kinder. Der Kalender. Der Gebrauch, den ich davon mache. Große Rührigkeit im Geschäft. Fortwährendes Studieren. Meines Vaters Bemerkung und Rat über den Fleiß. Partnerschaft in Carolina. Ich erlerne Französisch und Deutsch. Reise nach Boston nach zehn Jahren. Anhänglichkeit meines Bruders. Er stirbt und hinterläßt mir seinen Sohn. Die Kunst der Tugend. Gelegenheit. Verbesserung der Stadtwache. Postamt. Spotswood. Bradfords Benehmen. Sekretär der Assembly. Verliere einen meiner Söhne. Projekt wegen untergeordneter Juntos. Schreibe gelegentlich für die Zeitungen. Erfolg im Geschäft.

Feuerlöschverein. Feuerspritzen. Gehe 1743 abermals nach Boston. Sehe Dr. Spence. Whitefield; meine Verbindung mit ihm. Seine Großmut gegen mich. Meine Erwiderung derselben. Kirchliche Zwistigkeiten. Mein Anteil an denselben. Ich schlage die Errichtung eines Colleges vor. Es wird zur Zeit nicht weiterverfolgt. Ich beantrage und errichte eine philosophische Gesellschaft. Krieg. Elektrizität. Meine erste Kenntnis derselben. Geschäftsverbindung mit D. Hall usw. Erörterung der Landesverteidigung in der Assembly. Vorschlag für eine solche. ›Schlichte Wahrheit‹. Ihr Erfolg. Zehntausend Mann aufgeboten und ausgebildet. Lotterien. Erbauung einer Batterie. New Castle. Mein Einfluß im Rat. Fahnen, Inschriften und Mottos. Militärische Wache der Damen. Quäker werden vom Großen Rat gewählt. Ich komme in die Friedensgerichtskommission. Logan findet Gefallen an mir. Seine Bibliothek. Meine Ernennung zum Generalpostmeister. Wahl in die Assembly. Bestallung als Beauftragter, um mit den Indianern zu Carlisle und Easton zu unterhandeln. Ich beantrage und gründe die Akademie. Flugschrift über diese. Reise nach Boston. In Albany. Plan der Vereinigung der Kolonien. Abschrift desselben. Bemerkungen über diesen. Er schlägt fehl, und auf welche Weise. Reise nach Boston 1754. Streitigkeiten hierüber in unserer Assembly. Mein Anteil an denselben. Ein neuer Gouverneur. Zänkereien mit ihm. Sein Charakter und seine Äußerungen gegen mich. Meine Wahl zum Alderman. Plan zur Errichtung eines Spitals. Mein Anteil daran. Sein Erfolg. Geldkosten. Ich werde Kommissar beim Staatsschatz. Mein Auftrag zur Verteidigung der Grenzbezirke. Ich hebe Mannschaften aus und baue Forts. Mein Entwurf eines Milizgesetzes. Ich werde Oberst. Parade meiner Offiziere. Ärger des Eigentümers hierüber. Unterstützung der Bostoner Abgesandten. Reise mit Shirley usw. Begegnung mit General Braddock. Mache mich ihm nützlich. Ebenso den Offizieren seiner Armee. Versehe ihn mit Lebensmitteln. Seine Zugeständnisse an mich und das Zeugnis, das er mir ausstellt. Erfolg meiner elektrischen Experimente. Man überschickt mir eine Denkmünze. Vorschlag, mich in die Königliche

Gesellschaft aufzunehmen, und Rede des Präsidenten. Dennys Ankunft und Zuvorkommenheit gegen mich. Sein Charakter. Dienst, den ich der Armee in der Angelegenheit des Quartieramts leiste. Fortsetzung der Zänkereien wegen der Besteuerung der Eigentümer. Projekt zur Pflasterung der Stadt. Ich werde nach England geschickt. Unterhandlungen daselbst.

Konzept Franklins für die Fortsetzung der Autobiographie

Canada delenda est. Meine Flugschrift. Ihre Aufnahme und Wirkung. Von mir abverlangte Pläne bezüglich der Unterwerfung. Bekanntschaft mit Mrs. S. Small, Sir John P., Mr. Wood, Sargent Strahan und anderen und deren Nutzen für mich. Deren Charaktere. Doktorwürde von Edinburgh, St. Andrews. Doktorwürde von Oxford. Reise nach Schottland. Lord Leicester. Mr. Prat. De Gray. Jackson. Lage in England. Verzögerungen. Ereignisreiche Reise nach Holland und Flandern. Vertretungsauftrag von Maryland. Ernennung des Sohnes. Meine Rückkehr. Anerkennung und Dank. Reise nach Boston. John Penn Gouverneur. Mein Verhalten ihm gegenüber. Die Paxton-Morde. Meine Flugschrift. Aufrührer marschieren auf Philadelphia. Der Gouverneur flieht in mein Haus. Mein Verhalten. Ich werde zu den Aufständischen geschickt. Veranlasse sie zum Rückzug. Geringer Dank. Zwistigkeiten leben auf. Resolutionen gegen eine Fortführung der Eigentümer-Regierung. Neue Flugschrift. ›Cool Thoughts‹. Ich werde erneut mit einer Petition nach England geschickt. Die Verhandlungen dort. Lord H.; sein Charakter. Vertretungsaufträge von New Jersey, Georgia, Massachusetts. Reise nach Deutschland 1766. Ehrungen, die ich dort erfuhr. Beobachtungen in Göttingen. Reise nach Frankreich 1767. Ebenfalls 1769. Aufnahme dort in der Akademie. Ich werde dem König und den Damen Mad. Victoria und Mrs. Lamagnon vorgestellt. Duc de Chaulness, M. Beaumont, Le Roy, Dalibard, Nollet. Siehe Aufzeichnungen. Holland. Drucke meine Bücher erneut und füge viele hinzu. Bücher von vielen Autoren werden mir überreicht. Mein Buch wird ins Französische übersetzt. Blitzdrachen. Verschiedene Entdekkungen. Meine Methode, die Studien fortzusetzen. Der König von Dänemark lädt mich zum Dinner ein. Ich erinnere mich an den Wahlspruch meines Vaters. Stempelgesetz. Mein Widerstand dagegen. Empfehlung für J. Hughes. Korrektur derselben. Befragung im Parlament. Ich gewinne dadurch Ansehen. Minister schmeicheln mir. Charles Townsends Gesetz. Widerstand dagegen. Öfen und Schornsteinklappen. Harmonika. Bekanntschaft mit Botschaftern. Mitteilung über Rußland. Ich schreibe für Zeitungen. Gläser aus Deutschland. Landschenkung in Nova Scotia. Krankheiten. Briefe nach Amerika werden hierher zurückgeschickt. Die Folgen. Versicherungsbüro. Mein Charakter. Es kostet mich nicht viel, gegen Untergebene höflich, aber sehr viel, gegen Vorgesetzte unterwürfig zu sein usw. Farce von der ewigen Bewegung. Ich schreibe für die Assembly von Jersey. Hutchinsons Briefe. Temple. Klage vor dem Gericht des Lordkanzlers, Beleidigung vor dem Geheimen Rat. Lord Hillsboroughs Charakter und Verhalten. Lord Dartmouth. Verhandlung zur Verhinderung des Krieges. Rückkehr nach Amerika. Der Bischof von St. Asaph. Kongreß. Assembly. Sicherheitsausschuß. Spanische Reiter. Ich werde nach Boston ins Lager geschickt. Nach Kanada zu Lord Howe. Nach Frankreich. Der Vertrag usw.

NACHWORT

Mit den Hexenverfolgungen des Jahres 1692 in Boston und Salem erreichte die Herrschaft irrationaler puritanischer Eiferer der Neuengland-Theokraten unter der Dynastie der Predigerfamilie des Cotton Mather (1663–1728) einen letzten makabren Höhepunkt in den britischen Kolonien der Neuen Welt. Eine Periode fanatischen religiösen Dogmatismus und der Unterdrückung freier Meinungs- und Willensäußerung näherte sich ihrem Ende.

Das anbrechende 18. Jahrhundert stand in Nordamerika schon in den ersten Jahrzehnten im Zeichen aufklärerischer Ideen, die von England und Frankreich her rasch über den Atlantik drangen und mit Namen wie dem des Begründers des Sensualismus John Locke (1632–1704; ›Versuch über den menschlichen Verstand‹, 1689), aber auch mit denen Thomas Hobbes' (1558–1679) und des Earls of Shaftesbury (1671–1713) verbunden waren. Das Zeitalter der Aufklärung in Nordamerika ging in die Geschichte ein als Epoche tiefgreifender philosophischer, politischer und ökonomischer Auseinandersetzungen. Es war die Periode der revolutionären Abtrennung von dem feudalen Mutterland Großbritannien wie auch der Lossagung von den einengenden Doktrinen der puritanischen Kirche im Innern, und es war dies eine Zeit großer naturwissenschaftlicher und technischer Leistungen. Damals wurden aber auch die Signale zur geistigen Befreiung im literarisch-künstlerischen Bereich gegeben. Charakteristisch für die Entwicklungen auf literarischem Gebiet im vorrevolutionären Nordamerika war vor allem eine vielgestaltige streitbare Journalistik und Essayistik. Mit Artikeln, Pamphleten, Flugschriften als Formen für die ideologischen Auseinandersetzungen jener Tage konnten unter den komplizierten Bedingungen der Kolonien sehr viele Menschen erreicht werden.

Im Jahre 1706, nicht viel mehr als ein Jahrzehnt nach dem letzten großen Aufflackern des ›Wahns in Boston‹, wurde Benjamin Franklin in jener Metropole des Nordostens geboren. Neben Thomas Jefferson, dem Federführer und Spiritus rector der Ausarbeitung der Unabhängigkeitserklärung von 1776, und Thomas Paine (1737–1809), dem Philosophen und Propagandisten der amerikanischen Unabhängigkeitsbewegung, gehörte Benjamin Franklin zu den führenden Köpfen der amerikanischen Aufklärung und der Revolution von 1775–1783. Er hat sich als Journalist, Schriftsteller, Wissenschaftler und Diplomat große Verdienste um die Gründung und Verteidigung des amerikanischen Nationalstaates erworben. Obwohl nicht unumstritten, wurde Franklin schon von seinen Zeitgenossen gerühmt und anerkannt. Johann Wolfgang von Goethe, der Franklin vor allem als Schriftsteller würdigt, vergleicht ihn in seinem autobiographischen Werk ›Dichtung und Wahrheit‹ mit dem Publizisten und Historiker Justus Möser (1720–1794), der zu jener Zeit wegen seiner aufklärerischen Kritik an den Verhältnissen in Deutschland so geschätzt wurde: ›Immer ist er über seinen Gegenstand erhaben und weiß uns eine heitere Ansicht des Ernstesten zu geben; bald hinter dieser, bald hinter jener Maske halb versteckt, bald in eigner Person sprechend, immer vollständig und erschöpfend, dabei immer froh, mehr oder weniger ironisch, durchaus tüchtig, rechtschaffen, wohlmeinend, ja manchmal derb und heftig, und dieses alles so abgemessen, daß man zugleich den Geist, den Verstand, die Leichtigkeit, Gewandtheit, den Geschmack und Charakter des Schriftstellers bewundern muß. In Absicht auf Wahl gemeinnütziger Gegenstände, auf tiefe Einsicht, freie Übersicht, glückliche Behandlung, so gründlichen als frohen Humor, wüßte ich ihn niemand als Franklin zu vergleichen. – Ein solcher Mann imponierte uns unendlich und hatte den größten Einfluß auf eine Jugend, die auch etwas Tüchtiges wollte ...‹ Johann Gottfried Herder nannte Franklin in seinen ›Briefen zur Beförderung der Humanität‹, begeistert von seiner bürgerlich-demokratischen Gesinnung und seiner echten Volksverbundenheit, ›den edelsten Volksschriftsteller unseres Jahrhunderts‹. Georg Christoph Lichtenberg und Gottfried August Bürger, der Schriften Franklins ins Deutsche übersetzte, schätzten vor allem den ›common sense‹, den gesunden bürgerlichen Menschenverstand Benjamin Franklins. Diese Hochachtung der Zeitgenossen wie der Nachfahren galt einer der vielseitigsten Persönlichkeiten jener Epoche, einem Universalgenie der Ära des jungen progressiven Bürgertums, der mit eindrucksvoller Konsequenz in seinem Leben und Schaffen theoretische Erkenntnisse und praktische Umsetzung in Einklang brachte. Sie galt dem Schriftsteller, dem Philosophen, Naturwissenschaftler, dem Kommunalpolitiker wie dem Diplomaten. Sie wurde dem Vertreter eines bürgerlichen nüchternen Rationalismus erwiesen, der den Schritt aus der Enge einer jenseitsorientierten kalvinistischen Dogmatik vollzog, wie dem Propagandisten eines moralisierenden, zutiefst bürgerlichen Erfolgsdenkens, das andererseits seine puritanische Provenienz nicht leugnen konnte. Franklin hatte sich schon früh mit Hilfe eigener Studien und philosophisch-weltanschaulicher Überlegungen den strengen religiösen Auffassungen seines Vaters entzogen, dessen praktischen Sinn und Lebensweisheit er sonst so hoch schätzte. Sein kritischer Verstand, seine subtile Nachdenklichkeit und Skepsis ließen kein Festlegen auf einseitige und einengende religiöse Dogmen zu. Dabei achtete Franklin stets die religiösen Überzeugungen seiner Mitmenschen. Er selbst hielt sich offen für die Weisheit der Philosophen von der Antike bis zu seinem Zeitalter der Aufklärung, für die Ideen der vielgestaltigen protestantischen Bewegungen der europäischen Reformation in den Refugien der Neuen Welt. Glaubensfreiheit war für ihn ein integrierender Bestandteil seines progressiven bürgerlichen Demokratieverständnisses. Er förderte diese auch sehr praktisch und wirksam zum Beispiel durch seine Unterstützung für den Bau eines überkonfessionellen Predigthauses in Philadelphia, in dem Repräsentanten aller Religionen auftreten durften. Franklin stand dem religiösen Rigorismus des Neuengland-Puritanismus recht kritisch gegenüber, praktizierte aber selbst weitgehend die Lebens- und Umgangsformen der Neuenglandsiedler. Er akzeptierte voll ihre frühbürgerlich-optimistische Erwerbshaltung. Gegenüber dem etwas lebensfremden und für das Gemeinwesen geradezu gefährlichen Pazifismus der Quäker und Herrnhuter äußerte Franklin seine taktvoll formulierte, aber in der Praxis doch recht nachhaltige und konsequent korrigierende Kritik. Er fühlte sich nicht an eine bestimmte konfessionelle Richtung gebunden, wenngleich deistische Vorstellungen, wie die Lektüre der Deisten Collins und Tolland sie ihm schon früh vermittelt hatte, ihn stark beeinflußten. Der Dienst an Gott bedeutete für ihn primär die Erfüllung humanistischer ethischer Normen und praktische Lebenshilfe. Wichtig erschien ihm die Herausbildung nützlicher Tugenden und die Hilfe für andere Menschen, vor allem aber die Entwicklung ihrer Fähigkeit, sich selbst zu helfen. In seinen Schriften spiegeln sich so zum einen die tiefe Skepsis gegenüber den Glaubenssätzen der puritanischen Offenbarungsreligion wie andererseits profilierte Vorstellungen eines von starken Moralnormen geprägten Deismus.

Benjamin Franklin war als 15. Kind eines unbemittelten Seifensieders und Kerzenziehers aufgewachsen. Seine Vorfahren hatten als Bauern und Schmiede in Ecton (Northamptonshire, England) gelebt. Schon von seinem zehnten Lebensjahr an mußte er in der Werkstatt seines Vaters kräftig mitarbeiten. Nachdem dieser aber eingesehen hatte, daß Benjamin weder zum Kerzenziehen Lust verspürte, noch – als zehnter Sohn! – für das ausersehene Amt eines Geistlichen zu gewinnen war, gestattete es der Vater, daß er als Gehilfe in die Druckereiwerkstatt des Halbbruders James eintrat. Sehr bald schon trug Franklin über drucktechnische Arbeiten hinaus mit eigenen Artikeln, die er seinem Bruder listenreich untergeschoben hatte, zur

Herausgabe des ›New England Courant‹ bei, der zweiten Zeitung in Neuengland. Die englischen Journalisten Sir Richard Steele und Joseph Addison, Herausgeber der moralischen Wochenschriften ›The Tatler‹ (1709–1711) und ›The Spectator‹ (1711–1713), waren ihm in bezug auf Stil und pointierte soziale Kritik Vorbild. Zu den wichtigsten Bildungserlebnissen jener Zeit gehörten die Lektüre John Lockes und Shaftesburys, aber auch die sozialkritischen Essays des ›Robinson‹-Autors Daniel Defoe und John Bunyans ›Des Pilgers Wanderschaft‹ (1678 bis 1684). Franklin gab seine kargen Mittel fast ausschließlich für Bücher aus und lebte sehr bescheiden. Mit großem Genuß las er Sokrates, Plutarch und Xenophon. Er empfand echte Freude an den Bildungserlebnissen und an der geistigen Auseinandersetzung in Rededuellen, in denen er systematisch sokratische Methoden anwandte, um seine Partner zu überzeugen und für seine Auffassungen zu gewinnen. Seine nachdrücklich geschulten rhetorischen Fähigkeiten setzte er gezielt sowohl in seinen privaten geschäftlichen wie ganz besonders in seinen politischen Unternehmungen ein. Von den frühesten Artikeln im ›New England Courant‹ bis zu seiner Autobiographie spiegelt sich in Franklins Schriften das Bemühen um einen klaren Prosastil. Mit 15 Jahren bereits leitete er die Herausgabe der Zeitung seines Bruders, als dieser wegen einer Kritik an den Behörden belangt worden war. So schrieb, setzte und druckte er, karrte Papier heran und trug die Zeitungen aus, bis er sich schließlich mit seinem Bruder überwarf und nach Philadelphia ging. Schon als Siebzehnjähriger fand er die Anerkennung und moralische Unterstützung des damaligen Gouverneurs von Pennsylvania, William Keith, der ihm angeblich zu einer eigenen Druckerei verhelfen wollte und ihn deshalb nach England schickte, wo er Franklin allerdings ohne Geld aufsitzen ließ. Nach seiner Rückkehr nach Philadelphia hatte sich Franklin dann aus eigener Kraft binnen weniger Jahre eine eigene Druckerei geschaffen, für die er sich durch geschickte Werbung, Fleiß und Qualitätsarbeit auch lukrative Regierungsaufträge zu verschaffen wußte. Aber nicht nur seine florierende Druckerei und der damit verbundene Verlag bezeugen den Geschäftsgeist Franklins: sein Unternehmen verkaufte auch Papierwaren, Lebensmittel, Medizin, Gebrauchsgüter, Pferde, und selbst der Handel mit schwarzen Sklaven brachte ihm willkommene Gewinne – doch wurde er sich bald der Mißachtung der menschlichen Würde durch das System der Sklaverei bewußt und hatte im Jahre 1758 die Errichtung der ersten Schule für Schwarze in Philadelphia vorgeschlagen, 1787 wurde er Präsident der ›Pennsylvania-Gesellschaft zur Abschaffung der Sklaverei‹, und noch in seinen letzten Lebenstagen arbeitete er an einer Streitschrift über die Befreiung und gesellschaftliche Gleichstellung der schwarzen Mitbürger.

Franklin hatte sein Ziel der wirtschaftlichen Unabhängigkeit zeitig erreicht, das er in bürgerlich praktischer Auffassung als Voraussetzung für ungestörte Studien, Experimente, schriftstellerische Arbeiten und Projekte im Interesse der Öffentlichkeit ansah. Nachdem er mit 42 Jahren seine gutgehende Drukkerei einem seiner Mitarbeiter gegen langfristige Gewinnbeteiligung übereignet hatte, setzte er seine ganze Zeit für Studien und kommunalpolitische Projekte ein. Franklins Verhaltensmuster, sein Erfolgsstreben, von ihm als Ausdruck der Harmonie privater und gesellschaftlicher Interessen betrachtet, wurde in der Folgezeit Generationen amerikanischer Jugendlicher als Modell für deren Leben unter gänzlich anderen Bedingungen vorgehalten und in unerträglichem Maße für manipulative Zielsetzungen mißbraucht. Dabei sind Franklins Integrität, seine Ehrlichkeit wie die Aufrichtigkeit seiner propagierten Bürgertugenden Fleiß, Sparsamkeit, Mäßigkeit, Ausdauer selbst von seinen Gegnern unbestritten gewesen. Durch seinen hohen persönlichen Einsatz und die wiederholte Verpfändung seines materiellen Besitzes u. a. für die Verteidigung Pennsylvanias – und zwar von vornherein ohne Aussicht auf einen Gewinn – hat er die Lauterkeit seiner Ansichten unter Beweis gestellt.

Mäßigkeit bei der Befriedigung der persönlichen Bedürfnisse, vor allem, was kulinarische Genüsse und Äußerlichkeiten betraf, und ein bewußt freizügiger Einsatz seiner Mittel für Bildungsziele gehörten zu Franklins Auffassung von persönlicher Selbstverwirklichung. Daß er dabei kein Tugendapostel war, zeigt der mit Selbstironie zugegebene ›Druckfehler‹ seiner Schwäche für leicht zugängliche Damen, eine Gefahr, aus der er in die Ehe mit der einstmals versetzten Deborah Read floh, nachdem er schon anderwärts zwei uneheliche Kinder hatte.

Sehr breit war das Spektrum der Interessengebiete Benjamin Franklins, der in all seinem Forschen und Tun über die Untersuchung des Wesens der Erscheinungen hinaus auf die Anwendbarkeit seiner Erkenntnisse abzielte, der sein Wissen stets auf die Veränderung und Verbesserung seiner Umwelt richtete. Sein eigener Bildungsdrang und die Höhe der Buchpreise ließen in ihm den Gedanken einer gemeinnützigen Leihbibliothek reifen, die in kurzer Zeit zu einem florierenden Ausleihsystem weit über Philadelphia hinaus wuchs. Aber auch die Einführung von Straßenreinigung, Kanalisation, Stadtbeleuchtung, Stadtpolizei und Miliz in Pennsylvania ist Benjamin Franklin zu verdanken, ebenso eine wesentliche Verbesserung des Postwesens. Kennzeichnend für seine Gründlichkeit und sein Engagement war zum Beispiel, daß er, der als Drucker mehrfach Banknoten herstellte, sich in seinem Essay ›Natur und Notwendigkeit einer Papierwährung‹ (1729) auch umfassend theoretisch mit dem Wesen und der Problematik der Herausgabe von Papiergeld beschäftigte. Seine grundlegenden Vorstellungen von der Arbeitszeit als dem eigentlichen Maßstab der Werte führten dabei hin zu den Überlegungen Adam Smiths und schließlich zu den Erkenntnissen von Karl Marx, der diese ökonomische Arbeit Franklins sehr hoch schätzte. Aus Franklins naturwissenschaftlichen Untersuchungen und Experimenten entstanden so wichtige Erfindungen und Konstruktionen wie zum Beispiel der Blitzableiter, ein neuartiger sparsamer Ofen und eine spezielle Uhr. Erfolgreiche Studien betrieb er auf dem Gebiet der Chemie, Medizin, Geologie und Meteorologie. Selbst während der Muße einer Atlantik-Überfahrt kam er zu Erkenntnissen über das Wesen des Golfstromes, die wichtige nautische Konsequenzen hatten. Sein Interesse an der Verbreitung von Wissen veranlaßte schon den Einundzwanzigjährigen, einen Debattierklub zu gründen (Junto Club), in dem nach den Regeln einer wissenschaftlichen Gesellschaft Probleme vorgestellt und diskutiert wurden. Die Amerikanische Philosophische Gesellschaft wie auch die Universität von Pennsylvania und eine Jugendakademie gehen auf Benjamin Franklin zurück.

Während seines ganzen Lebens blieb er der Publizistik und Schriftstellerei treu. Mit ihrer Hilfe erreichte er eine große Anzahl von Lesern, auf deren Leben der Volksaufklärer Franklin Einfluß nehmen wollte. Seine Schriften reichen von einer frühen ›Dissertation über Freiheit und Notwendigkeit, Freude und Schmerz‹ (1725) zu einem ›Vorschlag zur Verbreitung nützlichen Wissens‹ (1743), den ›Experimenten und Beobachtungen über Elektrizität‹ (1751–54) über den weit verbreiteten ›Weg zum Reichtum‹ (1757) bis hin zu geistreichen politischen Satiren wie dem ›Edikt des Königs von Preußen‹ (1773) und den ›Regeln, wie ein großes Reich zu einem kleinen gemacht werden kann‹ (1773).

Nicht zuletzt aber trug Benjamin Franklin durch seine verlegerische Tätigkeit auch zur Verbreitung des jungen bürgerlichen englischen Romanes in Nordamerika bei. Wenngleich ihn selbst postpuritanische Vorbehalte und sein ausgeprägtes Nützlichkeitsdenken abhielten, dieser Literatur in seinem Leben einen breiteren Platz einzuräumen, erkannte er doch, daß die Romane Samuel Richardsons und Tobias Smolletts mit den Schicksalen von bürgerlichen Durchschnittsmenschen vor dem Hintergrund zeitgenössischer Alltagsprobleme dem Empfinden des amerikanischen Lesepublikums eher entsprachen als die noch in den vierziger Jahren des 18. Jahrhunderts weit verbreiteten Ritterromanzen. Mit gutem Gespür auch für die materiellen Erfolgsaussichten dieser Literatur brachte er so in Amerika unter anderem die erste Ausgabe von Richardsons sentimentalem Roman ›Pamela oder Die belohnte Tugend‹ schon bald nach dessen Erscheinen in England (1743) heraus.

Zu jener Zeit wurde in den amerikanischen Kolonien schon in einem beachtlichen Umfang neben religiöser Literatur und Fachbüchern auch belletristische Literatur in Farmer- und Handwerkerfamilien gelesen und vorgelesen. Besonders für diese Leserkreise verfaßte Franklin sein populäres Kalenderwerk, den ›Almanach des Armen Richard‹, das in großen Auflagezahlen (bis zu 10000 Exemplare) in den Jahren 1733 bis 1758 erschien und weite Verbreitung fand. Um die Mitte des 18. Jahrhunderts waren Kalender ein beliebtes publizistisches Mittel aufklärerischer Propaganda. Dem Geschmack des Publikums entsprechend, unterhielten diese Kalender und erfüllten dazu gleichzeitig Bildungsaufgaben. Aus dem Blickwinkel der Erzählerfigur, des lebenserfahrenen Farmers Richard Saunders, gibt der Verfasser Ratschläge für viele Lebenslagen und Erfolgsrezepte zur Bewältigung der täglichen Aufgaben. Didaktisch moralisierend, verteidigt er Bürgertugenden wie Fleiß, Sparsamkeit, Ausdauer, Genügsamkeit und Bescheidenheit und verspricht praktische Lebenshilfe. Er verwendet dabei reichlich kernige Sprüche, Sprichwörter und Aphorismen. Neben unterhaltenden Geschichten mit moralischer Aussage stehen Berichte über historische Persönlichkeiten, berühmte Wissenschaftler und Feldherren wie Locke, Bacon, Newton, Cäsar und Alexander. Franklin greift hier eine Erzähltechnik auf, die er bereits früher in seinen ›Dogood-Papers‹ (1722) und ›Busy-Body Papers‹ (1729) einsetzte, in denen er sich ebenfalls über eine fiktive Mittlergestalt mit seinem moralisch-didaktischen Programm an Farmer und Handwerker wandte und wo er in schlichter volkstümlicher Prosa in adaptierter Weise auch Gedanken seiner theoretischen Schriften anklingen ließ. Aufklärung verstand Franklin nicht ausschließlich und primär als Diskurs unter Fachleuten. Aufklärung war für ihn stets Volksaufklärung. Ein wichtiges populäres Moment seiner Kalenderausgaben ist sein kräftiger, urwüchsiger Humor. In dem ›Almanach des Armen Richard‹ werden gelegentlich auch die Provinzialität anderer Kalenderausgaben und andere Zeiterscheinungen ironisiert. Franklins Kalender hatten so in der vorrevolutionä-

ren Periode einen nicht unerheblichen Einfluß auf die Denk-
weise der arbeitenden Bevölkerungsschichten in den Kolonien
ausgeübt. Sie förderten neben Erwerbsstreben auch Selbstbewußtsein, natürliches Rechtsempfinden und Identitätsbe-
wußtsein und schufen so wichtige moralische Voraussetzungen
für die anstehenden Aufgaben der Zeit.

Das bedeutendste literarische Werk Franklins, das allerdings
seine Zeitgenossen in der Originalfassung nicht mehr erreichte,
war seine Autobiographie (›Benjamin Franklins Leben, von ihm
selbst erzählt‹).

Franklin hatte die Arbeit an seiner Autobiographie im Jahre
1771 während eines Besuches bei Bischof Shipley von St. Asaph
in Twyford aufgenommen. Er schrieb den ersten Teil innerhalb
weniger Tage nieder, wurde dann jedoch durch andere Ver-
pflichtungen an der Fortführung gehindert. Auch in einem
zweiten Anlauf dreizehn Jahre später in Paris und schließlich
1788 in Philadelphia konnte er das Manuskript nicht zu Ende
führen, weil ihn immer wieder wichtige Staatsgeschäfte davon
abhielten. Franklin hatte seine Aufzeichnungen 1771 an seinen
Sohn William gerichtet. Sie sollten diesem, dem späteren Gouverneur von New Jersey und unbelehrbaren Royalisten, einen
umfassenden Einblick in den Werdegang seines Vaters gewähren. Die Übermittlung des Originals an William Franklin, wo
das Manuskript dann längere Zeit unauffindbar gewesen zu
sein schien, deutet auf die Ernsthaftigkeit dieses persönlichen
Anliegens Franklins hin, das er mit seinen autobiographischen
Aufzeichnungen verfolgt hatte. Aber die Anlage des Werkes,
die sorgfältige Aufbereitung des Stoffes, die Stilisierung und
nicht zuletzt auch einige Bemerkungen Franklins lassen eine
weit über das familiäre Interesse hinausreichende Zielsetzung
erkennen.

Benjamin Franklin nahm mit seiner Autobiographie ein literarisches Genre auf, das seit den frühesten Perioden der
Menschheitsgeschichte glänzende Traditionen aufzuweisen
hat. Stolz von Heerführern und Eroberern über ihre Ruhmesta-
ten, Bekehrungsdrang religiöser Eiferer, Wunsch nach Selbst-

offenbarung oder Selbsterkenntnis, Skrupel und Zweifel über einen einmal beschrittenen Weg, aber auch schlichte Eitelkeit gehören zu den Urmotiven der Verfasser von Autobiographien von der Antike bis zur Gegenwart.

Senecas Selbstdarstellung und Marc Aurels ›Selbstbetrachtungen‹ waren frühe Höhepunkte autobiographischer Literatur. Nach den Beichten, Pilger- und Bekenntnisberichten des Mittelalters, die häufig dem Vorbild Augustins folgten, nach Abélards tragischer Geschichte setzten dann die Selbstdarstellungen im Zeitalter der Renaissance aus den Federn Petrarcas, Dantes und Cellinis Beispiele für erwachende Individualität und gestiegenes Selbstbewußtsein der Menschen jener Epoche, die nach Friedrich Engels ›Riesen brauchte und Riesen zeugte‹. Das 18. und 19. Jahrhundert schließlich brachte eine wahre Flut von Autobiographien hervor − Reflexe des Ringens um Erkenntnis der eigenen Position und des selbstbewußten Interesses des jungen Bürgertums, die gewonnenen Erfahrungen weiterzugeben. Benjamin Franklins Werk gehört neben Jean-Jacques Rousseaus ›Bekenntnissen‹ (1782) und Goethes ›Dichtung und Wahrheit‹ (1811−1813) zu den bewegendsten und markantesten frühen bürgerlichen Selbstdarstellungen. Offen und stolz erklärt Franklin, daß er sein Leben als Modell für die folgenden Generationen verstanden wissen will. Das ungebrochene Selbstbewußtsein des Repräsentanten der amerikanischen Republik in ihrer Gründungsphase kommt recht überzeugend zum Ausdruck, wenn er erklärt: ›Ich hatte bei Beginn meiner Laufbahn schon einen leidlichen Charakter und suchte ihn mir zu bewahren.‹ Allerdings wird dieses prononcierte Selbstwertgefühl durch den erfrischenden Humor und Franklins wohldosierte Selbstironie erträglicher gemacht, so, wenn er durchaus auch selbstkritisch in seiner Autobiographie, zum Beispiel in seiner selbstentworfenen Grabinschrift, von einigen ›Druckfehlern‹ seines Lebens spricht und hofft, in einer ›zweiten Auflage‹ dann etliche davon verbessern zu können.

In seiner Lebensbeschreibung stellt Franklin die entscheidenden ersten Jahre seines beruflichen Aufstieges dar, den Weg eines jungen Bürgers, der, auf sich allein gestellt, auf seine Fähigkeiten und seinen Fleiß angewiesen ist.

Die Autobiographie war zwar in verhältnismäßig kurzer Zeit abgefaßt, aber nur scheinbar mit leichter Hand niedergeschrieben worden. In der sorgfältigen sprachlichen Gestaltung seines Stoffes zeigt sich ein weiteres Mal Franklins schriftstellerisches und journalistisches Können. Der Autor legte großen Wert auf klare Disposition seines Stoffes und wohlabgewogene, überzeugende Argumentationen bei seinen Beispielen und didaktischen Folgerungen. Sprachliche Präzision und Einfachheit waren ihm sehr wichtig. Stets klingt der Stolz auf Geleistetes durch. Eine optimistische rationale Weltsicht, dabei immer Nüchternheit und Orientierung auf die tatkräftige Bewältigung der Fülle anstehender wirtschaftlicher und gesellschaftlicher Aufgaben sprechen aus seinem Bericht. Er sieht seine Welt als Herausforderung zur praktischen Bewährung. Diese Grundhaltung läßt keine abstrakt sinnierenden Reflexionen oder grüblerischen Skrupel und Zweifel aufkommen. Franklins Reflexionen zielen immer auf die gedankliche und anschließend praktische Bewältigung des angegangenen Problems hin. Auch seine wissenschaftliche und publizistische Tätigkeit sind ihm vorrangig Mittel zur Veränderung der Wirklichkeit. Dem Repräsentanten des Bürgertums ging es nicht einseitig darum, seine Welt zu interpretieren, er begann, sie an mehreren wichtigen Positionen aktiv zu verändern.

Die Autobiographie vermittelt eine große Anzahl persönlicher Erlebnisse, Erfahrungen und Erkenntnisse Franklins, die sich plastisch vor dem zeitgeschichtlichen Hintergrund abheben und einen Einblick in zeitgenössische gesamtkulturelle Zusammenhänge bieten. Die Geradlinigkeit und ungekünstelte Schlichtheit der Darstellung wie die Überzeugungskraft, mit der Franklin bürgerliche Tugenden vertrat, waren dazu angetan, Aufmerksamkeit und Interesse seiner amerikanischen Mitbürger zu gewinnen. Nicht unerheblich dürfte auch der Umstand gewesen sein, daß Franklin mit der Lebensbeschreibung eine in Neuengland bewährte Form traditioneller puritanischer Literatur wieder aufgenommen hatte. Er setzte dabei an die Stelle des puritanisch engen, nur auf das eigene Seelenheil orientierten Denkens in Kategorien der Prädestination und der Erhaltung des Auserwähltseins aufklärerische, weltzugewandte Vorstellungen vom individuellen und gesellschaftlichen Aufschwung in Gemeinwesen mit einem höheren Maß an persönlicher Freiheit als in der Ordnung zuvor. Rudimente von puritanischen Formen der Selbstbeobachtung finden sich aber auch noch in den Tabellen Franklins, in denen dieser buchhalterisch Sünden und Tugenden abhakte und daran seine Entwicklung ablesen wollte.

Franklin führte seine Autobiographie nur bis zum Jahre 1757. Bedauerlicherweise bleibt jene Periode ausgeklammert, in der er die Interessen der amerikanischen Kolonien in diplomatischen Diensten in Großbritannien und später auch in Frankreich vertrat. So ließ die intensive Mitarbeit an der Bewältigung der realen Prozesse keine Zeit für eine Interpretation der vorrevolutionären und revolutionären Ereignisse in Amerika aus der Sicht eines der bedeutendsten Gründerväter der USA. 1757 war zugleich jenes Jahr, in dem Franklin als Londoner Agent Pennsylvanias an den englischen Hof geschickt wurde, um gegen die unmäßige Ausbeutung der Siedler durch die privaten Eigentümer der Kolonie, die Familie Penn, vorzugehen. Diese zahlten keinerlei Steuern und vernachlässigten die Verteidigungsinteressen ihrer Untertanen gröblich. Franklins resolutes Auftreten in London und seine Erfolge brachten ihm das Vertrauen auch der Bürger anderer nordamerikanischer Kolonien ein, so daß er schließlich auch im Auftrag von Massachusetts, New Jersey und Georgia handelte. Es gelang ihm, die Familie Penn zu Steuerzahlungen zu zwingen. Er erreichte durch geschicktes Verhandeln auch Teilerfolge bei der Zurückweisung der exzessiven Besteuerung der amerikanischen Siedler durch die englische Krone, die nicht einmal im britischen Parlament ihre Anliegen vertreten konnten. Vor allem die Außerkraftsetzung des besonders harten Stempelgesetzes von 1765, einer von der britischen Regierung erhobenen unangemessenen Steuer auf Druckerzeugnisse aller Art, war Franklins Bemühungen zu verdanken. Er mußte dabei jedoch raffiniert taktieren. Seine Haltung in dieser Angelegenheit wurde ebenso wie seine langmütige Kompromißbereitschaft von manchen Amerikanern mißverstanden. Franklin hatte bereits 1754 auf dem Kongreß von Albany mit seinem ›Plan der Union‹ einen konstruktiven Entwurf für die Gründung eines unabhängigen Staates unterbreitet, aber als Repräsentant aufklärerischer Vernunftideen hatte er lange Zeit noch nach friedlichen Lösungen gesucht. Als sich jedoch die Situation 1775 zuspitzte und die ersten Kampfhandlungen ausbrachen, trat er sofort nachhaltig und uneingeschränkt für die Abtrennung ein. Schon kurze Zeit nach seiner Rückkehr nach Amerika reiste er 1776 nach Frankreich, wo er nach langwierigen Verhandlungen unter geschickter Ausnutzung der widersprüchlichen Interessen verschiedener Gruppierungen am französischen Hofe einen für die Existenz der jungen amerikanischen Republik notwendigen Beistandspakt mit Frankreich herbeiführte. 1783, am Ende des Unabhängigkeitskrieges, sorgte er im Interesse seines Landes für einen vorzeitigen Abschluß des Friedensvertrages mit England, wodurch er sich den Zorn der französischen Bundesgenossen zuzog. Franklin hatte bereits an der Unabhängigkeitserklärung der USA von 1776 mitgearbeitet. Im Anschluß an seine Rückkehr nach Amerika 1785 war er drei Jahre Präsident des Exekutivrates von Pennsylvania und beteiligte sich in seinen letzten Lebensjahren noch intensiv an der Ausarbeitung der Verfassung von 1787/89, die geschaffen werden mußte, nachdem sich die Konföderationsartikel von 1781 für den Bundesstaat als unzulängliches Grundgesetz erwiesen hatten.

1789 versicherte ihn George Washington, der erste Präsident der Vereinigten Staaten, in einem Brief seiner hohen Wertschätzung: ›Wenn die Verehrung der Güte, die Bewunderung der Talente, die Hochachtung des Patriotismus, die Liebe für die Menschenfreundlichkeit das Herz des Menschen belohnen können, dann müssen Sie den angenehmen Trost verspüren, daß Sie nicht umsonst gelebt haben.‹

Nach Franklins Tod 1790 war sein Enkel William Temple Franklin testamentarisch mit der Herausgabe der Autobiographie beauftragt worden. Dieser William Temple Franklin war der Nachkomme des Sohnes Franklins, William, der seine royalistische Gesinnung niemals revidierte und, nachdem er als Gouverneur von New Jersey abgesetzt worden war, Amerika verließ, um in England zu leben. Die Abkühlung und schließlich der Abbruch der Beziehungen zu seinem Sohn hatte die letzten Jahre des privaten Lebens Benjamin Franklins überschattet. Sein Enkel zögerte die Edition der Autobiographie unverantwortlich lange hinaus. In Verbindung mit geheimnisvollen Geldzuwendungen wurden sogar Vermutungen geäußert, William Temple Franklin habe sich von der englischen Regierung bestechen lassen. Eine angebliche Rückübersetzung der Autobiographie aus dem Französischen im Jahre 1791 erwies sich als Fälschung. Nahezu drei Jahrzehnte nach Franklins Tod erschien 1818 die erste autorisierte Autobiographie. Eine vollständige authentische Ausgabe des Originals wurde erstmals nach dem Bürgerkrieg 1867 vorgelegt. Diese brachte dann auch den Nachweis, daß an William Temple Franklins Ausgabe etwa 1200 Veränderungen vorgenommen worden waren. Es scheint also eher dem Wirken restaurativer britischer Kräfte zuzuschreiben zu sein als dem Zusammenwirken unglücklicher Zufälle, daß Benjamin Franklins literarisches Selbstzeugnis, die Quintessenz seines Denkens und Handelns, der Nachwelt so lange vorenthalten wurde.

Seit 1867 aber fand Franklins Autobiographie als ein frühes Beispiel der amerikanischen Aufklärung, als authentisches zeitgeschichtliches Dokument wie auch als Kunstwerk Eingang in den Bestand der amerikanischen Nationalliteratur. Herders enthusiastische Äußerung mag für die hohe Wertschätzung stehen, die Franklins literarisches, wissenschaftliches und politisches Werk in dem zersplitterten Europa genoß, wenn er schrieb: ›Wollte Gott, wir hätten in ganz Europa ein Volk, das ihn läse, das seine Gedanken anerkennte und zu seinem Besten darnach handelte und lebte.‹ In der Folgezeit wurden Generationen junger Amerikaner nicht zuletzt auch mit Benjamin Franklins Autobiographie als Pflichtlektüre und Verhaltensmuster auf ein Leben in einer Gesellschaft vorbereitet, in der die demokratischen Ideale, unter denen das Bürgertum einst angetreten war, längst verraten waren. Benjamin Franklins optimistischer Bericht von Aufstieg und Erfolg, sein Weg aus kalvinistischer dogmatischer Enge in eine Gedankenwelt bürgerlicher Aufklärung hat ungeachtet mancher Versuche von philosophischen, politischen oder massenliterarischen Kolporteuren – von Horatio Alger gegen Ende des 19. Jahrhunderts bis zu Harold Robbins Ende des 20. Jahrhunderts –, das Wesen der Franklinschen Persönlichkeit zu vulgarisierten, apologetischen Erfolgstraumsurrogaten zu verfälschen, nichts von seiner Frische und Überzeugungskraft eingebüßt.

Auch heute noch gelten die Worte Georg Forsters, des ›deutschen Thomas Paine‹ (Friedrich Engels), die er in seinen ›Erinnerungen aus dem Jahre 1790‹ fand: ›Der Stifter des Nordamerikanischen Freistaats, der Erfinder des Blitzableiters, der Wohltäter seines Vaterlandes, der Freund und Bruder des Wilden und des Weisen, der humanste Mensch und der glücklichste von allen, die im achtzehnten Jahrhundert zu Mitarbeitern am großen Vollendungswerke menschlicher Glückseligkeit auserkoren waren, hieß Benjamin Franklin!‹

Heinz Förster

ANMERKUNGEN

5 *Bischof von St. Asaph*: Im Hause des Freundes von Benjamin Franklin, des Bischofs von St. Asaph, Jonathan Shipley, in Twyford (Hampshire, Südengland) entstand 1771 der erste Teil der Autobiographie.

7 *Franklin*: mittelenglisch ›frankelein‹ vom mittelalterlichen lateinischen ›francalanus‹ (ein ›freier Mann‹, im Sinne: frei von Steuerabgaben); im späten Mittelalter ein Grundbesitzer nichtadliger Abstammung.

9 *reformierte Lehre*: bezieht sich auf die protestantischen Kirchen und Gruppen, die sich seit der Reformationsbewegung im 16. Jahrhundert bildeten und die auf der Calvinschen und Lutherschen Lehre fußen.

Königin Mary (1516–1558): Mary I. aus dem Hause Tudor, die Tochter Heinrichs VIII., versuchte als Königin von England und Irland (1553–1558) nach der Regentschaft ihres protestantischen Halbbruders Edward VI. den Katholizismus in England wiedereinzuführen.

Karl II: Charles II. (1630–1685), englischer König aus dem Hause Stuart, Sohn des 1649 während der bürgerlichen Revolution enthaupteten Charles I. Nach seinem Exil in Frankreich während der bürgerlichen englischen Revolution bestieg Charles II. 1660 mit Hilfe der Großbourgeoisie den Thron und versuchte dann vergeblich, die uneingeschränkte Herrschaft des Feudalismus wiederzuerrichten.

10 *Mather*, Cotton (1663–1728): puritanischer Theologe, Autor und Politiker Neuenglands, der als Sohn des mächtigen Increase Mather (1639–1733) die theokratischen Bestrebungen seines Vaters in Massachusetts fortsetzte. Mather verfaßte über 400 theologische Schriften und ist mitverantwortlich für die Hexenverfolgungen 1692/93.

Baptisten: protestantische Religionsgemeinschaft, 1606 in England von John Smith gegründet, heute in zahlreiche Sekten aufgesplittert. Die Baptisten (Täufer) folgen der kalvinistischen Prädestinationslehre und üben die Erwachsenentaufe; die Bibel ist die einzige Norm für Glauben und Leben. Jede Gemeinde ist autonom und folgt einer demokratischen Verfassung. Mit Roger Williams gelangte der bis 1689 im englischen Mutterland verfolgte Baptismus 1639 nach Amerika und fand dort große Verbreitung.

Quäker: (englisch: Quaker, Zitterer) Spottname für die sich als ›Society of Friends‹ (Gesellschaft der Freunde) bezeichnende protestantische Kirche, die um 1650 von George Fox in England gegründet wurde. Kirchliches Lehramt, Priestertum, Taufe, Abendmahl werden abgelehnt, der Gottesdienst ist schweigende Anbetung oder Harren auf Erleuchtung in Ansprache oder Gebet. Die Quäker wenden sich gegen den Kriegsdienst und viele Erscheinungen sozialer Unterdrückung, wie Sklaverei und gesellschaftliche Ungleichheit.

16 ›*Des Pilgers Erdenwallen*‹: ›The Pilgrim's Progress‹, 1678/1684, Hauptwerk des englischen Predigers und Schriftstellers John Bunyan (1628–1688). In dieser traktathaften Allegorie stellt der Autor in der kraftvollen Prosa der Bibelsprache den Weg des Helden durch die Mißstände seiner Zeit als Reise von der Erde in die Gefilde der Seligen dar.

Defoes ›*Versuch über Projekte*‹: ›An Essay Upon Projects‹, 1697; Darstellung von sozialen und ökonomischen Projekten und Vorstellungen des englischen Schriftstellers Daniel Defoe (1660 oder 1661–1731), der neben seinen bekannten belletristischen Werken wie ›The Life and Strange Surprising Adventures of Robinson Crusoe of York, Mariner, Written by Himself‹, 1719 (›Leben und seltsame wunderbare Abenteuer des Matrosen Robinson Crusoe aus York, von ihm selbst geschrieben‹ und ›Moll Flanders‹, 1722 (Glück und Unglück der berühmten Moll Flanders‹), in seinen insgesamt über 250 Publikationen auch direkt zu Problemen aus dem Bereich der Politik, Gesellschaft, Wirtschaft und öffentlichen Moral Stellung nahm.

19 *Teach* (auch Thatch), Edward, *oder Blackbeard*: berüchtigter englischer Seeräuber. Mit einem gekaperten französischen Kauffahrer, von ihm ›Queen Ann's Revenge‹ (›Königin Anns Rache‹) getauft, unternahm er seine Raubzüge, deren Beute er sich mit dem Gouverneur von North Carolina geteilt haben soll. Teachs Piraterie erbitterte den Gouverneur des benachbarten Virginia, und er rüstete zwei Schiffe mit britischer Marine aus, die am 22. 11. 1718 den Freibeuter stellten und im Kampf töteten. Sein Kopf wurde auf das Bugsprietende gesteckt, zwölf seiner Kameraden wurden sofort gehängt.

21 ›*Spectator*‹: ›Der Zuschauer‹, englische Zeitschrift, die 1711/12 und 1714 von den Journalisten Richard Steele (1672–1729) und Joseph Addison (1672–1719) als Nachfolgepublikation zum ›Tatler‹, 1709/11 (›Der Schwätzer‹), herausgegeben wurde. – Der ›Spectator‹ trug mit seinen geistvollen Artikeln und lebendigen Skizzen, die von einer Reihe fiktiver Gestalten in brillantem Englisch verfaßt waren, wesentlich zur Belebung der Diskussion politischer, wirtschaftlicher, ästhetischer und moralischer Fragen bei.

23 *Locke*, John (1632–1704): englischer materialistischer Philosoph, Empiriker, der mit seinem Werk ›Vom menschlichen Verstande‹ (›Essay Concerning Human Understanding‹, 1690) den Sensualismus begründete.

Patres von Port-Royal: Antoine Arnauld und Pierre Nicole, die Autoren der

›Kunst zu denken‹ (›Logic: or the Art of Thinking‹, 1687; englische Übersetzung des lateinischen Originals von 1662), waren wie Blaise Pascal Repräsentanten der reformkatholischen Bewegung des niederländischen Bischofs Cornelius Jansen (1585–1638), eines entschiedenen Gegners der Je-
suiten und des Papsttums.

24 *Shaftesbury*, Anthony Ashley Cooper, dritter Earl von (1671–1713): englischer idealistischer Moralphilosoph. Er veröffentlichte u. a. ›Enquiry Concerning Virtue‹, 1699 (›Untersuchung über die Tugend‹). Seine deistischen
Vorstellungen beeinflußten Vertreter der Aufklärung, in ethischen und
ästhetischen Fragen wirkte er auch auf die deutsche Klassik ein.

24 *Collins*, Anthony (1676–1729): englischer deistischer Philosoph, dessen em-
pirische Vorstellungen stark von John Locke beeinflußt waren. Sein
Hauptwerk ›A Discourse of Freethinking‹, 1713 (›Diskurs über das Freiden-
kertum‹), ein Plädoyer für den Deismus, forderte zahlreiche zeitgenössische Entgegnungen heraus.

25 *Pope*, Alexander (1688–1744): englischer klassizistischer Dichter und Es-
sayist. In seinem ›Essay on Criticism‹, 1711 (›Versuch von den Eigenschaften eines Kunstrichters‹), aus dem Franklin im ersten Fall zitiert, verkün-
det Pope seine klassizistisch-aufklärerischen Ideen. Das folgende Zitat, das
Franklin irrtümlich Pope zuschreibt, ist Wentworth Dillon (›Essay on
Translated Verse‹, 1648) zuzuordnen.

27 *Gesetzgebende Versammlung, Assembly*: Legislative der Kolonie.

30 *Richardson*, Samuel (1689–1761): englischer Romancier. Sein Werk ›Pamela, or Virtue Rewarded‹, 1741 (›Pamela oder Die belohnte Tugend‹), das
Franklin als erster in Amerika nachdruckte, ist ein moralisierender Sitten-
roman, der durch seine sentimentale Darstellung des Innenlebens von
Menschen aus bürgerlichen Kreisen und durch die detaillierte Schilderung ihres Milieus wesentlich zur Herausbildung bürgerlicher Denkweisen
und literarischer Ausdrucksformen wie des englischen Romans beitrug.

32 *Cotton*, Charles (1630–1687): englischer Schriftsteller; seine Vergil-Trave-
stie des 1. und 4. Gesanges der ›Aeneis‹ erschien 1664.

49 ›*Du sollst die Spitzen deines Bartes nicht beschädigen*‹: Anspielung auf 3. Mose
19, 27.

50 *James*, Ralph (1705–1762): amerikanischer Dramatiker, Historiker und
Journalist. Seine balladenhafte Oper ›The Fashionable Lady‹, 1730 (›Die
elegante Dame‹), war das erste Bühnenstück eines Amerikaners, das in
London aufgeführt wurde. Ralph arbeitete mit Franklin u. a. an der ›Histo-
rical Review of the Constitution and Government of Pennsylvania‹, 1759
(›Historischer Überblick über Verfassung und Regierung von Pennsylvania‹), zusammen.

58 *Grundeigentümer*: die Nachfahren des Admirals Sir William Penn
(1621–1670), dem der englische König Charles II. 1681 zur Tilgung von
Schulden der Krone das Territorium der späteren Kolonie Pennsylvania

überlassen hatte. Neben Pennsylvania waren auch Maryland und Carolina sowie die ursprünglich niederländischen Gebiete New York und New Jersey (nach 1664) sogenannte ›proprietary colonies‹, Kolonien, die sich im Besitz von privaten Eigentümern befanden. Die liberalen Grundauffassungen und moralischen Prinzipien des Sohnes des Admirals Penn, William Penn (1644–1718), der aus Pennsylvania ein Refugium für politisch und religiös Verfolgte machen wollte, wurde von dessen Nachkommen mißachtet. Die Einwohner wurden ähnlich den Untertanen in europäischen Feudalstaaten mit harten Steuern belegt und ausgebeutet.

59 *Wollaston,* William (1659–1724): englischer Philosoph und anglikanischer Geistlicher. In seiner ›Religion of Nature Delineated‹, 1722/1724 (›Natürliche Religion‹), bringt er zum Ausdruck, daß das moralisch Gute in der Übereinstimmung der Handlungen des Menschen mit der inneren Wahrhaftigkeit besteht.

60 *Mandeville,* Bernard de (1670–1733): in Holland geborener Arzt, der in seiner aggressiven, umstrittenen Verssatire ›The Grumbling Hive, or Knaves Turned Honest‹, 1705 (›Der summende Bienenstock oder Schurken wurden redlich‹), die 1714, mit einem Kommentar versehen, als ›The Fable of the Bees, or Private Vice, Public Benefits‹ (›Die Bienenfabel‹) veröffentlicht wurde, die Niedrigkeiten der menschlichen Natur und die Schwächen der Gesellschaft angriff, dabei aber im bürgerlichen Sinne die Segnungen des Erwerbsdranges pries.

Sir Isaac Newton (1643–1727): englischer Physiker, Mathematiker und Astronom. Er entwickelte die Grundlagen der Differential- und der Integralrechnung sowie auf dem Gebiet der Optik Vorstellungen über die Dispersion des Lichtes und die Entstehung der Farben. Aus den Erkenntnissen Keplers leitete er das Gravitationsgesetz ab. Durch die von ihm entdeckten Axiome der Mechanik wurde Newton zum Begründer der klassischen Physik. Franklin fühlte sich als Jünger Newtons und griff dessen Entdeckungen und Theorien auf.

61 *Young,* Edward (1683–1765): englischer Geistlicher, Dichter und Satiriker. Er wurde bekannt vor allem durch die Blankversdichtung ›The Complaints, or, Night-Thoughts on Life, Death, and Immortality‹, 1742/45 (›Klagen oder Nachtgedanken über Leben, Tod und Unsterblichkeit‹), in der er in elegischem Ton das Lebensgefühl des Sentimentalismus zum Ausdruck brachte. Young nahm Einfluß auf die europäische Romantik. Franklin bezieht sich hier auf Satiren aus der Reihe ›Love of Fame – The Universal Passion‹, 1725–1728 (›Ruhmsucht – die universelle Leidenschaft‹).

66 *Don Saltero's Seltenheiten*: Kuriositätenschau in Verbindung mit einem 1695 eröffneten Kaffeehaus in London-Chelsea.

79 *Lehre Calvins*: John Calvin (1509–1564) war neben Martin Luther der bedeutendste protestantische Reformator des 16. Jahrhunderts. Nach theolo-

gischen, juristischen und humanistischen Studien beeinflußte er nach seiner Ausweisung aus Frankreich vor allem von Genf aus entscheidend die
reformatorische Bewegung in Frankreich, England, Schottland und Holland. Die erste Fassung seines Hauptwerkes ›Institutio Christianae Reli-
gionis‹ (›Unterricht im Christentum‹) erschien 1536. Für die kalvinistische
Lehre, die in Großbritannien, Holland und Neuengland besonders im Pu-
ritanismus eine spezifische Ausprägung fand, sind eine strenge Prädestinationslehre sowie die Idee von der Errettung der Auserwählten charakteristisch. Die damit verbundene Vorstellung, daß weltlicher Erfolg ein Beweis
göttlicher Gnade ist, entsprach weitgehend der Denk- und Verhaltens-
weise des aufstrebenden Bürgertums.

79 *Dryden*, John (1631–1700): englischer Dichter, Dramatiker und Kritiker,
der nach anfänglichem Eintreten für die bürgerliche Revolution (›Heroic
Stanzas on the Death of Cromwell‹, 1659, ›Heroische Strophen auf den Tod
von Cromwell‹) die Restaurationspolitik Charles II. unterstützte. In satiri-
schen politischen Dramen, wie ›The Medal‹, 1682 (›Die Medaille‹), verspot-
tete er bürgerlich-puritanisches Denken, ironisierte aber auch die Rück-
ständigkeit des Adels in klassizistischen pseudoheroischen Dramen. Franklin zitiert hier etwas frei aus ›Ödipus‹.

85 *Keimers ... Plan zu einem ... Blatt*: ›Der allgemeine Unterrichter in allen
Künsten und Wissenschaften und Philadelphia-Zeitung‹. Er druckte seine
letzte Nummer (Nr. 39) am 25. Sept. 1729.

88 *Geschäftsanteil ... abtreten*: Aus dem noch vorhandenen Trennungsvertrag
geht hervor, daß die Abtretung am 14. Juli 1730 stattfand.

97 *Ereignisse der Revolution*: Franklin bezieht sich auf die amerikanische Revolution, in deren Verlauf (1775–1783) die dreizehn englischen Kolonien in
Nordamerika ihre Unabhängigkeit vom britischen Mutterland erkämpf-
ten.

112 *›Siehest du einen Mann...‹*: Sprüche Salomos 22, 29.
Presbyterianer: neben den Kongregationalisten Anhänger einer der kalvinistischen Hauptströmungen, deren Kirchen wie auch Gerichtswesen durch
Presbyter (griech., gleichberechtigte Älteste) geleitet wird. Die Presbyterianische Kirche war im England der bürgerlichen Revolution sehr stark. In
den englischen Kolonien Nordamerikas wurden die ersten Missionare ab
1683 wirksam. 1706 wurde die Presbyterianische Kirche in Philadelphia gegründet.

119 *›O vitae...‹*: ›O Führerin des Lebens, Philosophie! O Erforscherin der Tugend und Vertreiberin der Laster! ... Ein Tag gut und nach deinen Vorschriften verlebt, ist der sündigen Unsterblichkeit vorzuziehen.‹ (Cicero,
Tuskulanen)

121 *Thomsons Gedichte*: Thomson, James (1700–1748): schottisch-englischer Ly-
riker und Dramatiker. Franklin zitiert aus dem Hauptwerk Thomsons,
dem Blankversepos ›The Seasons‹, 1726/30 (›Die Jahreszeiten‹), das Joseph

Haydn 1801 vertonte. Thomson trug mit seinen Landschafts- und Natur-
schilderungen besonders in diesem Werk zur Formung eines neuen bürgerlichen sentimentalen Naturgefühls bei.

146 *Whitefield,* George (1714–1770): führender Methodistenprediger. Mit
18 Jahren hatte der Gastwirtssohn aus Gloucester eine Freistelle an der Oxforder Universität bekommen und war der religiösen Vereinigung der Brüder Wesley beigetreten, aus der der Methodismus hervorging. Er reiste sie-
benmal nach Amerika (1738–70), um Anhänger für seine Sekte zu gewinnen, und gründete 1740 in Savannah (Georgia) ein Waisenhaus.

151 *Litera scripta manet*: lat., der geschriebene Buchstabe bleibt.

152 *Spanien ... mit Großbritannien im Kriege*: Während des Österreichischen
Erbfolgekrieges (1741–1748) annektierte Großbritannien in dem sogenannten ›King George's War‹ (Krieg des Königs Georg) 1744–1748 spanische
und französische Kolonialgebiete in Nordamerika.

162 *Tunker*: englisch Dunkers (Taucher): Angehörige der Church of Brethren
(Brüderkirche), einer Sekte, die 1708 in Schwarzenau (Deutschland) von
Alexander Mach gegründet wurde und von 1719 an in Pennsylvania Fuß
faßte. Ihre Gläubigen erkennen nur das Neue Testament an, befürworten
Gewaltlosigkeit und verweigern die Teilnahme am Kriegsdienst. Sie nehmen ihre Mitglieder als Erwachsene durch dreimaliges Taufen (Eintau-
chen) auf.

165 *englische Hochkirche*: Church of England, die englische Staatskirche, deren
Oberhaupt der englische Monarch ist. Sie entstand nach der Lossagung
Heinrichs des VIII. vom Papst und wurde 1534 vom Parlament gebilligt. In
ihr fanden lutherische und kalvinistische Lehren eine Heimstatt. Liturgie
und Riten sind stark katholisch geprägt.

Herrnhuter: Herrnhuter Brüdergemeine, evangelische Gemeinschaft, die
durch Böhmische Brüder und Pietisten 1722 in der Oberlausitz auf dem
Gut des Grafen Zinzendorf gegründet wurde und später eine weitver-
zweigte Missionstätigkeit übte.

187 *Krieg mit Frankreich*: Gemeint sind die Franzosen- und Indianerkriege
(French and Indian Wars, 1755–1763) zwischen Großbritannien und
Frankreich, die in Nordamerika noch vor dem Siebenjährigen Krieg in
Europa ausbrachen (1756–1763). Im Verlauf dieser Kämpfe verloren die
Franzosen weite Teile ihrer amerikanischen Besitzungen, und die engli-
sche Kolonialmacht erstarkte.

Quincy, Josiah (1744–1775): brillanter Anwalt und überzeugter Verteidiger
der Interessen der nordamerikanischen Siedler, für die er in London eintrat.

Pownall, Thomas (1722–1805): Gouverneur von Massachusetts von
1757–1759. Nach seiner Rückkehr nach Großbritannien förderte er eine Politik der engeren Bindung der Kolonien an das Mutterland, was in ›The
Administration of the Colonies‹ (›Die Regierung der Kolonien‹) seinen

Niederschlag fand. Selbst nach dem Unabhängigkeitskrieg noch wollte er die USA an das Britische Commonwealth binden.

188 *Braddock*, General Edward (1695–1755): Oberkommandierender der britischen Streitkräfte in Amerika 1754–1755. Er führte seine Truppen und amerikanische Streitkräfte unter dem Oberstleutnant George Washington 1755 bei Fort Duquesne (später Pittsburgh) auf Grund seiner militärischen Inkompetenz in eine katastrophale Niederlage gegen die Franzosen und Indianer, in deren Verlauf er selbst fiel.

201 *David Hume* (1711–1776): schottisch-englischer idealistischer Philosoph, Historiker und Ökonom. Obwohl Gegner der Theorie des Gesellschaftsvertrages, erkannte er doch die Notwendigkeit der Beteiligung der Bourgeoisie an der Regierungsgewalt an und vertrat eine konstitutionelle Monarchie. In seinen erkenntnistheoretischen Schriften (›Enquiry Concerning Human Understanding‹, 1748, ›Untersuchung über den menschlichen Verstand‹) gab er eine idealistische Interpretation der Erkenntnisse des Sensualismus (u. a. John Locke). Hume leugnete den objektiven Charakter kausaler Zusammenhänge.

215 *Königliche Gesellschaft*: als Philosophical Society 1645 gegründet, wurde die Royal Society (ab 1662) zu einem bedeutenden Zentrum der Natur- und Gesellschaftswissenschaften in Großbritannien. Begründer waren Abraham Cowley und Robert Boyle. John Dryden und Isaac Newton gehörten zu den bedeutendsten Mitgliedern jener Zeit.

216 *Buffon*, Georges-Louis Leclerc, Comte de (1707–1788): französischer Naturforscher und Philosoph, Repräsentant der Aufklärung und des Materialismus. Buffon verfaßte eine 36bändige ›Allgemeine und spezielle Naturgeschichte‹ (1749–1789), in der das naturwissenschaftliche Wissen seiner Zeit zusammengefaßt wurde. Als Vertreter der Entwicklungstheorie war er ein Vorläufer Darwins.

222 *›Dunciade‹*: ›The Dunciad‹, satirisches Poem von Alexander Pope (vgl. Anmerkung zu S. 25), 1728 zuerst anonym erschienen und 1743 mit dem 4. Buch als ›New Dunciad‹ veröffentlicht. Pope verurteilt in der ›Dunciade‹ menschliche Dummheit und Schwächen im allgemeinen und die Verfehlungen der Autoren, Kritiker, Buchverkäufer, Wissenschaftler und Juristen im besonderen.

223 *Lord Loudoun* (1705–1782): John Campbell, 4. Earl of Loudoun, focht 1756–1757 als Oberkommandierender der britischen Streitkräfte in den Franzosen- und Indianerkriegen wenig erfolgreich und wurde daraufhin abberufen.

225 *Mr. Pitt*, William (der Ältere), Earl of Chatham (1708–1778): Mitglied des englischen Unterhauses und Führer der Whigs. Er war 1746–1755 Kriegszahlmeister und 1757–1761 als Staatssekretär maßgeblich an der Führung des Kolonialkrieges gegen Frankreich beteiligt.

227 *General Shirley*, William (1694–1771): englischer Anwalt, ab 1741 Gouver-

neur von Massachusetts. Nach dem Tode General Braddocks war er für kurze Zeit Oberkommandierender der englischen Truppen. Von 1758–1768 bekleidete er das Amt des Gouverneurs der Bahamas.

232 *Sir Clowdisley Shovel* (1659–1707): englischer Admiral. Während des Spanischen Erbfolgekrieges (1701–1714) segelte er nach erfolgreichem Einsatz vor Toulon, wo die dort liegende französische Flotte versenkt wurde, mit der britischen Mittelmeerflotte im Oktober 1707 zum englischen Kanal; bei schwerem Wetter gerieten vier seiner Schiffe in eine unvermutete Nordströmung und scheiterten an vorgelagerten Felsen der Scilly Isles.

235 *Lord Granville*, eigentlich Earl John Carteret (1690–1763): englischer Politiker und prominenter Staatsmann, er stimmte an der Seite der Whigs für die Inthronisierung der Hannoveraner. Als Präsident des Geheimen Rates der Krone nahm er von 1751 bis zu seinem Tode einen wesentlichen Einfluß auf die Entscheidungen der Regierung.

237 *Lord Baltimore*, eigentlich George Calvert (1578–1632): englischer Staatsmann, Staatssekretär ab 1619, konvertierte 1625 zum Katholizismus und wurde zum Baron of Baltimore in Irland erhoben. 1627 ging er nach New Foundland, bat dann aber den König um eine Niederlassungsgenehmigung für ein Gebiet mit milderem Klima, die dann nach seinem Tode 1632 für seinen Sohn Cecil Calvert, den zweiten Baron of Baltimore, gewährt wurde.

INHALT